JN079916

自動応答システムで
導入企業が続々！

チャット
ボット
の教科書

中村雅之
nakamura masayuki

日経BP

本書の目的

　チャットボットとは、コンピューターが人間と、いわゆる話し言葉で会話をするためのソフトウェアです。ひと昔前までは会話のレベルが高くなかったため、実用という点で用途は限定的でした。しかし近年、ディープラーニング（深層学習）を中心とした人工知能（AI）技術の進歩や、LINEに代表されるようなメッセージングアプリの普及を背景に、チャットボットは今や企業や自治体を始めとする多くのサービスで利用されるようになってきました。

　現状でよく見掛けるチャットボットの導入例というと、ビジネスシーンでは顧客の疑問や問題を解決するカスタマーサポートの自動化や、宅配便の配送日の変更といった手続きの簡素化などがあります。利用者にとっては、困ったことや煩わしい手続きを、まるで直接担当者に尋ねたり、頼んだりするのと近い感覚で利用できるチャットボットは、とても便利なものです。

　こういったチャットボットが提供するサービスそのものは、以前からWebサイトやスマホアプリなど、何らかの形で提供されていたものがほとんどです。商品の詳細や使い方に疑問があった場合のために、多くのメーカーはWebサイトにFAQページを以前から用意していました。宅配便で荷物を受け取るのに際しては、宅配便の会社のWebサイトや専用のアプリを使うことで、受け取りの日時や場所を変更することができるようになっていました。つまり、チャットボットの存在意義は**これまでにない、新しいことができるようになる**というよりは、**すでにある情報やサービスを、自然な会話を通じて利用できるようになる**点にあります。このように**既存サービスをチャットボットから使えるようにすること**を、本書では**チャットボット化**と呼びます。そして、チャットボットとして使えるアプリを**チャットボット型アプリ**と呼びます。

　今後「チャットボット化」されるサービスはますます増えていく見通しです。これまでのWebサイトやスマホアプリを介したサービスの多くは、少なからずユーザーに使い方を学習してもらう必要があり、それが普及のハードルになっていました。それに対してチャットボット型アプリを使うことにより、ユーザーは同じサー

ビスをリアルな人間同士で話をするかのように自然な会話で利用できるようになります。言い換えるとこれは、サービスの主な提供形態として「Web」と「スマホアプリ」に次ぎ、「チャットボット」が3番目の選択肢としていよいよ広く使われるようになってきているということでもあります。

とはいえ今の時点では、こうしたチャットボット化の余地はあっても、まだまだ多くのサービスはWebやスマホアプリで提供されています。Webやスマホアプリの開発ならばすでに企画・開発の方法論と技術が成熟しており、それぞれに精通したプランナーやデザイナー、エンジニアが社会のあちこちでサービスを開発し、提供しています。これに対してチャットボットは、その開発文化はまだ発展段階だと言えるでしょう。確かにチャットボットを構成する理論や技術は一部の企業や研究コミュニティでは高度に追求されているものの、広くアプリケーション開発現場ではどうかと見たときには、開発に当たって「どう考えたらよいのか」「普通どう作るのか」の指針となるものが少ないのが実情です。

そうした現状を考え、チャットボット型アプリの企画・開発スキルを身に付けたい方に向けた指針になるものとして、本書を執筆しました。これから様々なサービスのチャットボット化が進んでいくのに伴い、既存のアプリをチャットボット化したり、新しいサービスやビジネスをチャットボット型アプリとして企画する機会が増えることは間違いありません。開発段階ではもちろんですが、プロジェクトを成功に導くためには企画の段階でもチャットボットの仕組みへの理解が間違いなくあったほうが望ましいと考えます。そしてもし、簡単なものでいいので自分自身で形にできるスキルがあれば、それはきっとプランナーにとってもプロジェクトをリードするための原動力になります。このようなスキルを身に付けたい方へのガイドとして本書がお役に立つものと思っています。

本書の想定読者

本書の読者について、具体的には以下のような方を想定しています。

▶ チャットボット型アプリを作れるようになることで、開発スキルの幅を広げることに関心
　のあるソフトウェアエンジニア
▶ チャットボット型アプリを作れるようになることで実用的なスキルを身に付け、脱ビギ
　ナーを目指したいJavaScriptの初心者

また、以下のような方にも役立てていただくことを想定しています。

▶ 自社サイトへのチャットボットの導入によって、顧客対応の満足度、コンバージョン率、
　リテンション改善に関心のあるWebマスター
▶ 自社サービスのチャットボット化によって、利用率アップや新規層開拓に関心のあるプ
　ロダクトマネージャー

本書で扱う技術と前提知識

　本書では、チャットボットの構築に「Botpress」というソフトウェアを利用しま
す。これは、オープンソースライセンス（AGPL3）によって無料で利用できます[*1]。
　Botpressは、Windows／macOS／Linuxで動作します。本書に沿って実際にイ
ンストールから設定、構築を行うためには、各OSが動作するパソコンと、高速なイ
ンターネット接続（Wi-Fi）をご用意ください。Botpressは単体で動作するパッケー

[*1]　一部の機能は有料ライセンスを必要としますが、本書の解説範囲では必要としません。

ジとして提供されているため、他に特別なソフトウェアは必要ありません。

　また、Botpressはそれ自体JavaScript（TypeScript）で開発されており、Botpress上のチャットボットに機能を追加する場合もJavaScriptで作成します。そのため、本書で解説するプログラムは全てJavaScriptで開発しています。

　本書では、PCまたはMacの基本的な操作スキルと、インターネット及びWebに関する基礎的な知識を前提としています。つまり、JavaScriptプログラミングやソフトウェアエンジニアリングの知識までを前提としません。そのため、第4章まではプログラミングに触れずに読み進められるようになっています。第5章からはプログラミングする場面もありますが、JavaScriptの知識やコーディング経験がなくても開発可能なチャットボットアプリもご紹介しています。なお、本書で紹介したプログラムについては、本書のWebサイトで公開しており、ダウンロード可能です。くわしくは14ページをご覧ください。

　一方で本書は、プログラミングを勉強したい方にとって、よい題材となることも意図しています。チャットボットのプログラミングは、Webやスマホアプリよりも「最小限の動くものを作るまでに覚えることが比較的少ない」「達成感が得られやすい」というメリットがあると思っています。第5章以降では、JavaScriptプログラミングによってチャットボットへ機能を追加していきますが、このプログラムを自分で打ち込んだり、改造してみたりすることで、動くものを作りながら文法や考え方が学べます。

　JavaScriptの習得を目的とする方に気を付けていただきたいのは、この本でJavaScriptプログラミングをひと通り学ぶことはできない点です。本書では基礎的な文法の解説を目的とはしていないため、本書で解説しないJavaScriptとその周辺知識を補うには、別途、しかるべき書籍やWebサイトをご参照ください[2]。

---

[2]　ここではJavaScriptの基本を学ぶのに向くサイトの一例として「JavaScript Primer - 迷わないための入門書」（https://jsprimer.net/）をご紹介しておきます。無料で利用できるので、ぜひ学習にお役立てください。

チャットボットに関する
本書のスタンスと関連テーマ

　本書は、チャットボットについて「アプリケーションやサービスの提供形態」あるいは「その上にサービスを作る基盤として活用する」という目的意識をもって紹介するものです。そのため、実際には多様であるチャットボットの考え方・設計・使われ方について、本書なりの切り口で選択・整理・意見付けをしています。また、出来るだけ平易で直感的な表現での説明を試みているため、学術・技術用語を避けたところがあります。

　これに伴い、本来チャットボットとかかわりが深いのですが、以下の領域についてはあえて踏み込みませんでした。とはいえ、これからの成長が期待できる分野であることは確かです。ご興味のある方は、それぞれをテーマとする書籍やWebサイトを参照してください。

● 対話システム

　チャットボットと似たような概念に「対話システム」があります。対話システムとは、人間の言葉で人間と対話をするコンピューターを指す広い意味の言葉で、主に学術用語として使われます。そして、本書で取り扱うチャットボットは、実は対話システムの一種で、その説明に使用する多くの概念は対話システムとも共通しています。しかし本書では、現実のアプリケーション開発への応用に焦点を当てる目的で、より一般的なチャットボットという言葉をあえて使用しました。このため、本書での解説にはチャットボットに限らず、対話システム全般に通じる内容をチャットボットのものとして記述しているところがあります。

● 自然言語処理や機械学習

　チャットボットの実装にあたっては多くの場合、AI関連技術が用いられます。そのなかで重要な技術は2つあります。まず、人間の言葉をコンピューターで扱うための技術である「自然言語処理」。もう1つの技術が、データからアルゴリズムを

自動生成する「機械学習」です。本書では、これらの技術がチャットボットの中で果たす役割については紹介しますが、あくまでチャットボットに組み込む部品として扱い、その理論や実装については触れません。

● 雑談

　チャットボットがユーザーに提供する機能を大きく分けると、「仕事（タスク）」か「雑談」の2つになります。このうち「雑談」については、ごく簡単なやり取りに限ればタスクをこなす仕組みの応用によってある程度は実現できます。しかしながら、本格的な雑談を実現するために必要な技術や仕組みは、タスク目的のチャットボットとは大きく異なってきます。そのため本書では、タスクのための会話の技術を主に扱い、本格的かつ自然な雑談に使われる技術についてはスコープ外とします。

● Python

　AIに関するプログラムの開発言語には、よくPythonが用いられます。Pythonは、プログラムから利用できるライブラリの多さと、比較的わかりやすい文法によって人気があります。チャットボットを作るうえでも、Pythonは有力な言語です。特に言語処理や機械学習部分を自分で組み上げることで「より賢いチャットボットを作ろう」という場合にはお薦めです。これに対し、本書では「これまで開発してきたようなアプリやサービスをどうチャットボット化して役立てるか」ということに焦点を当てています。そのため、やはりアプリケーション開発では現状最もメジャーなJavaScriptを採用しました。このため、Pythonによる実装やコードは取り上げていません。

本書の構成

本書は大きく3つのパートで構成しています。

● Why Chatbot?（第1〜2章）

チャットボットとチャットボット型アプリについて、特に「仕組み」と「メリット」の面から説明します。これを正しく理解することにより、たとえばチャットボット型アプリの開発を提案できるようになること目指します。このほか、関連する概念や用語についても、ここでくわしく説明します。以降のパートの解説は、この説明を前提にしています。

● How to Chatbotize?（第3〜7章）

チャットボット型アプリを作ってみましょう。実際に作ってみることで、どんな開発方法があって、そのプロセスはどのようなものなのかを説明します。これにより、現実のWebサイトやアプリをチャットボット化するときのプロジェクトをイメージできるようになります。具体的には、「小さなものなら、自分で作れる」ようにという判断ができたり、「大きな規模ならどのように開発を委託すればいいか」を想像できるようになったりすることを目指します。

● Where to go next?（第8〜9章）

チャットボット型アプリを作ってみようと思った方に向けて、現実のプロジェクトで様々な要望に応えていくための道しるべを示します。必要に応じて、そうした"道しるべ集"として辞典のように使ってもらうことで本書の解説を単なる勉強に終わらせず、読者の皆さんにとってリアルな武器にしていただきたいと考えています。

どの目的で読む場合でも、まずは第1章で概要をつかんでいただくことをお勧めします。チャットボットの導入を目的とする方は、第2章まで読んだあと、第3章を参考にしていろいろな開発用サービスを試してみるのもよいと思います。プログ

ラミングにくわしくなくても、簡単な操作でチャットボットを実装することのできる
サービスを紹介しています。第4章では、その代表であるBotpressを使って、導入
から簡単なボットを作るまでの手順をチュートリアルとして解説しました。

　すでにソフトウェアエンジニアとして開発を手がけている場合や、チャットボッ
トのプログラミングスキルを身に付けたいという場合は、さらにそのまま第5章以
降へと読み進めていただければと思います。

Contents

第**3**章

チャットボットを
作る方法

107

第**4**章

チャットボットを
作ってみよう

125

第**9**章
公開と運用のガイド

349

●**本書のサポートページ**

本書で紹介したコードやボット開発に必要なファイルは、本書のサポートサイト

https://chatbot.today/

で公開しています。本書の内容に関する補足や追加情報も、必要に応じて提供していきます。
ぜひご覧ください。

第 **1** 章
チャットボットとは

本書は、読者の皆さんが「チャットボット型アプリを企画・開発できるようになること」を目的にしています。であればこそ、「なぜチャットボットなのか」つまりサービスやアプリを「チャットボット型にする意味」を明確にする必要があります。そうでないと、チャットボットを企画・開発しても効果的なものが作れたかどうか判断できませんし、ということは結果的に成果を生み出せず、開発が無駄になってしまう可能性があるからです。そのため本章では、チャットボット型にする意味をクリアにすることを目的に、チャットボットの概要や適用範囲、分類や得意とするところなどを見ていきます。

1-1 チャットボットを使ってみよう

　チャットボットを知るには、まずは実際に使ってみるのがいいでしょう。Googleで「チャットボット」と検索すると、本書執筆時点で700万件弱のページがヒットします。しかし、多くのページがチャットボットの「製品紹介サイト」だったり、「導入指南」だったりします。使えるチャットボットはどこで動いているのでしょうか？

　現在、チャットボットが最もよく実装されている例としては、以下の3つがあります。

❶ オンラインショップやWebサービス

　「会員登録」や「ログイン」を求めるWebサイトを探してください。こうした「ユーザーに何かをやってもらう」必要があるサイトでは、利用者からの問い合わせが多いことが考えられます。そうしたサイトでは、チャットボットが導入されている可能性が高いと考えていいでしょう。

　そうしたサイトをWebブラウザで開くと、多くの場合、ウィンドウの隅にチャットボットのバナーやアイコンが出ています。そうした表示がなければ、「よくある質問」や問い合わせページにチャットボットが用意されていないかを確認してください。

❷ 自治体のWebサイトやメッセージングアプリのアカウント

　地方自治体もチャットボットの活用に積極的なところがあります。そうしたWebサイトや公式LINEアカウントなどで、チャットボットの導入が進められており、特にゴミの分別方法や住民票の発行方法といった、住民サービスに関する問い合わせの対応をチャットボット化している例が多く見られます。

❸ メッセージングアプリ内の企業アカウント

　メッセージングアプリのLINEに設けられた企業の公式アカウントも、チャットボット化が進んでいます。ユーザーとのつながり（エンゲージメント）を構築・強化することを目的としている企業アカウントは、ユーザーが自然な会話表現で入力する何らかの要求に対して、幅広くかつ適切に自動で応答できるようにチャットボットが対応する導入例があります。

　これらの情報を参考に、読者の皆さんがよく使うWebサイトやアプリのサービスに導入されているチャットボットを見つけて、ぜひ使ってみてください。こうしたチャットボットでは必ず「誰が使うか」が想定されています。自分自身がその「誰」に含まれているチャットボットを使うことで、チャットボットがどのように役に立つのか、実体験に基づく理解を得られるはずです。

　身近なサイトやアプリにチャットボットが見つけられなかった場合は、幅広いユーザー層を対象にしているチャットボットとして、以下の「マナミさん」（LOHACO）、「AIチャットボット総合案内」（東京都渋谷区）および「りんな」サービスで試してみてください[1]。

CHAPTER-1

---

[1]　いずれも2021年1月現在の情報を基にしており、Webサイトやサービス内容は変わっていることがあります。

図1-1 LOHACO「マナミさん」

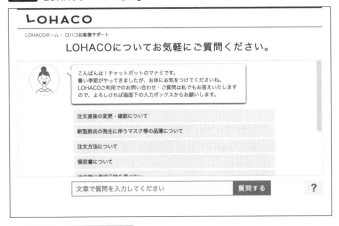

https://lohaco.jp/support/

図1-2 東京都渋谷区「AIチャットボット総合案内」

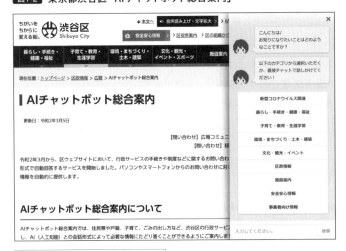

https://www.city.shibuya.tokyo.jp/

図1-3 ソーシャルAIチャットボット「りんな」

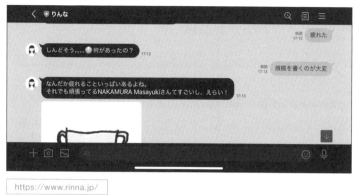

https://www.rinna.jp/

　チャットボットをいくつか使ってみると「こんなものもあるんだ」という気づきがあるのではないでしょうか。事前に思い描いていたチャットボットと、実際に使ってみたチャットボットとの間には、一致するところもあれば、違っていたところもあるはずです。しかも、それぞれ人によってそうした受け止め方は異なってくるでしょう。では、チャットボットとはどういうもので、どういう特徴があるのか。実際には、何かしら定まった定義があるわけではありません。そこでここからはあらためて、本書におけるチャットボットの定義と、チャットボットの特徴について明確にしておきたいと思います。

1-2 | チャットボットとは

　チャットボットという言葉が何を指すかは、大まかな共通認識はあるものの、業界や分野によって多少の違いがあるようです。そこで本書では、以下のような条件を満たすものをチャットボットと呼ぶことにします。

図1-4 本書におけるチャットボットの定義

- ▶ ユーザーとの「会話」を行うアプリケーション（アプリ）
- ▶ 会話は主に、短めのテキストのやりとりによって行われる
- ▶ テキストは、人間の話し言葉や書き言葉（自然言語）で書かれている
- ▶ 人間の振る舞いを真似するように作られている

　この条件に従って、以下のようなものは、本書ではチャットボットとは呼ばないことにします。

- ▶「会話」に思えないやりとり。例えば、キーワードを入力して検索結果が表示されるだけでは、たとえそれが吹き出しで表示されていても会話には思えません。
- ▶ ユーザーが入力するテキストが自然言語ではないもの。例えば「/run build」というようなコマンドは、人間相手だったら使いませんよね。

▶ チャットボットの返事が、人間の振る舞いを真似する意図がないもの。例えば、ほとんどの返事が「OK」「NG」だったりするものなど。

　チャットボットとそうでないものを、「機能」だけで区別することは簡単ではありません。例えばGoogle検索で「チャットとは何ですか?」と入力してみましょう。すると、「チャット」という言葉の定義を短くまとめたテキストが最上位の検索結果として返ってきます。ここで「チャッットとは何ですか?」とわざと入力ミスしたまま検索した場合は、「次の検索結果を表示しています：チャットとは何ですか?」と最初に表示されたうえで、検索結果が表示されます。

　ここで見たようなGoogle検索は、ある意味、自然言語で検索キーワードを受け取り、理解することができていますし、可能な範囲で短い回答がなされます。しかし、これはチャットボットとは見なせません。人間のふるまいを真似するように作られてはいないからです。つまり、チャットボットかどうかは「ユーザ　がどう感じるか」にかかっています。これを定義としてまとめると以下のようになります。

　チャットボットとは、ユーザーとのチャットを通じて
　「人間扱いしようと思わせる見た目と振るまい」をするアプリです。

　この「見た目と振るまい」に関連する概念に、UX（ユーザー体験[*2]）があります。UXとは、アプリの利用を通じてユーザーが持つ「主観的で感性的な価値」を表す概念です。この言葉を使って言い換えると以下のようになります。

　チャットボットとは、人間相手のようなUXでチャットができるアプリです。

　「チャットができる」というのはあまり意味がない形容だと考えると、つまり本書でいうチャットボットとは「アプリのUX」の一種だといえます。
　だから、チャットボットにはよく**名前**が付けられています。人間には名前があるからです。前述の「マナミさん」や「りんな」はその一例です。このため、チャット

---

*2　User eXperienceを省略したのがUX

ボットにはよく人型のイラストやアイコンが用意されています。人間には顔や体があるからです。

　同様に、チャットボットにはよく**キャラクター**が設定されます。人間にはプロフィールや性格があるからです。こうした設定は決して余分な演出や遊び心なのではなく、チャットボットがチャットボットであるために必要な要素と考えるべきでしょう。

　加えて、チャットボットにはもう1つ、よく見られる特徴があります。それは**ユーザーに対して、可能な限り前提知識を求めない**ということです。

　一般にチャットボット"以外"の多くのアプリでは、システムがユーザーに対して、最初から「機能や情報」をたくさん表示します。それによってシステムは、ユーザーとの間に「共通言語」を作り、暗黙的に「（この中で）何をしますか?」とユーザーに伝えて、操作を待ちます。このやり方は、ユーザーに対して多くの機能や情報を提供できているかもしれません。しかしユーザーは、自分のやりたいことをわざわざ「システムとの共通言語」で表現し直すように、いったん考える必要があります。

　一方、チャットボットの場合、ユーザーに対して最初に提示するのは、単純なチャットUIと簡単なメッセージです。そのため、システムとユーザーとの間には「前提」も「共通言語」も最初はほとんどありません。ユーザーが何をわかっていて、何をわかっていないのかという前提もなく、初対面の人間同士のように真っさらな文脈からスタートします。これによってユーザーは、自分のやりたいことを「自分の中にある言葉」で表現できます。

図1-5 ユーザーが自分の言葉で要求を表現できているイメージ

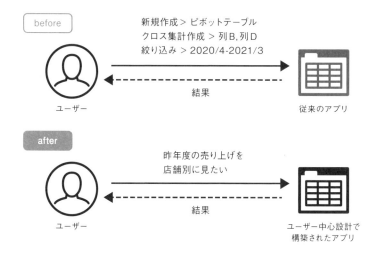

このように「ユーザーがシステムに慣れることを強制」せず、「ユーザーの欲しいものに合わせて機能や情報を提供する」ことは、ユーザーにとっての価値を重視するサービスにおいて理想です。こうした考え方でモノやサービスを作る方法やコンセプトは「ユーザー中心設計」「顧客中心設計」と呼ばれます。

　チャットボットは「ユーザー中心設計／顧客中心設計」を実現する
　具体的な形のひとつです。

　ここまでの説明だけだと、すでにチャットボットをご存知の方には、しっくり来ないかもしれません。チャットボットにはよく「普通こういうもの」というイメージが人それぞれにあり、そうしたイメージと、チャットボットの実体にはギャップがあることは否定できません。ここでは、ありがちなギャップについて見てみましょう。それにより、「チャットボットとは」についての答えをより明らかにしてみようと思います。

● チャットボットというのは、質問に答えるものなのでは？

チャットボットと呼ばれるアプリやサービスには、確かに「質問に答える」という用途を持つものがたくさんあります。しかし、先に挙げたGoogleやFAQツールには「チャットボットではないけれど疑問を対話的に解決してくれる」ものがあります。こうしたシステムとの違いを考えると、「チャットボットであるかどうか」には「何をしてくれるのかは関係ない」ことがわかると思います。

● 雑談ができるかどうかが重要なのでは？

雑談というのは、確かにチャットボットならではの機能の1つです。チャットボット以外のシステムで雑談を実現している例を見たことがありません。ただし、雑談ができることが必要かどうか、また、必要であるとしてどの程度の雑談ができなくてはならないかは用途によります。つまり雑談は、それが主目的の雑談ボットを別にすれば「あったほうがより良い要素」に過ぎず、「チャットボットであるために必須の要素ではない」と考えるべきでしょう。

● AIが入っていなかったらチャットボットと呼ばないのでは？

一般に言われる「AIが入っている」とは、具体的には「機械学習（ML[*3]）技術が使われている」ことを指すと思われます。しかしチャットボットは、ML技術が発展するずっと昔から研究されてきた技術です。MLがなくても人間の振る舞いを再現することにより高い評価を得た実装例もあります。この点でも、MLを実装しているかどうかは、チャットボットに必須の条件ではありません。

ここまでの考察をまとめて、本書におけるチャットボットを定義してみます。

まず、最も重要なのはユーザーにとって対話を通じて「人間を相手にしているかのようなUX」を提供できていることです。実はこの一点に尽きるといってもいいくらいでしょう。そして、そのUXを採用する目的意識がユーザー中心設計に基づいていることが重要です。突き詰めてしまえば、ここまでがチャットボットの必要条件です。

---

*3 Machine Learningの略

図1-6 「チャットボット」であるための要件

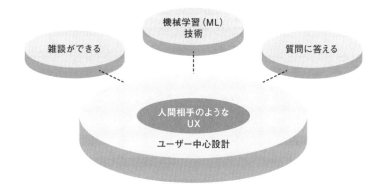

雑談ができることや、機械学習のテクノロジーを利用していること、あるいはユーザーの質問に回答できるようになっていることなどは、チャットボットの効果的な実装手法や用途に過ぎません。人と会話しているようにコンピューターとやり取りできるシステムになっていれば、雑談や機械学習が不要ということは十分にあり得ます。もちろん、システムの目的に応じて実装が求められることもあるのは言うまでもありません。

・　・　・　・　・　・　・　・　・　・

　本節では、チャットボットの定義付けを通じて、チャットボットではないものとの比較から、何がチャットボットの特徴なのかを論じました。そしてチャットボットは「アプリのUXの種類」のことであるという見方を紹介しました。チャットボットとして最も重要なことは「人間のユーザーがどう感じるか」にあり、そこを見誤るとどんな先進技術を使っても応用において価値を出すことはままならないと考えます。

　チャットボットの抽象化はここまでにして、次節では、実際にチャットボットがどのように使われているのかについて、よく使われる分野と目的について具体的に見ていきましょう。

1-3　適用分野と用途

　ここからは、チャットボットの実装に視点を移していこうと思います。チャット
ボットは、現状のサービスを用途で分類すると、主として以下のように分けられま
す。

❶ 生活者向け（B2C）…カスタマーサービス

　私たちが日常で最もよく目にするチャットボットがこの用途です。企業や行政機
関が、一般生活者を相手に行う問い合わせ対応や申込受付などの業務において、
人間の対応要員の代わりとしてチャットボットを導入するという形です。この用途
におけるチャットボットの目的は主に「即応性を高めることで顧客満足度を改善
する」「人件費を削減する」ことにあります。

❷ 生活者向け（B2C）…セールス＆マーケティング

　❶のカスタマーサービスでは、ユーザーの側が主としてチャットボットに話しか
けて利用するものだとすると、逆に「チャットボットの側が目的を持ってユーザー
に話しかけてくる」のがセールスやマーケティング目的のチャットボットです。企業
は、オンラインショップでの「Web店員」として、あるいはブランドサイトでの「イ
ンサイドセールス[4]」として、時間的にも件数的にも人間では対応が難しい業務に
チャットボットを用います。この用途におけるチャットボットの目的は主に「リー
ド[5]獲得」「コンバージョンレート[6]の改善」にあります。

---

[4]　主に営業部門で電話やメールを使うことで、外回りに出ることなく「見込み客」を「顧客」にしていくコ
　　ミュニケーションを担う存在のこと。ここではWeb店員と同様に比喩。

[5]　見込み客や、それにつながる全ての人との接点。

[6]　主にWebサイトにおいて、訪問者に対する購入者や申込者の割合。購入や申し込みに至る確率ととら
　　える。

❸ 従業員向け (B2E) … 社内ヘルプデスク

　チャットボットが社外の顧客向けとは限りません。組織内で使われることもあります。代表的な例が、社内システムの使い方や手続きに関して、従業員からの問い合わせが多いヘルプデスクにチャットボットを利用するケースです。社内ユーザーである従業員の"困った"を自分で解決してもらうための操作方法やヒントを提供するため、チャットボットが問い合わせを受け付け、回答を返すというシステムになります。この用途におけるチャットボットの目的は主に「業務の効率化」にあります。

❹ 従業員向け (B2E) … 業務プロセス改善

　組織内でのビジネスチャットでは、ヘルプデスク以外にも利用例があります。業務システムを利用すること自体を、チャットを介して可能にするような利用形態です。例えば、会議室予約といった単純なものから、様々な社内の承認申請、不備のあった書類の差し戻しなど、従来の手続きをオンライン化しているようなときに、従来であれば社員間のコミュニケーションを必要とするようなビジネスプロセスをチャットボットにより自動化しようという動きです。この用途におけるチャットボットの目的は主に「業務の簡素化」にあります。

　前節で論じたように、チャットボットは「人間相手のようなUX」のことです。この観点で用途を分類すると、これらは以下の3パターンとしても説明できます。

表1-1 用途ごとの特徴

	B2C		B2E	
	カスタマー サービス	セールス／ マーケティング	社内 ヘルプデスク	業務プロセス 改善
人間にもできることを 人間に代わって実行	◎	○	◎	○
人間にはできないこと を人間がやっているか のように実行	○	◎	○	○
システムを擬人化して 人間と協力して実行	○	○	○	◎

◎：とても向く、○：向く

パターンA　人間でもできることを、人間に代わってやる

　まず最初に、カスタマーサポートや社内ヘルプデスクなど、これまでは人間がやっていたことをチャットボットが代替する場合です。コンピューターが肩代わりしても問題ない業務を人間から引きはがしていくことが狙いです。

パターンB　人間ではできないことを、人間がやっているかのようにやる

　人間では手出しのできなかったことが、チャットボットにより可能になるケースがあります。例えば毎日10万人が利用するECサイトの訪問者全員に対して、「今日は何をお探しですか?」と24時間365日いつでも声がけするとしましょう。これを人手をかけてやるのは到底無理です。こうしたWeb上のセールス／マーケティングなど、「人間がやれたら理想だけれども現実には無理なこと」をチャットボットで実現しようとするのが、このパターンです。

パターンC　システムを擬人化して、人間と「協働」させる

　人間同士がコラボレーションするとき、「情報のやりとり」と「意思疎通のやりとり」を別々に行うことがあります。例えば「メールを送ってから電話で確認を依頼する」という類いのことです。こういったワークフローは、それが必要な場合もありますが、業務システムの都合で仕方なくそんな無駄なことをしているというケースがほとんどでしょう。

　このようなシステムをチャットボット化により擬人化することで、「人と対等であるかのように扱えるようにする」ことができます。これにより「メールを送ったけれども、気が付いてもらえるだろうか」といった不安が起きるのを避けられます。つまり「情報と意思疎通を同時に」扱えるようになることで、ワークフローを効率化できるのがこのパターンです。

　このように、チャットボットの使われ方は「人間との関わり方」によって分けることができます。使われ方が異なるとチャットボットに求められる仕様も、それぞれ様々に違ってきます。次節では、チャットボットの仕様の「違い」について、具体的に見ていきましょう。

1-4 ｜ チャットボットの分類軸

　ここからはチャットボットの仕様を検討する際に、どのような観点で検討すればいいかを考えていきます。その意味でチャットボットの仕様には、主に以下の5軸で分類できると考えています。

❶ ゴール（タスク）の有無
チャットボットとの会話が「何かを達成する」ために行われるのか否かという軸です。ゴールがないチャットボットもあり得ます。

❷ ドメイン（話題の範囲）
チャットボットが対応できる話題として、どれだけ広い範囲をカバーするかという軸です。

❸ 会話の主導権
会話の流れを決めるのが、ユーザーなのかチャットボットなのかという軸です。

❹ 入力の自由度・表現力
ユーザーがメッセージを入力する際に、どのような方法を認めるか（用意するか）という軸です。

❺ ユーザーの人数
同時に相手をするユーザーを何人にするかという軸です。

　以下、それぞれについてくわしく説明しましょう。

①ゴール (タスク) の有無

　チャットボットとの会話が「何かを達成する」ために行われるのか否かという軸です。何かを達成するためのチャットボットは、仕事 (＝タスク) があるという意味で「タスク指向型」、あるいは目指す最終状態があるという意味で「ゴール指向型」と呼びます。これに対して、会話によって何かを達成することを意図しないチャットボットは「非タスク指向型」と呼びます。

図1-7 **タスク指向と非タスク指向**

　前節で紹介したチャットボットの用途では、そのほとんどが明確なタスクを持つので「タスク指向型」になります。例えば、カスタマーサポートのチャットボットでは「質問に回答する」ことや「注文のキャンセル手続きをする」ことはタスクです。また、マーケティングのチャットボットでは「リードを獲得する」こともタスクです。このようなタスク指向型の会話は、ゴール (＝タスクの完了) に近づくように進み

ます。そして、基本的には「短いほど良い」ものです。

　一方、本章の冒頭で実例として紹介した「りんな」は、雑談を主目的とするため「非タスク指向型」になります。雑談とも異なり、チャットボット自身が積極的に話すことはなく、逆にユーザーの話を聞くこと（傾聴）を目的としたものもあります。このような非タスク指向型では、会話はユーザーを気分良く導きつつ、「会話が終わらない方向」に向けて進みます。そして、基本的には「長いほど良い」ものです。

　つまり、タスクの有無は、それによって適切な会話の進め方がまるで異なるため、チャットボットにおいて最も重要な分類軸といえます。

1-4-2　②ドメイン（話題の範囲）

　チャットボットが対応できる話題の範囲の広さという軸です。話題の範囲に制限を設けないことを「オープンドメイン」、制限があることを「クローズドドメイン」と呼びます。

図1-8 クローズドドメインとオープンドメイン

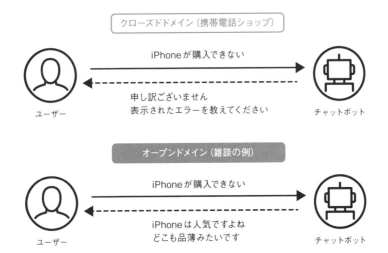

一般にオープンドメインのチャットボットでは、ユーザーが入力する内容に対して何も前提にできないため、内容の理解も適切な対応も難易度は高くなります。対してクローズドドメインのチャットボットでは、特定ドメインの話題に限られるという前提でユーザーからのメッセージを解釈できるため、理解の精度も高く、対応に必要なものを準備しておくことができます。

「1-3 適用例と用途」で取り上げたチャットボットは、ほとんどがタスク指向型であると同時に「クローズドドメイン」でもありました。ビジネス用途のタスクでは、あらかじめドメインが決まっていますし、対象ドメイン以外のことに対応する必要はないからです。

一方、雑談はオープンドメインでの対応が必要になる代表例です。ほとんどの場合、オープンドメインでの対応が求められます。この点でも、雑談は難易度が高いということをおわかりいただけるのではないでしょうか。

とはいえ現実のチャットボットでは、クローズドドメインであっても1つのチャットボットで1つのドメインに対応していればいいとは限りません。実際には複数のドメイン（マルチドメイン）への対応が必要になる場合があります。

1-4-3　③ 会話の主導権

「会話の主導権」とは、会話の流れを決めてリードするのがユーザーかチャットボットかという軸です。チャットボットが主導権を持つ場合を「システム主導型」、ユーザーに主導権を与える場合を「ユーザー主導型」と呼びます。必ずしもどちらかとは限らず、両方がイニシアチブを持つ「混合主導型」もあります。

図1-9 会話はシステムが主導するのか、ユーザーが主導するのか

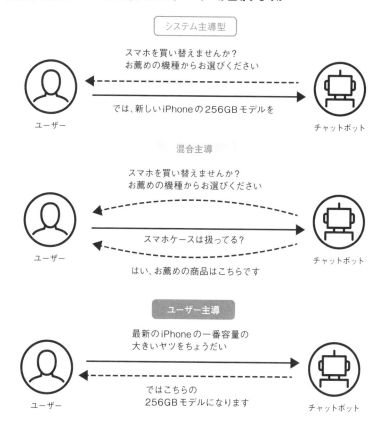

システム主導型のチャットボットでは、チャットボットがユーザーに対して問い
かけ、提案といった形で働きかけることで、何を入力してもらいたいかを伝えます。
多くの場合、明示的に「〜〜を入力してください」というメッセージではなく、働き
かけの内容によって「暗に伝える」形になります。この会話の流れはユーザーに
とって、システムをどう使えばいいのか、何を入力してよいのかわからない段階で
は便利に感じられるはずです。

　一方でシステム主導型だと、ユーザーにはっきりとした目的があり、意思をもっ
て会話をしたいと思っているときには、ユーザーにとって煩わしく感じる場合があ
ります。そういう場合にはユーザー主導型のチャットボットが有効です。ユーザー
は常に自由に発言することができ、チャットボットは常に話の流れを追いかけて対
応します。これはユーザーが入力に迷うような段階をすでにクリアし、自分の意思
に基づいて会話したい場面では、自由度があって快適になります。

　以上の対比から、主導権は必ずしも「完全にどちらか一方」が持つのが望ましい
とは限らないことがわかります。それよりも、場合に応じて柔軟に交替するのが望
ましいことがあります。これに対応したモデルを「混合主導型」と呼びます。混合
の一例として、最初はシステム主導から始まって途中からユーザーによる「離脱」
を可能にしたり、ユーザー主導の会話が2回連続して失敗したらシステム主導に戻
る、といった形で、主導権を行き来させるような実装が考えられます。

1-4-4　④入力の自由度・表現力

入力の自由度・表現

メニュー　　　自由入力　　　音声入力　　　マルチモーダル

　ここでいう「自由度」「表現力」とは、ユーザーにどのような入力方法を認めるか
という軸です。入力方法の例としては、自由度の低い順に、あらかじめ用意された
選択肢から選ぶ「メニュー型」、テキストを打ち込む「自由入力型」、音声認識技
術を利用した「音声入力型」、複数の種類の入力を複合的に行う「マルチモーダル
型」があります。

図1-10 入力の違いによる会話の例

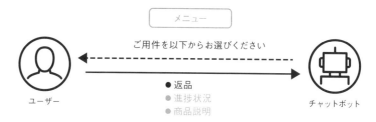

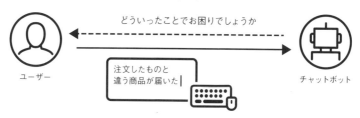

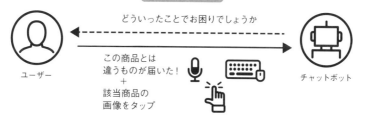

メニュー型は、主にシステム主導の会話で利用され、ユーザーに選択肢を認識させることができます。提示した選択肢を入力の前提にできるほか、ユーザーにとっても容易に操作ができるというメリットもあります。

　これに対して自由入力型や音声入力型は、何かを入力する「動機」が確かにユーザー側にある場合に向いています。前の図で言えば、異なる商品が届いたというクレームがその動機にあたります。あるいは、選択肢を用意するまでもなく、どういった内容の入力をしてほしいかをシステム側から明確に求めることができる場合にも利用されます。そのため、主導権と同様、こうした入力型もいずれか1つだけとは限らず、混在して、あるいは同時に利用されることが多く見られます。

　マルチモーダル型は、他の分野で用いられる「マルチモーダル」とは意味合いが異なるところがあるかもしれません。例えば、ロボットの領域でマルチモーダルと言えば「音声」＋「表情」＋「視線」というような複数の入出力を組み合わせることを意味しますが、PCやスマートフォンで利用するチャットボットでは画面上の画像やアイコンの操作と他の入力との組み合わせが多用されます。

　例えば、家電製品の修理受付をするチャットボットが、製品の写真や3Dモデルを表示して「お困りのことを教えてください」と問いかけたのに対し、ユーザーは「ここを押すと異音がします」といったように、画面上の1点を指し示しながら音声で具体的な内容を説明するような入力が考えられます。

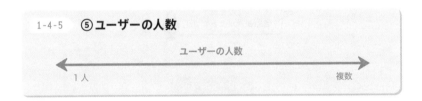

　「ユーザーの人数」とは、システムがユーザーとして同時に相手にするのが何人かという軸です。何人かといっても、チャットボットの種類として考えるのは主に「1人専用」か「複数人対応」かの2種類です。複数のユーザーと同時に対話できることを、「マルチパーティ対話」に対応しているといいます。

図1-11 ユーザーの数によって変わるやり取りの例

1人専用

いらっしゃいませ。
ご用件をどうぞ

契約を変更したい

ユーザー　　　　　　　　　　　　　チャットボット

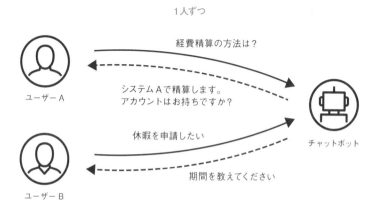

1人ずつ

経費精算の方法は？

システムＡで精算します。
アカウントはお持ちですか？

ユーザー A

休暇を申請したい

期間を教えてください

ユーザー B

チャットボット

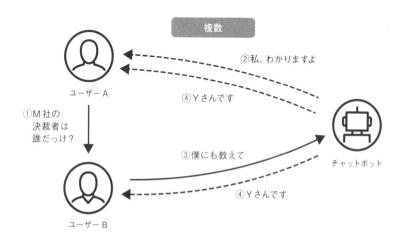

複数

②私、わかりますよ

④Ｙさんです

ユーザー A

①Ｍ社の
　決裁者は
　誰だっけ？

③僕にも教えて

④Ｙさんです

ユーザー B

チャットボット

プラットフォームによって、同時に利用する人間の数とコミュニケーションの形は異なります。LINEなどのメッセージングアプリでは1対1のほか、グループチャットがあります。ビジネスチャットだと常にたくさんの従業員がいます。スマートスピーカーだと、周囲に何人いるのかチャットボットからはわかりません。

　チャットボットを「複数の人がいる」環境に置く場合でも、「複数の人がいるけれど1人1人を個別に相手すればいい」というようなシステムは比較的シンプルで、「チャットボットに向けられた発言だけに返事をする」ことで成立します。一方、「複数の人を同時に相手にしなければならない」あるいは「人と人との会話を横で聞いていて適切な横やりをいれる」ということが必要な場合は、途端に難しくなります。ユーザーが多い環境では、チャットボットができることが広がる一方で、本質的な難易度は上がるのです。

· · · · · · · · · · · · ·

　本節では、様々な軸でチャットボットを分類し、それぞれ具体的にどんな違いがあるのかを、その背景や理由も交えて紹介しました。ひとくちにチャットボットといっても、そこには様々な違いがあることがわかります。

　ここまで、主にチャットボットの「人間とコンピューターをつなぐインターフェース」としてのシステム面について述べてきました。このため、ではチャットボットとして「何ができるのか」には、まだ触れていません。そこで次節では「インターフェース」としてのチャットボットそのものではなく、チャットボットを通して「結局、何ができるのか」について、ということは同時に「何ができないのか」についても見ていくことにしましょう。

1-5 チャットボットが向く領域

　ここまで、チャットボットの用途と分類軸について紹介しました。しかし、分類軸で見てきた範囲では、様々な用途をどうやって実現しているかの説明はできませんでした。実は、チャットボットでできる多くのことは「他のシステムを呼び出す」ことで実現されています。そのため、チャットボットでできることは、原理的には「何のシステムとつなげるか」次第でいくらでも広がってしまい、何ができるのかハッキリしない印象があります。そのためここからは「できること」「できないこと」の代わりに「向いている機能」と「あまり向いていない機能」を見ていきたいと思います。

　チャットボットができることのうち、チャットボットに「向いている機能」としては、①文書検索や情報抽出、②Webフォームの代替、③エンゲージメント、のようなパターンがあります。

1-5-1 文書検索や情報抽出

　チャットボットは、文書の検索機能やデータベースからの情報抽出について、そのUXを改善することによく使われます。

図1-12 文書を検索するチャットボットの例

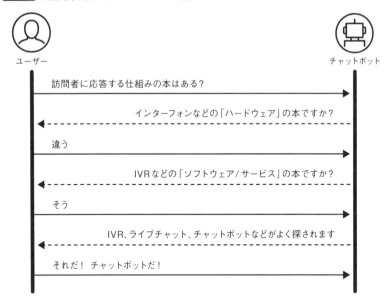

　普通の検索機能で欲しい情報を探すとき、検索結果を見ながらキーワードを適度に変えながら、「何度かのトライ＆エラーを経て目的の探し物に近づいていく」のは、誰でも日常的にやっていることなのではないでしょうか。探し物が見つからないのは「検索の仕方や問いかけ方が悪い」のが原因であることは少なくありません。特に、自分が明るくない分野での調べものは、そもそもどこから調べていけばいいのか、よくわからないこともあります。そのため、まず見つけるべきは「自分が聞きたいことの的確な表現」であったりします。よくあいまいなものでも、まず人に話してみることで、「それってこういうこと？」といった形で相手の思ったことを聞くことで自分の頭の中も整理が進んでいくといった経験をしたこともあるでしょう。このように人に話してみて、その反応をうかがいながら、段階的に考えをまとめていくことを「壁打ち」ということがあります。

　チャットボットは、こうした「壁打ち」による情報探索を実現するのに向いています。具体的には、システム主導の会話によって「聞きたいこと」の明確化をナビゲートしたり、対話制御によって「検索条件の適切な組み立て」を支援したりと

いったことを実現できます。

1-5-2　Webフォーム

チャットボットは「Webフォーム」のUX改善にもよく使われます。

図1-13 Webフォームの代わりとなるチャットボットの例

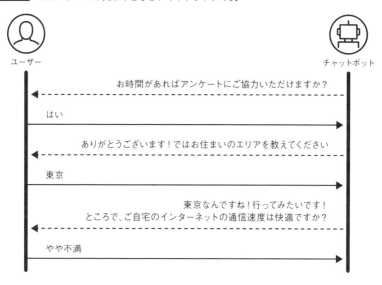

Webフォームは、あらゆるビジネスの申し込み手続きには欠かせないもので、特にマーケティングではフォームの提出完了率は最重要指標の1つです。しかし、フォームの記入というのは、自分が望んで入力するケースでも煩わしく感じることがありますし、ましてシステム側から求められたような場合は、できれば避けたくなるものです。これに対して「相手から1問ずつ聞かれて、それに対して1つずつ答える」のであれば、あまり負担には感じず、意外と楽なものです。これは「自分が主体的に取り組まなければならない」（ここではフォームに入力するという行為）という意識にならず「受け身の姿勢」（ここでは聞かれたことに答えればよい）で済

むからです。

　チャットボットは、Webフォームに入力するような作業を「受け身化」するのに向いています。例えば、リード獲得のためのアンケートに回答してもらいやすくしたり、「注文内容の変更」といったWeb上の手続きの利用率を上げたりといったことが、従来のWebフォームをチャットボット化することで可能になります。

1-5-3　エンゲージメント

　エンゲージメントとは、2者間の深い関係性のことを指す言葉です。企業と顧客の関係のほか、組織と従業員の関係などにも使われます。エンゲージメントを構築、維持、向上させることは、そのあとにどんな活動をする場合でも、よりよい結果を得るための前提条件として重要だといわれます。そのため、マーケティングでは一般に、メールマガジン、ソーシャルメディア、スマホアプリといった様々なチャネルでエンゲージメント構築が試みられています。

図1-14 エンゲージメントを強化するチャットボットの例

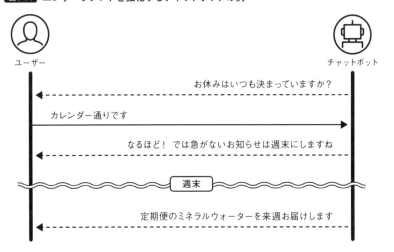

　エンゲージメントの重要な要素の1つに「パーソナライゼーション」があります。パーソナライゼーションとは、ユーザーごとに好みや個性、考えを把握し、個々の接し方やサービス内容に反映することです。よく行くお店に自分のことを覚えていてくれる店員さんがいるとうれしくなるものです。実際のお店と同様に、企業が個人に接するチャネルがパーソナライズされていることで、システムを通じて接する場合でも、より良いユーザー体験とエンゲージメントを作ることができます。

　チャットボットは、パーソナライズによってエンゲージメントを構築・維持・向上させるのに向いています。チャットボットは他のチャネルよりも双方向性が高いため、ユーザーの属性情報を集めやすく、以前に聞き取った情報が間違っていたり、その後に変化したりしても、本人からのフィードバックを受けて軌道修正していくことがいつでもできるためです。

　このエンゲージメントが具体的に効果を発揮する機能の1つに、システムからの通知があります。通知は、その内容やタイミング、量によっては、受け手にとって煩わしいだけのものになります。これをユーザーそれぞれに合わせて自動調整して送ろうとするとき、チャットボットは最適なチャネルになります。

1-6 | チャットボットが向かない領域

一方、チャットボットで実現するには「あまり向いていない」領域としては、個人情報などセンシティブな情報を扱う場合や、簡単には整理できない複雑な情報を扱う場合が挙げられます。

1-6-1 センシティブな情報を扱うタスク

前節で、チャットボットが向いている領域としてパーソナライゼーションによるエンゲージメントを挙げましたが、とはいえセンシティブな情報を扱うことはできれば避けたほうがよいでしょう。ここでいうセンシティブな情報とは、住所や電話番号といった明示的な個人情報のほか、個人の思想・信条に関することや、健康に関することを含みます。

センシティブな情報を避けるべき理由の1つは、データが分散する懸念です。ユーザーが入力した内容は、その意味を理解したり要求を実行したりするために、様々なソフトウェアへ入力値として与えられます。そのため、ユーザーが入力したテキスト自体やその二次データが保存されうる場所は、複数に及ぶ場合があります。もちろん、センシティブではない情報を扱う場合でも、ユーザーから得た情報を扱うソフトウェアや、それが稼働するハードウェア、その間をつなぐ通信経路が安全であることは当然配慮されるべきことです。もしセンシティブとわかっている情報ならば、それに加えて、情報が流れる経路と保存領域は可能な限り限定されるべきです。

もう1つの理由は、ログ利用時の懸念です。チャットボットは一般に、精度改善のためにユーザー入力のログを利用することがあります。そのような場合、事前に個人情報を取り除く処理をするのですが、取り除くべき個人情報かどうか、その判定には困難なものがあり、除去すべき情報がログに残ってしまう可能性を否定で

きません。そのため、そのような取りこぼしを含むログが、管理担当者の目に触れたり、機械学習のモデルに含まれたりしてしまう可能性があります。

　このようなリスクを避けるため、センシティブな情報を尋ねるような会話のタスクは可能な限り控えたほうが望ましく、どうしても必要な場合は他の情報と区別し、特別な取り扱いをするべきです。ともするとパーソナライゼーションのための情報収集は、こうした立ち入るべきでない個人情報に近付いてしまう可能性があります。こうした情報を不用意に収集してしまうリスクという点で、チャットボットが向かない領域と言うことができそうです。

1-6-2　本質的に複雑なタスク

　チャットボット化して便利になるタスクの範囲は、人と電話して簡単に何かを尋ねたり頼んだりできる範囲が目安です。人間相手との電話であっても、ちょっと入り組んだ話になると、紙にメモを取りたくなったり、テキストデータにまとめたものを送ってほしいと思ったりすることがあるのではないでしょうか。それと同様に、タスク自体が本質的に複雑だったり、ボリューム（情報量）が大きかったりすると、それをチャットボット化できたとしても便利なシステムに仕上げるのは難しくなります。

　例えば、何かの申し込み手続きをするWebフォームがあって、入力項目が20個あるとしましょう。これの15番目の入力中に、3番目の入力内容が間違っていたことに気が付いたというとき、Webフォームなら簡単に該当する項目に戻って修正し、すぐ取り掛かれます。しかしチャットボットでは、よほど項目間の行き来を考慮した設計にしておかないと、ユーザーにとってすでに回答した項目を訂正するのは面倒になります。

・　・　・　・　・　・　・　・　・　・

　本節では、チャットボットの「できることできないこと」を「得手不得手」として紹介しました。これらの得手不得手は、実際にチャットボットというインタフェースを「活用」しようと考えたとき、「どこに当てはめられるか」を判断する指標にな

ります。

　次節では、「チャットボットの意味」を追う本章のまとめとして、チャットボットを取り巻く要因から「なぜ今チャットボットか」を述べます。それにより、チャットボットの使いどころを明らかにして行きたいと思います。

1-7 　なぜ今チャットボットか

　前節までに見てきたように、チャットボットはあらゆるサービスを「ユーザー中心設計」にすることを可能にするインターフェースであり、多くのメリットやユースケースがあります。それが、チャットボットが注目されている理由です。しかし、チャットボット自体にはすでに長い歴史があり、決して今に始まったものではありません。ではなぜ今、チャットボットが急激に広がってきているのでしょうか。ここでは、チャットボットの今とこれからに影響する要因と考えられるものとして、大きく①ヒト、②通信環境、③AI技術があると考えています。この3つの観点から、「チャットボットに今取り組むべき理由」を考えていこうと思います。それにより、チャットボットの重要性を明確にしていきましょう。

1-7-1　労働力不足とリモートワーク

　今チャットボットが求められる要因には、まず「ヒト」があります。ここには2種類のニーズがあります。

　1つは、労働力不足です。日本では今後、生産年齢人口、つまり働き手が減少していくことがわかっています。また、2019年の働き方改革を中心とした労働環境の改善の動きもあり、企業は労働力不足への対策を求められています。その対策の一環として、チャットボットによる「人手をかけていた業務の自動化・省力化」の

ニーズが高まっています。

　ここまで見てきたように、これまで人間が行ってきた業務を置き換えることはチャットボットの主な用途の1つです。さらに、人手を減らせるという効用があるのと同時に、雇いたくても雇えない働き手の不足を補ったり、労働環境を改善したりといった効果も期待できます。

　もう1つは、新しい働き方への最適化です。2020年の新型コロナウイルス感染症(COVID-19)のパンデミックを機に、企業ではリモートワークを可能するために「オフィスでなければできないこと減らす」取り組みが活発になりました。これにより、SlackやTeamsといったビジネスチャットの利用が急激に進みました。そして、組織内のコミュニケーションに占めるチャットの割合が高まったことにより、業務システムをチャット内で使えるようにする(チャットボット化する)ニーズが高まっています。

　これは「1-3 適用分野と用途」で触れた「人間と協業させる」用途にあたります。この用途でチャットボットが効果を発揮するには、まず組織内のコミュニケーションがデジタル化されていることが必要でしたが、図らずも急激なリモートワーク対応によって条件が整った企業や組織が増えました。そして、これは一時しのぎの仕組みでなく、リモートワークや多様な働き方へ積極的に対応することで、生産性の向上や働き手の確保につながっていく可能性があります。もしそうなれば、そのときは「同僚」としてのチャットボットに求められる役割はますます大きくなるでしょう。

1-7-2　RCSと5G

　RCSとは、リッチコミュニケーションサービス(Rich Communication Services)の略で、携帯電話のSMS(ショートメールサービス)の次世代版です。簡単にいえば、LINEのように画像や動画の添付もできる高機能メッセージを、1社に閉じたサービスに止まらず、SMSのように通信事業者間で広く交換できる仕組みです。日本ではNTTドコモ、au、ソフトバンクの3社により、「+メッセージ」という名称でサービスが2018年から開始されています。

RCSが重要なのは、携帯電話が標準で備える機能になっていく見込みがある点と、チャットボットのインターフェースとしても利用できる仕様になっている点です。スマートフォンのユーザーでLINEアプリを入れていないという人は今でもいるでしょう。でも、Webブラウザやメールのアプリが使えないという人はほとんどいません。最初から標準でインストールされているためです。それゆえ、今のインターネットのサービスはほとんどがWeb上で展開され、個々のユーザーとのコミュニケーション手段として従来通りメールも利用されています。

　しかし、もしiOSやAndroidが標準でRCSに対応し、ユーザーが新しい機種を手にしたときにはすでに使えるようになっていたときにどうなるか、予想してみてください。そのときには、多くのサービスがユーザーとの接点としてRCSを使う可能性があります。そして、そのときユーザーに向き合うシステムとしてチャットボットは有力です。

　モバイル通信の次世代規格「5G」は、このRCSの普及を推進する大きな要因の1つです。5Gは、膨大なIoTデバイスを接続可能になるため、自律的なサービスが増えると考えられています。そして自律的なサービスというのは、必要に応じてサービス側からユーザーに話しかけてくることでコミュニケーションが始まるタイプのサービスです。RCSは、そのインターフェースとして最適であり、そのコミュニケーションはチャットボットの得意分野と言えます。

1-7-3　AIのパッケージ化

　チャットボットをメインストリームに押し上げたのは、AI技術の発展です。チャットボットにおけるAIは、特に機械学習が主にユーザーの「意図認識」に利用され、日本では2016年にIBM Watson日本語版が発表された頃からビジネス活用が進みました。その後、大手パブリッククラウドのサービスとして提供されたことで急速に「アプリの部品」として一般化しました。

　機械学習にくわしいエンジニアがいなくても、部品化されたライブラリなどを使って容易にシステムを開発できるようになったことは、アプリ開発におけるチャットボットの実現を容易にしました。それでも現実の開発では、機械学習に

必要な学習用データを準備することが大きなハードルになることがあります。しかし今、そうしたデータを自前で準備することなく機械学習を利用可能にする、「学習済みモデル」も多く提供されるようになってきました。2019年の著作権法改正により、このような学習済みモデルを利用しやすくなったのに加え、今後予定されている特許法の改正によってさらに知財面での整備されていくことも期待されており、今後ますますAIを取り巻く市場とエコシステムが成長することが考えられます。こうした動きは間違いなく、チャットボット化の流れを後押しするでしょう。

　チャットボットを作る環境としては、現時点でもすでに豊富な選択肢がありますが、さらにそのドメインやユースケースにマッチする優れた学習済みモデルがあれば、チャットボットの活用シーンはより一層大きく広がる可能性があります。

・ ● ・ ● ・ ● ・ ● ・ ● ・

　本節では、今チャットボットに取り組むべき理由について、2021年現在の視点で考察してみました。また、本章を通じて「チャットボットというものは何か」について、より望ましい理解ができるよう事例、定義、用途、得手不得手、将来性といった様々な面からチャットボットについてみてきました。結果として「アプリをチャットボット型にする意味」を浮かび上がらせることができたでしょうか。

　次章では、本章で見てきたチャットボットについて、それがどのような「仕組み」で実現できているのかについて解説していこうと思います。

CHAPTER-1

第 **2** 章

チャットボットの仕組み

前章では「チャットボットとは何か」そして「アプリをチャットボット型にすることの意味」について、様々な角度から見てきました。本章では、チャットボットの実装を考える際に有用な「どのような仕組みでできているか」について説明します。

　本書の目的は「チャットボット型アプリを企画・開発できるようになること」ですが、具体的に検討するときにはまず「どの部分を作る必要があるか」を正しく認識できることが重要です。チャットボットは、利用者側にはチャット画面しか見えませんし、音声アシスタントの場合は画面すらないので、ユーザー目線では裏側に何があるかを想像するのが難しいでしょう。また、実用的なチャットボットは、それに関わるシステム要素が多く、「どこまでがチャットボットでどこからがそうでないのか」という点でも分かりにくいところがあります。

　そのため本章では、一般的なチャットボットの仕組みについて「それがどんなシステム要素でできているのか」「その要素は全体の中でどのような役割をしているのか」を見ていきます。そのうえで、第1章で紹介した「よくある用途」のチャットボットが、どのような技術要素で構成されているのかを例示していきます。それによって、実際にチャットボットを開発する際に必要なものがイメージできるようになることを目指します。

2-1 　チャットボットシステムを 構成するレイヤー

　動作の仕組みを考えるうえで、チャットボットがどのようなシステムで構成されているのか、最も基本的なパターンを見ておきましょう。まず、チャットボットの構成要素のなかで中心的な役割を担うのが、ユーザーからのメッセージを解釈し、それに対して適切なテキストで受け答えするシステムです。本書ではこのシステムを「対話サーバー」と呼ぶことにします。対話サーバーは、ユーザーから送られてきた要求や質問の終着点です。ユーザーから送られたテキストメッセージを受け取ったら、それに対して何をするべきかを判断し、適切な返答となるテキストを

作ってユーザーに返します。

　このとき、対話サーバーに対して「ユーザーの要求・質問をテキスト化して受け渡してくれる」役割を果たす存在が必要で、これは「対話サーバーの外側」にいることになります。このように、ユーザーと対話サーバーの間をつなぐ機能のことを「フロントエンド」の要素と呼びます。

　対話サーバーが何をするべきかを判断したり、返事の文章を作ったりするときに、対話サーバーに対して「判断材料を提供する」「必要と判断したことを実行する」「返事を書く材料を提供する」というように、対話サーバーの後ろで支援する存在が、ほぼ全てのシステムで必要になります。このような、対話サーバーの背後にいる要素を「バックエンド」の要素と呼びます。

　このように、チャットボットを構成するシステム全体は、対話サーバーを中心に、ユーザーとの間に立つフロントエンド、対話サーバーの背後で支援するバックエンドという3つの層に分けて考えることができます。この3層がどのように機能してメッセージをやり取りするかという例が、次の図です。

図2-1　**チャットボットの3層構造とメッセージ送受信の例**

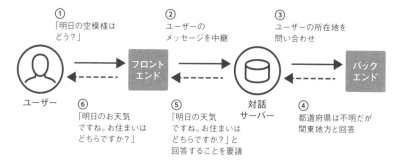

　次節からはこの3層を、フロントエンド、バックエンド、対話サーバーの順に、それぞれが持つ技術的要素、構成、機能について具体的に説明していきます。

2-2 フロントエンドがユーザーに対応する仕組み

第1章では、読者の皆さんの身近にあるチャットボットを使ってみてもらいました。その際、どこにあるチャットボットを使いましたか。この場合の「どこ」とは、「どこにアクセスしたか」という意味です。

Webサイトのチャットボットであれば、Webブラウザーを使ってWebサイトを表示し、そのページ内にあるチャット画面を使ったのではないかと思います。その画面に何らかのメッセージを入力したら、同じチャット画面に返事が来たはずです。LINEなどのメッセージングアプリを使った場合は、チャットボットのアカウントと「友だち」になり、そのメッセージングアプリを通じて相手のアカウントに何らかのメッセージを送ったら、それに応じた返事が送り返されてきたのではないでしょうか。

この一連のシーケンスの中で「返事を作成する」のが対話サーバーです。それ以外は全て対話サーバーよりも手前側、つまりユーザー寄りにあります。そこにはWebブラウザー、Webサイト、チャット画面、メッセージングアプリなどが配置されています。これらを総称して「フロントエンド」と呼ぶことにします。

図2-1 の会話の流れを、ユーザーの入力に対するレスポンスが返されるまでのデータの流れとして見てみましょう。

図2-2　フロントエンドはさらに3層に分けられる

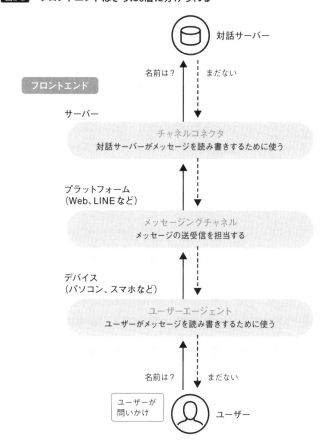

　この図は、ユーザーがキーボードや音声で「名前は?」と入力した場合に、「まだない」という返事が返ってくるまでの、システムの階層間でバトンリレーしている様子を表した概念図です。前節では、チャットボットシステム全体は3つの層に分けて考えられると述べましたが、このフロントエンド層については、さらに3つの層に分けて考えることができます。

❶ ユーザーエージェント (UA)

　ユーザーが「名前は?」と入力するのに使うツールは「ユーザーエージェント」と

呼ばれます（以降、UAと略します）。LINEアプリがその一例です。入力方法がキーボードであれ音声であれ、対話サーバーとのメッセージの読み書きに使うツールなら全てUAです。ユーザーがメッセージを送信する場合には、UAはユーザーから受け取った「名前は？」という入力を「メッセージングチャネル」に渡します。

❷ メッセージングチャネル（チャネル）

　メッセージングチャネルは、会話の参加者の間でメッセージの交換をする仕組みです（以降、チャネルと略します）。LINEでいえば「トーク」の機能に相当します。チャネルはUAからメッセージを受け取り、その宛先へ転送します。宛先がユーザーならそのユーザーのUAへメッセージを転送し、宛先がシステムなら「チャネルコネクタ」へ転送します。

❸ チャネルコネクタ（コネクタ）

　チャネルに対して「人間が参加する」ために使うツールがUAだとすると、「対話サーバーが参加する」ために使うツールが「チャネルコネクタ」です（以降、コネクタと略します）。コネクタは、チャネル経由でUAからメッセージを受け取り、対話サーバーへ送ります。また、対話サーバーから返事を受け取り、チャネル経由でUAに送ります。ここで最も重要なのは、チャネルと対話サーバーがお互いのメッセージを理解できるように「通訳」するのが主な役割である点です。

　これらの3つの層は、「プラットフォーム」がWebであってもLINEであっても、あるいはスマートスピーカーの場合でも、何らかの形で同じ役割を持つ要素が必ずシステム内に設けられています。そこで、Web、LINE、スマートスピーカーを例に、それぞれのプラットフォームではどのような要素がどのように機能しているのかを、具体的に見ていきましょう。

2-2-1　メッセージングアプリ

　メッセージングアプリは、他のユーザーやチャットボットと「メッセージ」を交換するためのアプリで、LINE、Facebook Messenger、Telegramといったアプリが有

名です。ここではLINEを例に対話サーバーとユーザーとの間がどのような構成になっているか、その階層構造を見てみましょう。

　以下の図は、LINEにおけるチャットボットのフロントエンドについて、3層に対応する要素を示したものです。

図2-3　**LINEのフロントエンド**

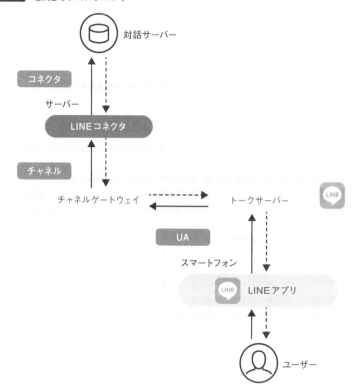

　このうち、濃いグレーで示したのが、チャットボットの作り手側で用意する必要があるものです。以下、図中の要素について説明します。

❶ LINEアプリ

　LINEアプリは、LINEというサービスを通じてユーザーが「メッセージの読み書き」をするためのUAです。ユーザーはLINEアプリを利用して、メッセージを入力して他のLINEユーザーへ送ったり、他のLINEユーザーからのメッセージを受信して読んだりすることができます。

❷ トークサーバー

　トークサーバーは、LINEというチャネルにおける「郵便局」です。LINEアプリからメッセージを受け取り、宛先のLINEユーザーに対してメッセージを転送します。このとき、宛先がチャットボットのアカウント（ボットアカウント）の場合は、チャネル内の「チャネルゲートウェイ」へメッセージを転送します。

❸ チャネルゲートウェイ

　チャネルゲートウェイは、ボットアカウントを「LINEの外」から操縦できる方法を提供する仕組みです。トークサーバーは、ボットアカウント宛てのメッセージを受け取ったとき、そのメッセージをチャネルゲートウェイへ転送します。チャネルゲートウェイにはあらかじめ転送されてきたメッセージをどこに送信するかを設定してあります。この場合、送信先はLINEというサービスの外になります。

　逆に、LINEの外からLINEユーザー宛てのメッセージを受け付ける機能もあります。この場合は、宛先がLINEユーザーになるため、メッセージをトークサーバーに送ります。

❹ LINEコネクタ

　LINEコネクタは、LINEのチャネルゲートウェイと外部に設置した対話サーバーをつなぎます。これは、対話サーバーの仕様によって必要な仕組みが異なるため、LINEからは提供されず、チャットボットシステムの一部分として対話サーバーごとに用意します。チャットボットシステムが「LINEに対応している」という場合、それはほとんどの場合「その対話サーバー用のLINEコネクタがある」ということを意味します。

　ここではLINEを例にしましたが、どのメッセージングアプリにおけるチャット

ボットでも、大まかな構成は同様と考えてかまいません。

2-2-2　Webサイト

　次に、Webブラウザーを通じて提供されるチャットボットの場合のフロントエンドを見ていきます。次の図は、Webにおけるチャットボットのフロントエンドについて、3層に対応する要素を示したものです。濃いグレーで示した要素は、チャットボットの作り手側で用意する必要があるものです。メッセージングアプリより増えていますね。

図2-4　Web上のチャットボットのフロントエンド

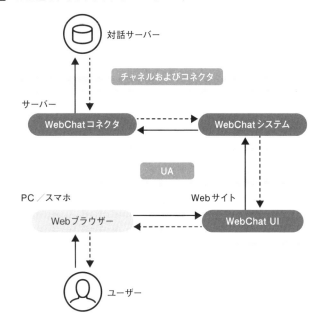

　一般的なWebサーバーは、もともとメッセージをやりとりする仕組みを備えていません。そのため、ユーザーと対話サーバーとをつなぐには、メッセージングアプ

リに相当する機能を何らかの形で導入する必要があります。このような機能を総称して「WebChat」（ウェブチャット）と呼びます。

　WebChatは、一般的には人間同士が会話をする目的の仕組みであり、カスタマーサポートを目的として顧客と担当者が1対1で話す「ライブチャット」としてよく使われているものです。そしてチャットボットは、基本的にはライブチャットの仕組みを利用しながら、その応答の一部を自動化する形で導入されています。そのような場合、フロントエンドは以下の要素で構成されます。

❶ WebChat UI

　WebChat UIは、Webサイト上でメッセージの読み書きをするためのUAです。ユーザーは、WebブラウザーからWebChat UIを利用することで、発言を入力して対話サーバーへ送ったり、対話サーバーからの返答を受信して読んだりすることができます。

❷ WebChatシステム

　WebChatシステムは、Webにおけるチャネルの役割を果たします。WebChat UIからメッセージを受け取り、宛先の対話サーバーに対してメッセージを転送します。また、対話サーバーからもメッセージを受け取り、宛先のユーザーのUIに対して転送します。もしライブチャットと統合されていれば、「担当者が対応可能なら宛先を担当者にし、そうでなければ対話サーバーとする」というようなルーティングもここで行われます。

❸ WebChatコネクタ

　WebChatコネクタは、WebChatシステムと対話サーバーの間をつなぐ役割を果たします。LINEで見たLINEコネクタと同じような位置付けで、WebChatシステムからメッセージを受け取ったら対話サーバーに渡し、逆に対話サーバーが作成したユーザー宛てのメッセージを預かり、WebChatシステムに引き渡すことで送り出します。

　一般的なチャットボットシステムでは、Webは標準的な接続先の1つです。そのため、WebChatの構成要素一式は、チャットボットシステムに内蔵されている場合

が少なくありません。そのような実装の場合、上記の3つの要素は1つのWebアプリにまとめられているか、場合によっては対話サーバーとも一体化していることもあります。しかし実装上、どのようにまとめられていたとしても「3つの層」をそれぞれ区別して考えることは、内部構造を理解するのに役立ちます。

2-2-3　スマートスピーカー

　スマートスピーカーは、チャットボットとの会話を音声によって行えるようになっているデバイスです。一般にはAIスピーカーとも呼ばれ、具体的にはAmazon Echo、Google Home、Apple HomePodといった製品がこれにあたります。また、スマートスピーカーを通じてやりとりできるチャットボットはAIアシスタントと呼ばれ、各AIスピーカーに応じたものがあり、それぞれAmazon Alexa、Googleアシスタント、Apple Siriなどの名前で知られています。これらはPCやスマートフォンなど、スマートスピーカー以外のデバイスからも利用できます。

　AIアシスタントによっては機能拡張の仕様が公開されています。これを利用することで、AIアシスタントの背後に別途開発したチャットボットを接続できます。これにより、AIアシスタントを「他のチャットボットのフロントエンド」にすることができます。この場合の仕組みを、Amazon Alexaを例に見てみましょう。

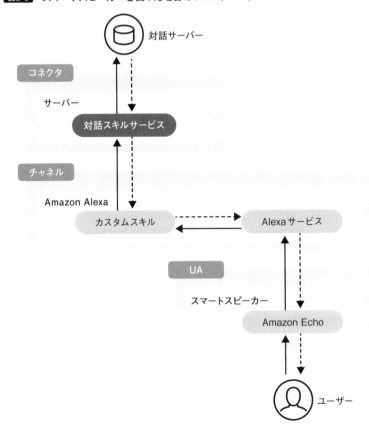

図2-5 スマートスピーカーを使った場合のフロントエンド

この図は、スマートスピーカーにおけるチャットボットのフロントエンドについて、3層に対応する要素を示したものです。青い要素は、チャットボットの作り手側で用意（開発）する必要があるものです。

Alexaは、AIアシスタントと呼ばれる種類のチャットボットです。基本的に音声を通して利用し、ユーザー個人からの依頼に対応する「コンシェルジュ」のような振る舞いをします。なお、AlexaではAIアシスタントから呼び出す機能のことを「スキル」と呼びます。

スキルには、天気予報スキルや音楽再生スキルなどが最初から用意されていま

すが、任意に新しいスキルを追加することもできます。先の図は、この仕組みを利用して「別のチャットボットとの会話スキル」を追加した場合の構成です。この中では、4つの要素に注目してください。

❶ スマートスピーカー

スマートスピーカーは、音声によってメッセージの読み書きができるUAです。「アレクサ」などのウェイクワード[*1]を認識したら録音を開始し、音声データをクラウドのAlexaサービスへ送信します。また、Alexaサービスからの返事を音声データとして受信して再生します。

❷ Alexaサービス

Alexaサービスは、「音声の認識と合成もできる対話サーバー」です。UAからメッセージを受け取り、そのメッセージが意図する「スキル」を呼び出して回答をもらい、UAに返します。この動きを「ユーザーとスキルの間のメッセージの交換」とみなすと、Alexaサービスはチャネルの役割と考えられます。ただし、この場合の対話サーバーはAlexaサービスで提供する対話をサポートするもので、追加するチャットボットを対象とはしていません。

❸ カスタムスキル

カスタムスキルは、Alexaに任意のスキルを追加するための拡張仕様です。この仕様を利用すると、Alexaに「別のチャットボットとの会話スキル」（対話スキル）を追加できます。この「対話スキル」を呼び出すメッセージをユーザーが入力すると、Alexaサービスは外部のシステムへメッセージを転送し、その返事を受け取ってユーザーへ返します。

❹ 対話スキルサービス

対話スキルサービスは、Alexaと対話サーバーをつなぐコネクタです。対話スキ

---

*1　ウェイクワードとは、音声認識のUAに「録音を開始する」きっかけを与える専用の言葉です。Googleアシスタントの「OKグーグル」、Apple Siriの「ヘイ、Siri」などもウェイクワードにあたります。

ルサービスは、Alexaサービスからメッセージを受け取り、対話サーバーに送って回答を得て、またAlexaサービスへ返します。❸のカスタムスキルで外部システムへメッセージを転送すると簡単に説明しましたが、その転送先が対話スキルサービスになります。

　以上で、メッセージングアプリから、Webサイト、スマートスピーカーまでの場合のフロントエンドについて、具体的な構成要素を見てきました。いずれの場合でも、同じ対話サーバーに対する3層のフロントエンドとして理解できることがわかったと思います。対話サーバーは、これらのフロントエンドがあって初めて「チャットボット」として利用できるサービスになります。

　なお、ここではフロントエンドの特殊なパターンを例示するためにAIアシスタントを取り上げました。AlexaなどAIアシスタントは、その見た目は単なるスピーカーやスマートフォンであり、チャットボットには見えません。しかし、その裏側の構造は1つのチャットボットシステムとして理解でき、応用できることを示すのが目的でした。チャットボットの企画・開発スキルの紹介を目的とする本書では、AIアシスタントや音声インターフェースはこれ以降取り上げません。AIアシスタントや音声を利用することは、不必要に理解と実践を難しくするためです。この領域に関しての詳細は関連書籍を参照してください。

2-2-4　各プラットフォームの違い

　本節ではここまで、フロントエンドのパターンとして様々なプラットフォームを例に挙げました。プラットフォームとは、Web、LINE、Alexaなどのことです。先ほど紹介したような方法によって、アプリケーションやサービスを実現する基盤となるシステムのことを示しています。どれを使うかは目的に合わせて選べばよいのですが、フロントエンドの違いにより「実現できるチャットボットがどう変わってくるか」という観点から、生じる違いを2つの視点から紹介します。

❶ フロントエンド統合の自由度
　フロントエンド統合とは、異なるシステムを連携させるパターンの1つです。シス

テム同士をどこでつなげるかで区別する考え方で、システムの裏側同士をつなげることをバックエンド統合、表側同士をつなげることをフロントエンド統合と呼びます。そして、既存のアプリをチャットボット化することを考えるとき、既存のシステムとチャットボットシステムとの「統合」は、有力な選択肢になります。

　例えば、チャットボットと顧客管理アプリが同じWebページに表示されているとします。そして、「昨年度の売り上げの多い順に並べて」という入力があった場合に、表示されている顧客リストの並び順が変わるようにしたいとします。これを実現するのは、フロントエンド統合の要件に思えます。

　こうしたフロントエンド統合を考えるとき、それぞれのプラットフォームによって「何ができて何ができないか」は大きく違ってきます。本節で紹介したフロントエンドの構成要素は、その多くがすでに用意されている「既製品」です。LINEやスマートスピーカーをプラットフォームとする場合には、チャットボットの開発にあたって新たに作る必要がありませんし、実際には外部からは手を出せないため作れません。

　しかし、WebについてはどのようなWebChatを使うかは自由であり、他のプラットフォームよりも特にUIに高い自由度があります。既存のアプリを「チャットボット化」しようとするときは、統合方法の選択肢が多いWebが有利なことがよくあります。

❷ ユーザーコンテキスト

　ユーザーコンテキストとは、ユーザーがチャットボットに対して行った入力が「どんな状況で行われたのか」ということを指します。

　例えば、Webページの隅に出てきたチャットボットに対してユーザーが「この商品の在庫ある?」と聞いたとします。そのときにユーザーが見ていたのは商品Aの詳細ページだとすると、「この商品」という言葉は商品Aを指している可能性があります。そしてそのことをユーザーは「チャットボットにとっても自明なこと」と思っているかもしれません。ユーザーからしてみれば「だってチャットボットはそのページにいて、私はそこで質問したのだから当然だ」ということです。これがユーザーコンテキストです。このため、ユーザーコンテキストは、ユーザー入力を理解する重要な手がかりになります。

ユーザーコンテキストはそれだけ重要な手がかりなのですが、ユーザーとチャットボットが同じ状況を共有していないと、チャットボットがコンテキストを理解するのは困難です。上記の例はWebの場合でしたが、プラットフォームが異なるとコンテキストの軸も大きく異なります。

　例えばメッセージングアプリでは、Webのように「今見てるページ」の概念がありません。「ログインできない」とユーザーに言われても、「どのシステムのことでしょうか?」から話を始めなければなりません。一方、Webにはないメッセージングアプリならではのコンテキストもあるでしょう。LINEに設けられたショッピングサイトの公式アカウントが時々クーポンを送ってくるとしましょう。ユーザーがそのアカウントに対して「このクーポンはいつまで有効ですか?」と聞いたとします。「このクーポン」がどのクーポンを指しているのかは、そのLINEアカウントのチャットボットならそれほど難しくはなさそうだと予想できます。

　つまり「ユーザーがどんなコンテキストでチャットボットを使うのか」は「そのチャットボットがどんなものであるか」と直結します。そのため、利用するプラットフォームや、そこで実現するユーザー体験は、チャットボットの中身を作る前に決めるべきです。

　このような検討は、一般に「ペルソナ」「ユーザーシナリオ」を作成することによって行います。ペルソナとは、「ユーザー」と呼んでいる人物の、具体的な人物像の代表例のことです。そしてユーザーシナリオとは、ペルソナがチャットボットを使う際の「一連の行動と思考のシナリオ」のことです。これらを作成する作業を「ユーザーモデリング」と呼びます。くわしくは、サービスデザインに関する文献を参照してください。

・・・・・・・・・・・

　本節では、チャットボットを構成するシステムのうち「フロントエンド」層について見てきました。そして、フロントエンドには様々なプラットフォームが使われますが、大きな仕組みとしてはそれぞれ似た構造をしていることがわかりました。一方で、プラットフォームの違いは、表面的な違い以外に「チャットボットと他システムを統合する自由度の違い」と「ユーザーがチャットボットを使うシチュエーションやストーリーの違い」があることをお話しました。そのため、フロントエンドの選択

がチャットボットに大きく影響することを理解していただければと思います。　次節では、今度は対話サーバーの後ろ側である「バックエンド」について、その仕組みを見ていきます。

2-3　**バックエンド**
（外部システム連携の仕組み）

　第1章では、チャットボットには様々な用途があることをみました。もし、その「様々な用途」が全て1つのシステムでできているとしたら、そのチャットボットはとんでもない万能システムということになります。もちろんそんなチャットボットは存在しません。何であれ、チャットボットは誰か（他のシステム）の力を借りているからいろいろなことができるわけです。そうした「誰か」と「力を借りる仕組み」が、バックエンドの主な要素です。

2-3-1　構成と要素

　バックエンドにどのような要素が必要になるのかを見るために、社内の業務を支援するチャットボットを例に、一連の会話が要求するバックエンドの要素を考えてみたいと思います。次の図で、「チャットボット以外の力を必要とする要求」に対して、対話サーバーが返事を作るまでの流れをイメージしてください。

図2-6 対話サーバーが利用するバックエンドの例

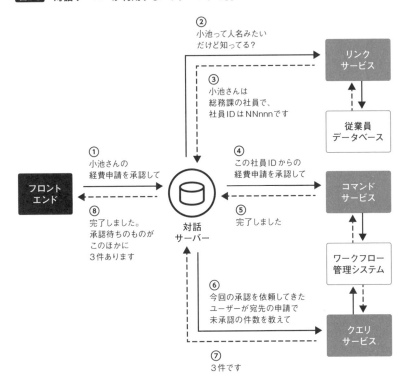

　この図は、ユーザーが「小池さんの経費申請を承認して」という入力をしたとき、「完了しました。承認待ちのものがあと3件あります」という返事をするまでの間に、対話サーバーが誰にどんなことを頼むことで、一連の処理を実現しているのかについて、要求と応答の流れのイメージを表したものです。

　図中の要素にそれぞれくわしく見ていきましょう。

❶ リンクサービス

　このようなチャットボットでは、ユーザー入力の文中にある固有名詞に対して、それに対応するデータベース上のエントリを特定する役割を果たすシステムが必要になります。ここではこれを「リンクサービス」ということにしましょう。人名、

地名、組織名などの固有名詞は、ユーザー入力を処理するための重要な手がかりです。対話サーバーはリンクサービスを利用することで、この手がかりについての情報を予め集めておき、ユーザー入力へのどのような対応をするかの判断や実行を、より正確に行えるようにします。一般には、これをエンティティ・リンキングといいます。

　図2-6 の例では、対話サーバーは「小池」というのが人名であると判断したことでリンクサービスに対して検索を依頼しています。リンクサービスは、人名を調べるために従業員データベースを利用し、見つかった「小池」さんの中から条件に当てはまる人物の情報を対話サーバーへ返しています。

❷ コマンドサービス

　チャットボットのバックエンドでは、他のシステムに対して「機能の実行を依頼する」役割のシステムも必要になります。ここではそうしたシステム全般を指して「コマンドサービス」ということにします。後述の「クエリサービス」が、依頼先のシステムに対して「変更を加えない」問い合わせに限った依頼なのに対して、コマンドサービスは「変更を加える」処理の依頼をします。こういった処理は多くの場合、第1章で紹介した「タスク指向型チャットボット」にとっての「タスク」であり、一連の会話の中では途中もしくは最後に達成される「ゴール」となります。そのため、コマンドサービスに依頼できる内容や、それに必要な情報や条件は、クエリサービスよりも厳密に扱います。

　図2-6 の例では、対話サーバーは「経費申請の承認」という依頼をコマンドサービスへ送っています。その依頼をするには「どの申請か」を特定する情報を必須のパラメータとして求めることになりますが、依頼には「対象の社員ID」が付いているので、コマンドサービスは依頼に問題がないと判断して受け付けます。その後、経費申請を扱うワークフロー管理システムを使って承認処理を実行し、完了報告を対話サーバーへ返しています。

❸ クエリサービス

　クエリサービスは、他のシステムに対して「情報の取得を依頼する」役割のシステム全般を指すものと考えてください。前述の「コマンドサービス」が、相手のシス

テムに対して変更を加える可能性がある依頼なのに対して、クエリサービスは「問い合わせ」に限るため、変更を加えません。こうした問い合わせで最も典型的なのが、ユーザーの入力自体が質問だった場合に、その回答を見つけるために実行する問い合わせです。しかしながら、実際にはそれ以外の場合でも返事に必要な情報の取得に使われることも少なくありません。

図2-6 の例では、対話サーバーは「未承認の申請の件数」の問い合わせをクエリサービスへ送っています。また、その申請の抽出条件として「チャットボットのユーザー本人が宛先であるもの」を指定しています。クエリサービスは問い合わせ依頼を受け、ワークフロー管理システムを使って検索結果を抽出し、その結果の件数だけを対話サーバーへ返しています。

・・・・・・・・・

対話サーバーは、以上のようなバックエンドの力を借りることで、ユーザーから求められる多くのことに対し「より広く」「より高い精度で」「より知的に」対応することが可能になります。

2-3-2　バックエンドサービスの考え方

ここまでに出てきた要素は「○○サービス」と「それ以外のシステム(ワークフロー管理など)」に分けられます。本書ではこれ以降、前者を総称して「バックエンドサービス」と呼び、後者を総称して「オリジン」と呼ぶことにします。バックエンドサービスは、本節の最初に述べた「誰かの力を借りる仕組み」です。そして、オリジンがその「誰か」にあたります。

オリジンは、基本的にはチャットボットのために新たに作るものではなく、以前からあるものを利用します。特に既存アプリのチャットボット化を考えるときは、チャットボットの作り手が用意しなくてはいけないのはバックエンドサービスです。それでは、どのようにバックエンドサービスに必要な機能を考えて作っていけばよいのでしょうか。ここでは、2つの考え方を説明します。

❶ タスクから考える

比較的考えやすいのが、バックエンドサービスを「そのチャットボットにやらせたいタスク」から考えるやり方です。言い換えると、「チャットボットで何ができるようにしたいか」によって「どんなバックエンドサービスが必要か」が決まります。

前述の例（ **図2-6** ）では、チャット上で「ワークフローの承認」というタスクができるようにしたいという考えに基づいて、ワークフロー管理システムを利用するバックエンドサービスを必要としました。この例のように、チャットボットは目的が変われば、力を借りるオリジンも変わってくるので、バックエンドサービスは各オリジンそれぞれに対応したものを用意する必要があります。そして、オリジンとなる一般的なシステムやデータベースは、対話サーバーからの要求をそのまま受け付けられないため、通訳の役割を担うバックエンドサービスも必要になります。これは、フロントエンドのチャネルコネクタに似ていますね。

❷ 会話から考える

バックエンドサービスの仕様を「そのチャットボットにさせたい会話」から考える方法もあります。これは、言い換えると、「チャットボットでどんな会話を実現したいか」を具体的にすることで「バックエンドサービスにどんな仕様が必要か」が決まります。

図2-6 では、承認対象のワークフローを「申請者の名前」で指定できるような会話が交わされていました。この会話を実現するには、オリジンとして従業員データベースを追加したうえ、バックエンドサービスで名前から従業員IDを取得する必要があります。

また、ワークフローの承認後に「承認待ちのものがあと○件あります」と返していました。この会話を実現するには、バックエンドサービスから承認待ちの件数を取得できる必要があります。こうしたことは、タスクを「ワークフローの承認」に限定してしまっては実現できません。

バックエンドサービスは、以上の2つの考え方を順番に、あるいは並行・反復して行うことで見つけ出していくことができます。

本節では、リンクサービス、コマンドサービス、クエリサービスなどを紹介しました。本書で定義した用語も多く、耳慣れない人もいるかもしれません。でも、それほど不自然ではなかったのではないでしょうか。ユーザーからのタスク要求に対話サーバーが対応する際、バックエンドに控えて「後ろで手助けしてくれる存在」にはどのようなシステム要素、役割、振るまいがあるのか、イメージできたでしょうか。

次に、3層の真ん中である対話サーバーの内側について、つまりチャットボットの最もチャットボットらしい部分について、その仕組みを見ていきましょう。

2-4 | 対話サーバー

本章の最初の方で「対話サーバー」という言葉について以下の定義をしました。

▶ チャットボットの中心的な役割を果たすシステム
▶ ユーザーに対して「テキストで受け答え」するシステム

また、ここまでフロントエンドやバックエンドの役割を見てきましたが、基本的にこれらはいずれも対話サーバーから「使われる存在」でした。逆に言えば、対話サーバーは「周りを使う存在」、つまり「主体的な存在」です。チャットボットの主体性は、対話サーバーで実現されています。まずは、その主体性を理解するために、対話サーバーの役割を明確化しておきたいと思います。

役割と構成要素

チャットボットにおける主体性を実現するため、対話サーバーがどのような構造になっているかを次の図に示します。

図2-7 対話サーバーの構成要素

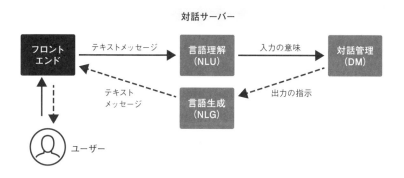

一般的な対話サーバーは、大きく分けて以下の3つの要素から成り立っています。

① 言語理解 (NLU) ユニット
| ユーザーの入力テキストから「意味」を抽出する部分

② 対話管理 (DM) ユニット
| 対話がどんな状態かを逐一管理して、そのつど何を返すべきか決める部分

③ 言語生成 (NLG) ユニット
| ユーザーに返すべき内容を言語化する部分

では、それぞれの要素についてひとつずつ説明していきます。

　「言語理解」ユニットは、ユーザーが入力したテキストメッセージを受け取って、その「意味」を取得する役割を担うシステム要素です。メッセージは、そのままでは単なる文字列に過ぎません。しかし、それが「ユーザーがチャットボットに何かを伝えたくて発せられたもの」だということをコンテキストと合わせて評価すると、文字の並び以上の情報を推測することができます。このような情報を総じて「意味」と呼び、テキストから意味を抽出する処理やパートのことを一般に「Natural Language Understanding」を略して NLU と呼びます。

　メッセージから抽出する意味には、主に以下の3つがあります。

❶ 対話行為タイプ

　「対話行為」とは、アバウトに言えば「対話の中での発言」なのですが、特にそれを「対話の相手や周りの人に影響を及ぼす行動」にかかわる発言と見なすときの表現です。そして、「対話行為タイプ」は対話行為の種類のことです。対話行為タイプには、《質問》《要求》《応答》といったものから、雑談で出てくる《自己開示》《あいづち》といったものがあります。

　対話行為タイプは、「意図」と考えたほうがわかりやすいかもしれません。意図を大分類としたときに、小分類、つまり具体的な意図としては、例えば「要求」には《天気予報の取得要求》《申請の承認要求》などがあります。ユーザーの入力がどんな対話行為タイプか、どの意図に相当するかを推定することは、その後の対応を考えるのに重要です。

　実際のチャットボットでは、全部が全部を推定できる必要はなく、「そのボットの目的を達成するために必要な意図」を推定できるようにします。そして、それらに具体的な「対話行為タイプ名」を命名して使います。

　例えば、天気予報ボットだったら《天気予報の取得要求》と《それ以外の対話行為》のどっちなのかを推定できれば用が足りるかもしれません。あるいは、ワークフロー申請処理ボットだったら《申請の承認要求》のほかに《申請の差し戻し要求》《申請の一覧要求》などが必要でしょう。

　一方で、雑談ボットだったら《共感・同意》というような大分類の意図を推定できる必要があるかもしれません。「ですよね！」というユーザー入力であっても、「そうなんですよー。○○さんもそう思いますか。」というような「だいたい筋が通る」応答を返したいからです。

　かなり細かい話になってくるので、本書ではこれ以降、大分類も小分類も区別せず「対話行為タイプ」と言い表すことにします。

❷ 属性とエンティティ

　「属性」とは、ここでは「対話行為の属性」の略で、ある発言がどんな対話行為であるかを具体的に表現するために、対話行為タイプとセットで定義される情報です[*2]。例えば、対話行為タイプが《天気予報の取得要求》だったら、「日付」「場所」などが属性になります。プログラミングの表現を使えば、パラメータや引数に似ていますね。

　属性の具体的な値を総称して「エンティティ」ということが多いです。エンティティとは、現実の世界にあるモノや概念のことをいい、ユーザー入力のなかでは、人名、地名、組織名などの固有名詞や、数値や時間を表す言葉として現れます。これらを特に固有表現（Named Entity）といって区別することもありますが、単にエンティティと呼ぶこともあります。

　NLUは、ユーザー入力から主にエンティティを抽出し、属性名に対応付けます。

　例えば、「東京の明日の天気は？」という入力では、

　　　　　対話行為タイプ＝《天気予報の取得要求》

という判定とともに

　　　　　［場所＝東京］［日付＝明日］

という形で属性にエンティティが割り当てられます。チャットボットは、このような属性を抽出することで、ユーザーの対話行為に対して的確な対応ができるようになります。

　オブジェクト指向プログラミングをご存知の方は、ここまで説明した対話行為タイプと属性、属性の値としてのエンティティの関係は、次のようなクラス図にして

CHAPTER - 02

＊2　「コンセプト」「スロット」などと呼ばれることもあります。

みるとわかりやすいかもしれませんね。

図2-8 対話行為タイプと属性の例

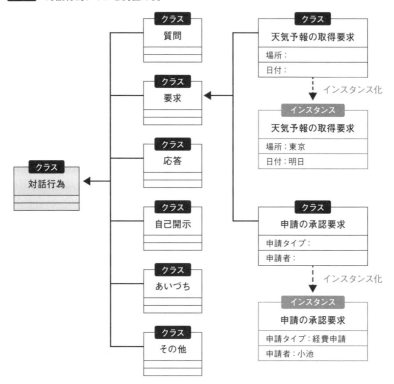

❸ 感情

　感情とは、ユーザー入力から推測される「その時点のユーザーの気持ち」のこと
です。最も基本的な感情は、「正の感情」「負の感情」と、その間の「偏りのない感
情」と分類します。実際には単に分類するのではなく、システム上はその「偏り度
合い」を数値で表現します。例えば「届いた商品の梱包が雑で残念でした」という
文章の感情の「偏り度合い」は「-0.8l」という具合です。他には、感情を「怒り」や
「悲しみ」「喜び」などのカテゴリに分類することもあります。

　チャットボットは、ユーザー入力から感情を推定し、それを回答の選択や判断

に利用することで、ユーザー体験を良いものにして満足度を高めます。感情を読み取って利用することの重要な目的の1つが、ユーザーの不満への対応です。雑談の文脈で不満が検出されたとしたら、話題が気に入らない可能性があります。とすれば、即座に別の話題を提供する対応をしなければならないかもしれません。質問に対して回答した直後に不満を読み取れるコメントが返ってきたとしたら、回答が満足な内容ではなかった可能性があります。それならば、人間のオペレーターへの交替を提案するといった対応が考えられます。

　このように、対話行為タイプや属性に加えて感情まで推定できると、より高度な対応を導くためには重要な材料になります。しかし、設計や実装が高度になるため、本書で取り上げるのはここまでにしておきます。

2-4-3　言語理解（NLU）ユニットの仕組み

　前項のような意味の抽出を行うことがNLUの役割です。そして、このような抽出は主に次の図のような仕組みによって行われます。

図2-9　NLUの主な処理

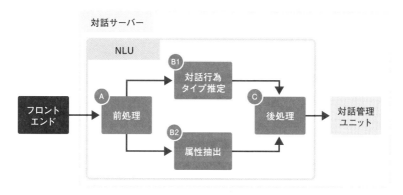

　以下、NLUを構成する主な4つの処理について説明します。

A 前処理（正規化や形態素解析）

　前処理とは、目的とするデータ処理の前に、データを「きれいで充実した」ものにする処理の総称です。「きれい」とは、データに無駄やあいまいさがないことです。「充実した」とは、元のデータに対して、その解釈に有益な「属性データ」を追加することで「分析できる余地が豊富にある状態」のことです。

　正規化とは、文字と単語の表記揺れを統一する処理です。全角半角の違いを揃えたり、「JavaScript」と「JAVAスクリプト」の違いを揃えたりします。文字は一律での置き換えができますが、単語レベルの正規化を行うには専用の辞書を必要とします。

　ここでいう辞書は「固有名詞とその同義語のリスト」のことで、これを対話システムの文脈でいえば「同じコンセプト（概念）を意味する言語表現（文字列）を集めたもの」になります。具体的な辞書の例を見てみましょう。

東京, 東京都, TOKYO → 東京

　これは辞書における「東京」の項目の例で、左側の言葉はすべて、右側のコンセプトに対応する言語表現であるという定義を表しています。そして、チャットボットが扱うドメインには多くの場合、組織名や製品名など、ドメイン固有のコンセプトと言語表現があります。それらを辞書として与えることで、精度の高い処理結果を得ることができます。そのため辞書データは、チャットボット構築の初期段階に作成されることが多いデータの1つです。

　もうひとつの形態素解析は、文章を単語に分け、それぞれの単語に対して品詞を割り当てる処理のことです。前者の処理を「分かち書き」、後者の処理を「品詞タグ付け」といいます。例えば、「前処理は重要です」を分かち書きすると「前／処理／は／重要／です」となります。そのうえで品詞タグ付けをします

表2-1 形態素解析の例

前	処理	は	重要	です
名詞	名詞	助詞	形状詞	助動詞

形態素解析が必要な理由は2つあります。

1つは、後続の処理がキーワードベースの処理をするときの単語リストを作成するためです。例えば、ユーザー入力に「うに」という言葉が含まれていたら、チャットボットに「うに、食べたいですね」と応答させたいとします。このとき、チャットボットが上記の応答をする条件として「ユーザー入力に"うに"という文字列が含まれている」に設定したとすると、確かに希望する応答が実現できるでしょう。

しかし、入力が「どのように登録すればいいでしょうか」という質問だったときも、応答は上記の通りになってしまいます。この応答では不適切です。そして、これに対する解決策は、条件として「"うに"が名詞である」ことを追加することです。これを実現するためには、事前にNLUで「"うに"が名詞である」ことがわかっていなければなりません。

もう1つは、後続の処理で統計処理や機械学習を行うときに必要となる数量化のためです。例えば「異なる2つの文がどれくらい似ているか」を計算で求めるには、とにかく何らかの形でそれぞれの文を数値で表さなくては始まりません。それを実現する方法の1つとして、文に出現する各単語の出現頻度を利用する方法があります。こうした計算は後続の処理で何度も行われる場合があるため、単語分割までは前処理で済ましておくことで全体の処理を効率化するという目的もあります。

B1 対話行為タイプ推定

対話行為タイプ推定とは、あらかじめ想定する対話行為タイプの候補のうち、ユーザー入力をどれに当てはめるのが最適かを判定する処理です。

一般にこの処理は、機械学習モデルによって実現されます。つまり、それぞれの対話行為タイプに分類される例文をたくさん用意して、それらの例文から「分類するアルゴリズム」(モデル)を自動生成して使います。

例えば、《天気予報の取得要求》の例文としては「東京の明日の天気は？」「今日は雨かな？」などが考えられます。《申請の承認要求》なら「鈴木さんの経費申請を承認します」「田中さんの分の休暇申請はOKです」などが考えられます。こうした例文をもとにしたモデルに対して、例えばユーザー入力が「東京は雨かな？」と与えられたら、「《天気予報の取得要求》の可能性が95％」というような判定をする

のが対話行為タイプ推定です。

B2 属性抽出

　属性抽出とは、属性の値となるエンティティをユーザー入力の中から見つけて取り出す処理です。この処理も多くの場合、機械学習モデルが利用されます。具体的には、属性の値が含まれるような例文をたくさん用意して、単語を属性へ分類できるモデルを生成して使います。このような例文は、対話行為タイプの例文と同様ですが、それに加えてどの単語がどの属性に対応するかという情報が必要になるところが異なります。例えば、《天気予報の取得要求》の属性の例文は以下のようになります。

> <place>東京</place>の<date>明日</date>の天気は？

> <date>今日</date>は雨かな？

　このHTMLのような表記は、単語と属性の関係を示すためのよく用いられる書き方で、こうしたタグ付けを一般に「アノテーション」と呼びます。属性部分がアノテーションされた大量の例文を元に機械学習を行うことで、「文章中の単語の位置関係」から属性を推定できるモデルが作れます。

C 後処理

　以上のような工程を経て、NLUはユーザー入力からその意味として「対話行為タイプ」と「属性」を抽出します。NLUによっては最後に、この結果の調整として、さらに以下のような処理を行う場合があります。

① 正規化
　　属性の値の言語表現をコンセプトに正規化する処理（前処理ではなく抽出後の属性に対して行う場合がある）
② 複数候補からの除外
　　対話行為タイプや属性が複数抽出された場合、その組み合わせに整合性が

ないものを除外する処理

③ 複数候補の順位調整

　　対話行為タイプや属性が複数抽出された場合、文脈に合うかどうか等の基準
で候補の順位を調整する処理

・　・　・　・　・　・　・　・　・　・

　以上の工程によって出力された「意味」は、NLUによってまとめられ、次の対話
管理ユニットに渡されます。

2-4-4　対話管理ユニットの概要

　対話管理ユニットは、ユーザーとチャットボットとの間に「話の流れ」を作る役
割のシステム要素です。一般に「Dialog Manager」を略して「DM」と呼びます。

　「話に流れを作る」とは「相手の発言に対して整合性のある応答を続ける」こと
です。DMは「どんな応答なら整合性があるか」を考えて「応答の内容を表す指示」
を作ります。この指示を「システム応答」と呼びます。DMは、NLUから「ユーザー
入力とその意味」を受け取って、システム応答を「言語生成ユニット」(NLG)へ渡
すのが役割です。

　DMは、①内部状態の更新、②行動の選択という2つのステップで処理を行いま
す。

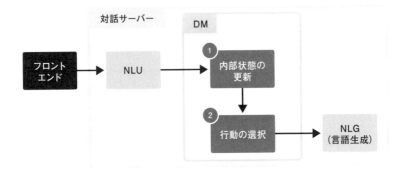

図2-10 対話管理 (DM) の主な処理

❶ 内部状態の更新

「内部状態の更新」とは、ユーザー入力の内容をチャットボットとして「受け止める」プロセスです。対話サーバーはユーザー入力を受け取ると、まずNLUがその意味を抽出するわけですが、この段階ではまだチャットボットとして「受け止めた」わけではありません。それはただ「そういう意味だと思われる入力がなされた」だけで、それに対してDMが「判断」と「取り込み」をして初めて、受け止めた状態になります。

例えば、航空券の予約を受けるチャットボットがあって、ユーザーがチャットボットとの会話の途中で「新千歳です」と入力したとします。そしてNLUが「これは《場所の指定》という対話行為で、抽出された属性は[場所＝新千歳]です」という情報をDMに引き渡したとします。この段階では、新千歳が出発地なのか、目的地なのかはわかりません。

このとき「すでに分かっている情報は出発地だ。そして直前にユーザーへ到着地を尋ねた。ということは、ユーザー入力から得られた場所は到着地のことだ」と「判断」して「事実認定」するのがDMです。それと同時にDMは、入力やその意味と、事実認定した内容を、DMの記憶に反映します。この記憶を「内部状態」と呼びます。

❷ 行動の選択

　「行動の選択」とは、チャットボットからユーザーへの「対話行為」を決定するプロセスです。決定する対話行為タイプには、例えば《挨拶を返す》《天気予報の対象となる場所の問い合わせ》《申請承認の完了報告》などがあります。このプロセスには、このような対話行為に決定されるまでに必要な様々な処理や判断が含まれます。

　例えば、「直前のユーザーの対話行為が《挨拶》だった」という状況では「挨拶には挨拶を返すべき」という判断があります。あるいは「3つ前のユーザーの対話行為が《申請の承認要求》で、それに対して不足情報を指摘したところ、直前の対話行為で不足情報の提供があった。これにより実行に必要な情報がそろった」という状況では、ユーザーによる直前の対話行為が要求ではなかったとしても「ここで申請の承認作業を実行してあげて、その結果を報告すべき」という判断が可能です。

　そして、このような「対話行為の決定のためにどのような判断をするか」＝「行動選択の方式」は、そのチャットボットの目的によって異なります。そのため、行動の選択をする「方式」にはどれか1つが万能に使えるベストな方式はなく、様々な方式の中から目的に応じて適切なものを選ぶ必要があります[3]。

　決定した対話行為は「システム応答」として表現します。システム応答とは「どんな応答をすべきかのシステム表現」です。実際の表現がどんなものかは実装によりますが、例えば「年齢を尋ねる」という行動が選択されたときのシステム応答は

```
ASK(AGE)
```

のような書式で記述されます。プログラミングが分かる人なら、よくある関数やメソッドの呼び出しに見えると思います。DMは、最後にこれをNLGに渡します。

---

[3]　どのような方式があるのか、その詳細については次項で説明します。

DM 内でシステム応答を決める際に、行動選択が必要です。これにはいくつか方式があります。よく使われるのが、以下の4つの方式です。

① 状態遷移ベース
|　あらかじめ決められた話の流れを強制することで秩序ある会話をする
② フレームベース
|　必要な情報を答えさせる話に誘導することで秩序ある会話をする
③ ルールベース
|　あらかじめ決められたルールに従って無秩序に会話を打ち返す
④ 用例ベース
|　回答例文集から似てる会話を見つけて無秩序に会話を打ち返す

実際のチャットボットでは、このうちの1つを選ぶ、もしくは複数を組み合わせる形で使われます。以下、それぞれについてくわしく説明します。

❶ 状態遷移ベース方式

状態遷移ベースの方式とは、「あらかじめ決められた話の流れを強制することで秩序ある会話をする」タイプです[*4]。このタイプは、会話全体にいくつかの「状態」があって、その状態が移り変わっていくことで話が進んでいくという考え方をします。そして「どんな状態があって、どう移り変わる場合があるか」は、全てチャットボット開発者から与えられ、それ以外の会話が許されません。

[*4]　シナリオ型、ネットワーク方式とも呼ばれます

図2-11 状態遷移ベースで行動選択する例

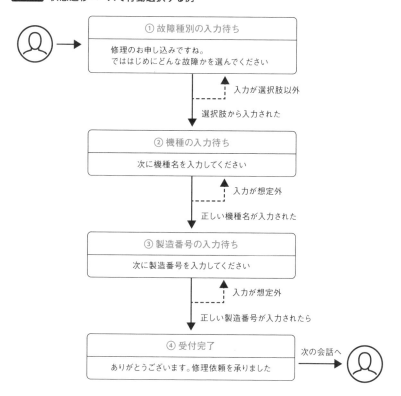

　例えば、修理の申込をする会話では「状態①故障種別の入力待ち」「状態②機種の入力待ち」「状態③製造番号の入力待ち」「状態④受付完了」という4つの状態があるとします。ユーザーが「修理をお願いしたい」と入力したら「修理のお申し込みですね。でははじめにどんな故障かを選んでください」と返して、状態①から始まります。ユーザーが故障の種類を選択肢の中からいずれかを選ぶと状態②に進みます。ここで選択肢にない入力をしたら「選択肢から選んでもう一度入力してください」といったメッセージを返すことになりますが、状態は①から動きません。

　この方式は上記のように、決まった流れの会話を強制する形にできるため、主に「タスク指向型」そして「システム主導型」の会話に向いています。

❷ フレームベース方式

　フレームベースの方式とは、「必要な情報を答えさせる話に誘導することで秩序ある会話をする」タイプです。先ほどの「状態遷移ベース」の修理受付の流れをよく見ると、やっているのは「故障種別、機種、製造番号」の3つの情報を集めているだけですね。それならばユーザーとしては「iPhone12の画面が割れたので修理の申込をしたい」と入力したら、製造番号を聞かれるだけにしてほしいところです。これを実現するのがこのタイプです。つまり「その時点で足りない情報を聞く」という動きをします。

　では、フレームベースの行動選択の例を見てみましょう。

図2-12　フレームベースで行動選択する例

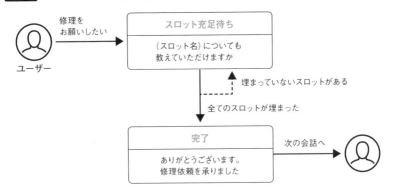

　修理を受け付ける際に必要な情報が、「故障種別」「機種」「製造番号」であったとします。それぞれを格納する「必要な情報の入れ物」を「フレーム」と呼び、「製造番号」などにあたる「埋めるべき情報の枠」を「スロット」と呼びます。スロットに埋める情報を順々に尋ねていくことで、必要な情報をそろえることができます。この方式も、主に「タスク指向型」の会話に向いています。

❸ ルールベース方式

　ルールベースの方式とは、「あらかじめ決められたルールに従って、無秩序に会話を打ち返す」タイプです。ここでいうルールとは「ああ言えばこう言う」、つまり発

動条件と行動のセットです。この方式のDMは、ユーザー入力が来るたびに沢山の
ルールを順番に試していって、現在の内部状態に合うルールを探し出すことで行
動を決定します。

図2-13 ルールベースで行動選択する例

優先順位	直前のシステムの対話行為	ユーザー入力がマッチする条件	選択する対話行為
1	*（問わない）	パターン：*こんにちは*	《あいさつ返し》
2	*（問わない）	パターン：*暇*	《好物の質問》
3	《好物の質問》	属性 food が存在	《共感》[対象＝food]

　例えば、ユーザー入力が「暇ですね」のとき、DMは「暇という言葉が含まれる」
という条件のルールを見つけて、対話行為《好物の質問》を選択します（例：お
話しましょう。好きな食べ物は何ですか？）。さらに、これに対するユーザー入力
が「カレーです」のとき、DMは「前回のシステムの対話行為が《好物の質問》」かつ
「ユーザー入力に属性「food」に相当するエンティティがある」という条件のルール
を見つけて、対話行為《共感》を選択。food属性をカレーであることを踏まえて返
事をします（例：{{food}}ですね。私も大好きです！）。
　ルールベースのポイントは「直近の会話だけを使って次の行動を決めること」に
あります。会話の流れ自体がどこに向かうかは自由で、強制しません。ルールベー
ス方式では「"無秩序"に会話を打ち返す」と表現したのは、それが理由です。そ
のため、主に「非タスク指向型」（雑談）そして「ユーザー主導型」の会話に向いて
います。また、タスク指向型の会話の中でも「行動を決められなかった入力を拾っ
て、話題をタスクの方へ軌道修正する」のに使われます。

❹ 用例ベース方式

　用例ベース方式とは、「回答例文集から似たような会話を見つけ、それをもとに無秩序に会話を打ち返す」タイプです[*5]。回答例文が用例となり、例えば「のどが渇いた」に対する「水分補給しましょう！」というような雑談の問答だったり、「営業時間は？」に対して「平日の11時から19時までです」と回答するような一問一答のQ&Aを用いたりします。そして、これらの用例のうちどれを選ぶかは「検索」によって決まります。

図2-14 用例ベースで行動選択する例

ユーザー入力例	選択する対話行為	応答テキスト例
営業時間は？	QA001	平日の11時から19時までです
問い合わせしたい	QA002	00-0000-0000へお電話ください
のどが渇いた	ST001	水分補給しましょう！

　検索の方法はいろいろありますが、基本的には実際のユーザー入力と「ユーザー入力例」（ここでいう「のどが渇いた」「営業時間は？」など）とが「文章としてどれくらい似ているか」を計算し、一定以上似ているものの中から1つを選択します。

　この方式は、大量の用例さえあれば自動で回答できるため、手作業で作成するルールベースでは拾えないユーザー入力、言い換えれば想定していなかったユーザー入力にも対応できる可能性があります。一方で「会話の流れ」というものを基本的に考慮しないため秩序がなく、これも主に「非タスク指向型」に使われます。

---

*5　「検索ベース」と呼ばれることもあります。

2-4-6 　言語生成（NLG）ユニット

「言語生成」ユニットは、DMから受け取ったシステム応答を、「自然言語」に変換してユーザーに返す役割を果たすシステム要素です。「伝えるべきこと」を「伝わる形にする」といったほうがわかりやすいかもしれません。NLGとは、「Natural Language Generation」の略です。

　自然言語への変換に必要なものには、①テンプレート、②検索、③動的生成があります。それぞれについて、簡単にまとめておこうと思います。

❶ テンプレート

　テンプレートは、チャットボット開発者が書いた文章のひな形です。開発者が書いているので、チャットボットが変なことを言うような想定外の結果になる心配がありません。また、テンプレートが使われる対話管理の方法（状態遷移ベース、フレームベース、ルールベース）としっかり結びついている場合が多いので、適切な場面で適切なメッセージが返されます。テンプレートでは

```
{{name}}さん、こんにちは
```

といったように、文章内に「会話によって変化する情報」を埋め込むことができます。

❷ 検索

　検索は、開発者以外が書いた文章データを利用して回答文を作る方法です。仕組みとしては、対話管理の方法として紹介した「用例ベース」方式のことです。品質だけを考えれば、どんな場合にも使えるテンプレートがあればベストですが、それでは開発や運用が大変であり、また雑談の質としてはユーザーにとって物足りなさが残る会話になってしまいます。そこで、Twitterなど人間同士の対話データなどを基にした豊富な用例を用意します。これにより、バリエーションに富んだ回答ができるようになります。しかし、回答として適した文章ばかりとは限らないた

め、文脈に合うものを選択する仕組みも必要になります。

❸ 動的生成

　動的生成は、人が書いた文章を使うのではなく、文章をゼロから生み出す方法です。これは、機械学習を利用して生成するアプローチが知られています。具体的には、前述の用例データを膨大に用意し、これをもとに機械学習を行うことで、ある発言に続く相手の発言として「それらしい文章」を作り出します。動的生成アプローチでは、非常に高いレベルの「それらしさ」を再現できる事例が発表されるようになってきています[*6]。しかし、これについても検索と同様、原則として文脈に合うかどうかの評価は必要です。また、完全に動的生成する文章はクルマの自動運転と同様、その責任の所在や説明可能性、あるいはバイアスが問題となる場合があります。そのため、リスクを考慮しながら効果が見合う用途での採用を考える必要があります。無思慮に手を出すのは控えたほうがいいでしょう。

　NLGは、以上のような方法を1つ、あるいは複数組み合わせてユーザーへ応答する文章を作成し、フロントエンドへ返します。複数の方法があるときは、一般にNLGはテンプレートを最も優先します。もし、テンプレートに該当するものがなかった場合は、検索や動的生成によって代替案を探します。

2-5 用途ごとの構成例

　本章ではここまで、チャットボットを構成するシステム全体を3つの層に分けて、その構成要素と役割について紹介してきました。

　こうした仕組みはあくまでモデルであり、重要な要素を分かりやすくするために大きな機能単位で説明したり、細かい要素を省いたりしています。一方で実際のチャットボットでは、もっと多くの要素を持つ場合もあれば、ここで説明した要素

[*6]　特に、2020年に発表されたOpenAIのGPT-3は大きな話題になりました。

を省略している場合もあります。また、同じ役割の要素であっても、中身が高度で複雑な部品を用いることもあれば、シンプルな部品で済む場合もあります。

　そのような差は主に、用途の範囲と、目指している知性の度合いの差によります。

❶ 用途（汎用⇔特化）

あるチャットボットシステムが目的を問わずに活用できるものだとしたら、あらゆる用途に対応できるよう、最初から全部入りで作られている可能性があります。そのため、目的によっては使わない要素も含みます。逆に、特定の目的に特化したチャットボットは、必要な要素だけで構成されたシステムになっています。

❷ 知性（高度⇔単純）

　チャットボットは、最も高度な会話を要求される雑談目的のものだけを見てみても、人工知能研究の最前線で考案されたアルゴリズムを備え、高度に知的な振る舞いをするものもあれば、キーワードへの反応のみで動作する原始的なものもあります。そして、知的な振る舞いの実現に「銀の弾丸」のような、全ての課題を解決する単一のアルゴリズムは恐らくありません。そのため、高度なものほど要素も多く「技術の総合格闘技」になっています。

　チャットボットのユーザー視点で言えば、多目的で知的であるに越したことはありません。しかし、提供者の視点で言えば、不必要に複雑なシステムは、作るのも直すのもコストがかかります。何より「どうしてこういう動きをするのか」を提供者自身が理解しにくくなります。

　そのため、用途に応じて適した仕組みを考えることは、一般的なアプリケーション開発と同様に重要です。ここからは第1章で紹介した、チャットボットの主な4つの適用分野ごとに、それぞれの要件の違いに基づく構成の違いについて考えていきます。

カスタマーサービス向けの構成

　典型的なカスタマーサービスのチャットボットは、ユーザー側に動機があるケースが多く、各ユーザーがそれぞれに持つ目的で利用しようとします。また、ユーザーの置かれた状況やリテラシーに対して、事前に想定して前提とするのが難しい傾向があります。そのため、バリエーションに富んだ入力パターンからユーザーの状況と意図を特定していくことが必要となり、そこに重点を置いた、難度の高いシステムが求められます。

　このようなシステム構成例を見てみましょう。

　次の図は、ECサイトに設置されたカスタマーサポート用チャットボットの構成イメージです。この例では、ユーザーは自分の所有するポイントを尋ねて、その回答を得ています。この図に示された処理の流れを追いながら、構成のポイントを見ていくことにしましょう。

図2-15 カスタマーサポートのシステム構成と対話の例

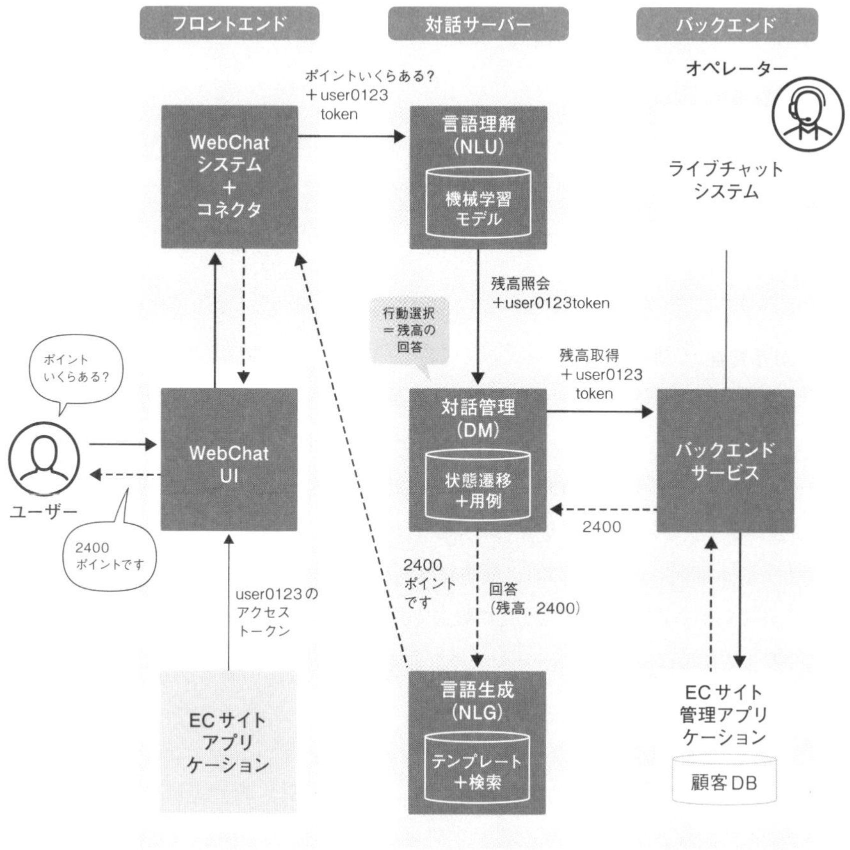

① アクセストークン

　ユーザーは、「ポイントいくらある?」とWebChat UIへ入力していますが、NLUに届くときには「user0123token」というものがついています。これはアクセストークンといいます。カスタマーサポートでは、一般的なFAQ回答のほか、個々人のデータに深く関わる問い合わせ対応や手続きが頻繁に発生します。そういった質問へ対応するには、個人を認証することが必要になります。認証方法として、チャットボットの中からログインをさせることもありますが、既存のサービスの認証済み

セッションを利用する場合もあります。ここではECサイトにログイン済みであるとして、ECサイトアプリケーションからアクセストークンを得ています。

❷ 言語理解（NLU）

NLUは、「ポイントいくらある?」という入力を《残高照会》という対話行為タイプだと推定しています。ここではNLUの仕組みに機械学習（ML）モデルを利用するタイプを採用しています。これにより、ユーザーの様々な言い回しの入力に備えます。

❸ 対話管理（DM）

DMは、《残高照会》という対話行為タイプを内部状態に反映し、「残高の回答」という行動を選択しています。ここでのDMの仕組みには、状態遷移ベースと用例ベースの方式を併用しています。この例の《残高照会》のように、対話行為タイプが「個人データを利用する問い合わせや手続きに関するもの」の場合は、対話を1つずつていねいに進めるために状態遷移ベースが向いているためです。一方、それ以外の対話行為は一般的な質問や雑談であると見なして対応するため、一問一答で打ち返すのに向く用例ベースが使われます。

❹ バックエンドサービス

DMは、「残高の回答」という行動のために、バックエンドサービスから残高を取得しています。このバックエンドサービスは、オリジンであるECサイト管理システムから、アクセストークンに対応するユーザーのポイント残高を取得します。なお、この例では使われていませんが、もう1つのオリジンとしてライブチャットシステムにもつなげています。これは、バックエンドサービスのもう1つの機能として、オペレーターの在席状況などを取得する機能を想定しているためです。質問に答えられなかったときに人間のオペレーターへ交替する、といった際に利用されます。

❺ NLG

NLGは、「回答（残高, 2400）」というシステム応答に対して、それに対応する

「{{point}}ポイントです」というテンプレートを使って回答しています。ここでは
NLGの仕組みには、テンプレートと検索を採用しています。状態遷移ベースの対
話にはテンプレート、用例ベースの対話には検索が必要になるためです。

2-5-2　マーケティング向けの構成例

　典型的なマーケティングのチャットボットは、提供者側に対話の動機があって、
ユーザーを自然と特定のゴールへ導いたり、継続的な関係を築こうとします。しか
しユーザーには動機が薄いため、ユーザーとの接点をどうやって維持するかに難
しさがあり、そこに重点を置いたシステムが求められます。このようなシステム構
成の一例を見てください。

CHAPTER-02

図2-16 マーケティング用のシステム構成と対話の例

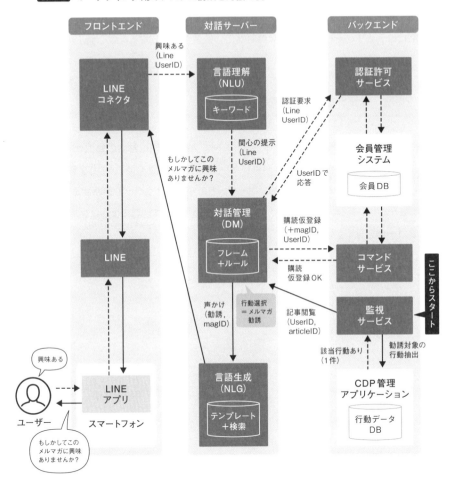

　この図は、LINE公式アカウントに設置したマーケティング目的のチャットボットの構成イメージです。ユーザーからチャットボットに話しかけることもできますが、ここではチャットボットのほうが最初に話しかけ、それにユーザーが答えるところまでを示しています。ここでは、LINE以外にもWebメディアを同じ企業が運営していることを想定しており、このユーザーがある記事をWebブラウザーで閲覧したという行動データに基づいて、LINEを通じて関連するメルマガの購読を薦めるという設定です。

　以下、この図における処理の流れを追いながら、構成のポイントを見ていきます。

❶ 監視サービス

　図2-16 の処理は、「監視サービス」から始まります。監視サービスとは、ユーザーの発言がなくてもチャットボットの方から話しかけるきっかけとなる「イベント」を発生させる仕組みです。この監視サービスは、行動データDBにある行動履歴を定期的にチェックして、特定の条件を満たすユーザーが見つかったら「イベントデータ」（ここでは「記事閲覧」）としてDMへ送ります。

❷ DM

　DMは、監視サービスからイベントを受信して内部状態を更新し、「メルマガ勧誘」という行動を選択しています。このDMは、監視サービスからのイベントもユーザー入力と同様に扱っています。また、行動選択にはフレームベースとルールベースの両方式を採用しています。フレームベースを備えているのは、メルマガ勧誘がタスクであるためです。一方、ルールベースを備えているのは、ユーザーからの入力として雑談が多い用途であり、それらを適切に打ち返すためです。

❸ NLG

　NLGは、「声かけ（勧誘,メルマガID）」というシステム応答に対して、それに対応する「もしかしてこのメルマガに〜」というテンプレートを使って回答を作成しています。このNLGの仕組みには、テンプレートと検索を併用しています。フレームベースの対話はテンプレートで十分ですが、ルールベースの対話では検索も利用するこ

とで、ユーザーを飽きさせない雑談を成立させられるようにしています。

❹ フロントエンド

LINEコネクタは、NLGから受け取ったメッセージをユーザーに対して送信しています。これは、LINEというチャネルが「プッシュ型」のメッセージに対応していることで可能になっており、ユーザーからの入力がないときや、ユーザーがアプリの画面を開いていないときにも送れます。また、図中には表していませんが、メルマガに誘導するメッセージでは「興味ある」「興味ない」のボタンも表示するようにしてあります。これも、LINEがボタン型のメッセージに対応しているために可能なことで、ユーザー側に動機が薄いときに会話をシステムが主導するのに重要です。メッセージを読んだユーザーはテキストを入力するのではなく、「興味ある」ボタンを押せばいいわけです。

❺ NLU

NLUは、「興味ある」という入力を《関心の提示》という対話行為タイプだと推定しています。このNLUの仕組みには、キーワードもしくはキーフレーズを利用する単純なタイプを採用しています。このチャットボットでは、ユーザー主導の入力は全て雑談として考え、その応答は全てDMのルールベースの仕組みで決めます。つまり、NLUでは基本的に何もせず、必要なのはメルマガ勧誘に関する受け答えの認識に限られます。そのため、運用コストがかかる機械学習タイプは利用しないという設計が可能になります。

❻ 認証認可サービスとコマンドサービス

DMは、《関心の提示》という対話行為タイプを内部状態に反映し、「メルマガ読者の仮登録」にプロセスを進めます。この行動に対応するため、バックエンドにはさらに2つのサービスを設けてあります。1つが認証認可サービスで「LINEからのメッセージの送信者が、この企業の会員DB上の誰なのか」をひも付ける仕組みです（アカウント連携とも呼びます）。もう1つはコマンドサービスで、メルマガ会員への仮登録を実行する仕組みです。DMは、これらのサービスを利用することで

行動を実行します[7]。

2-5-3　社内ヘルプデスク

　続いて、典型的な社内ヘルプデスクのチャットボットの構成例を見てみましょう。社内ヘルプデスクはカスタマーサポートと似て、ユーザー側の動機で使われます。しかし、ユーザーの状況やリテラシーのバリエーションは比較的少なく、カスタマーサポートほどの備えは不要になる傾向があります。それよりも、膨大な情報から必要なものを効率良く引き出したり、他のツールと連携して業務の効率化を実現したりすることに難しさがあり、そこに重点を置いたシステムが求められます。次の図は、Microsoft Teamsを導入している企業内で社内ヘルプデスク用のチャットボットを運用する場合の構成例です。

---

[7]　実際のサービスではこれに続き、メルマガの仮登録が完了したことをユーザーに応答するなどのプロセスがありますが、この図では以降の流れは省略しています。

図2-17 社内ヘルプデスクのシステム構成と対話の例

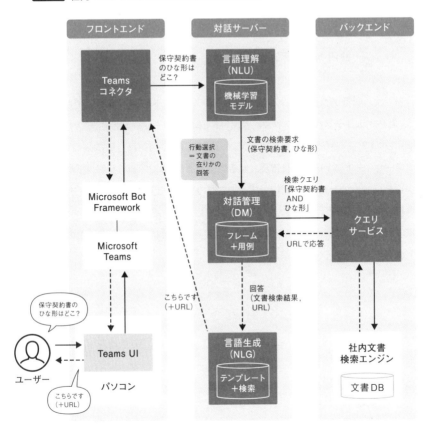

　この図は、Teamsに設置されたヘルプデスクのチャットボットの構成イメージです。ユーザーは、保守契約書のひな形を探しています。そこでチャットボットに目的のひな形の在りかを尋ねて、その回答を得ています。図に示された処理の流れを追いながら、この構成のポイントを見ていきましょう。

❶ フロントエンド

　ユーザーは、「保守契約書のひな形はどこ？」というメッセージを、Teamsにいるチャットボット宛てに送っています。Teamsからのメッセージを対話サーバーが受け取るには、「Microsoft Bot Framework」との間をつなげるTeamsコネクタが必要です。Bot Frameworkは、Teams側のインタフェースですが、何種類かの対話サーバーを含む様々なシステムとのTeamsコネクタも標準で備えています。この例では、標準に含まれない対話サーバーを使うという想定で、接続用のTeamsコネクタを別途用意しています。

❷ NLU

　NLUは、「保守契約書のひな形はどこ？」という入力を《文書の検索要求》という対話行為タイプだと推定し、その属性として「検索キーワード＝保守契約書ANDひな形」を抽出しています。このNLUの仕組みには、機械学習（MLモデル）を利用するタイプを採用しています。多くの社員に便利に使ってもらうには、属性抽出を伴う要求をできるだけ自然に対応できることが望まれます。そこで、機械学習のメンテナンスは必要になるものの、利用率を重視した結果、こういった構成になりました。

❸ DM

　DMは、《文書の検索要求》という対話行為タイプを内部状態に反映し、「文書の在りかの回答」という行動を選択しています。このDMの仕組みには、フレームベースと用例ベースの方式を併用しています。この例の《文書の検索要求》のように、要求が「業務システムの操作を伴うもの」であれば、操作に必要な属性集めが重要なためフレームベースを使い、それ以外は質問応答であるとして用例ベースを使うためです。

❹ クエリサービス

DM は、「文書の在りかの回答」という行動の過程として、クエリサービスに対して文書検索を依頼しています。このクエリサービスは、オリジンである社内文書検索エンジンに対して検索クエリを発行し、検索結果としてヒットした文書のタイトルと URL、それと「マッチ率」のような情報もあれば一緒に返します。DM は、検索結果の件数やマッチ率を判断材料に、その結果として適したシステム応答を決めて NLG に渡します。システム応答を決める際の判断としては、マッチ率が高い1件だけヒットした場合、複数件ヒットした場合、何もヒットしなかった場合、ヒットはしたもののマッチ率が低い場合などが考えられます。それぞれのケースでは、適切な応答をどう決めるか、その判断は異なることが想像されます。

❺ NLG

NLG は、「回答 (文書検索結果, URL)」というシステム応答に対して、それに対応した「こちらです。{{url}}」というテンプレートを使って回答します。この NLG の仕組みは、テンプレートと検索を併用しています。フレームベースの対話にテンプレート、用例ベースの対話に検索が必要になるためです。

> 2-5-4 **業務プロセス改善**

典型的な業務プロセス改善のチャットボットには、ユーザー側と提供者側のどちらか、または両方に動機がある場合があります。このタイプのチャットボットは、業務システムにチャット型 UI を付け加えたものが多く、チャット型 "以外" の UI も従来から用意されているケースがほとんどなので、チャット型 UI を積極的に使ってもらうためには UX が重要になります。しかし、業務システムのタスクには複雑なものが多いことと、複数ユーザーを相手にする難しさがあり、そこを乗り越えたシステムが求められます。そうしたシステムの構成例を次の図に示します。

図2-18 業務プロセス改善に用いるシステムの構成と対話の例

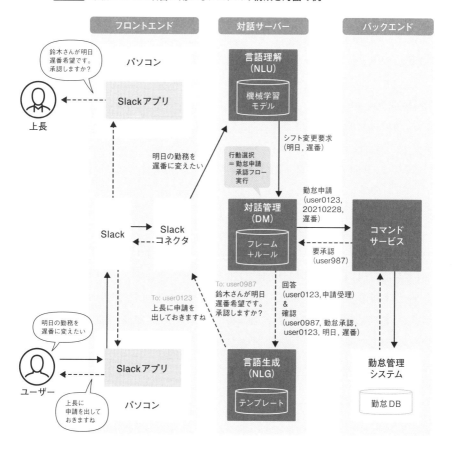

この図は、Slack上に設置された勤怠管理支援ボットの構成イメージです。ユーザーがチャットボットに勤怠予定の変更を依頼すると、本人に対しては申請が受理された旨の回答が返ります。それとともに、その上長に対して「申請の承認依頼（確認）」が送られています。それを踏まえて、この構成のポイントを見ていきます。

❶ フロントエンド

ユーザーは、「明日の出勤を遅番に変えたい」というメッセージを、Slackにいるチャットボット宛てに送っています。Slackからのメッセージを対話サーバーが受け取るには、Slackコネクタを必要とします。

❷ NLU

NLUは、「明日の出勤を遅番に変えたい」という入力を《シフト変更要求》という対話行為タイプだと推定し、さらにその属性として「日付＝明日」「勤務タイプ＝遅番」を抽出しています。このNLUの仕組みには、機械学習（ML）モデルを利用するタイプを採用しています。このあたりは社内ヘルプデスクと同じような考えに基づいていると言えます。この場合は、表現のバリエーションに対応することでの利便性を重視した選定です。

❸ DM

DMは、《シフト変更要求》という対話行為タイプを内部状態に反映し、「勤怠申請承認フロー実行」という行動を選択しています。このDMの仕組みには、フレームベースとルールベースの方式を併用しています。タスクの処理にはフレームベースを使い、それ以外は雑談であるとしてルールベースを使います。

❹ コマンドサービス

DMは、「勤怠申請承認フロー実行」という行動の一環として、コマンドサービスに対して勤怠変更申請の登録を依頼します。このコマンドサービスは、オリジンである勤怠管理システムに対して登録リクエストを発行し、結果としてワークフローの状態を得ます。ここでは「要承認」という状態と、その承認者のユーザーIDが得られました。DMは、この結果を受けて2つのシステム応答を生成しています。

1つは、正常に申請が登録されたことを申請者に伝えるもの、もう1つは、承認して
よいかを承認者に確認するものです。

⑤ NLG

NLGは、2つのシステム応答に対して、それに対応したテンプレートを使って回
答しています。ここではNLGの仕組みにテンプレートのみを採用しています。タス
クに関する応答はテンプレートが必要ですが、この用途なら雑談に話が広がって
もテンプレートで十分対応できるという考えです。

- ・ - ・ - ・ - ・ - ・ - ・ -

本節では、チャットボットの仕組みの話のまとめとして、現実の用途ごとにどん
な要件の違いがあって、それはシステム構成の違いにどう反映されるのかを見てき
ました。こうして4つの例を見比べると、要件によって変わってくるところに、どこ
かしら共通点があるというイメージを持っていただけたのはないでしょうか。

本章のゴールは、「読者の皆さんにとってチャットボットに必要なものがイメージ
できるようになること」でした。そのため、システム全体は3層のモデル（フロント
エンド、バックエンド、対話サーバー）で考えられること、対話サーバーの役割は
主体性であること、求める汎用性の幅と知性のレベルによっても実際に必要な部
品と構成は変わってくることについて述べました。このモデルを下敷きにして、ぜ
ひ皆さんが開発するチャットボットの構成について考えてみてください。

次章では、前章と本章で紹介したチャットボットについて、それをどうやって作
る（実現する）のか、その方法の種類と違いについて見ていきます。

第 **3** 章

チャットボットを
作る方法

前章では、チャットボットを実現する仕組みやその種類についてご紹介しました。本章では、前章で述べたようなチャットボットを「作る方法」について見ていきましょう。

3-1 チャットボットを作るには

　チャットボットを作るというのは主に、前章で述べた「対話サーバー」に相当する部分を用意することになります。その方法には大きく分けて以下の3つがあります。

❶ Webサービス (SaaS) を使う

　ここでいうWebサービスとは、Webサイトとして提供されているアプリケーションのことで、SaaS（サースまたはサーズと読みます）ともいいます。自分でサーバーを用意したり、自分のパソコンに何かをインストールしたりする必要がなく、多くの場合は契約するだけで使えるので、最もお手軽にチャットボットを実現できる方法です。

❷ パッケージソフトウェアを使う

　パッケージソフトウェアとは、自分でサーバーを用意し、自分でインストールして利用するアプリケーションのことです。SaaSと違ってサーバーの準備やインストール作業が必要ですが、できることの制限がSaaSよりも少なく、ソフトウェアによってはサーバーがなくても自分のパソコンで動作させることもできるので、フル機能を試すといったことも可能です。第5章以降、本書で紹介する実装例に用いたBotpressもパソコンで動かせます。

③ 自分で開発する

　　ここでいう開発とは、チャットボットのプログラムを自分で作ることを意味します。他の方法よりもハードルが高いですが、ベンダー企業や開発者コミュニティからは多くの「チャットボットの部品」が提供されており、それらを組み合わせて開発することができるので、十分現実的な方法といえます。SaaSやパッケージでは実現できない要件があるときや、逆に、シンプルな仕様を追求したい場合に有力な選択になります。

　実際の開発でどの方法を選ぶかはケースバイケースです。まずチャットボットがどういうものか試してみたいということなら、SaaSを使ってみてください。

　ビジネスへの導入を検討している場合は、まずSaaSを当たって、仕様とコストが見合うサービスがあるかどうか評価するところから始めるのがいいでしょう。ニーズに合うSaaSがあればそれに越したことはありません。一方、たとえコスト面では許容できても、どうしても自社サーバーでの運用が必要だったり、ビジネス上の必要な機能がSaaSでは作れないということもあり得ます。その場合は、パッケージか開発、あるいはその中間が選択肢になります。

　では、これらの3つの方法についてくわしく説明していきます。

3-2 ｜ Webサービス (SaaS) で開発する

　チャットボットを最も簡単に作れるのは、Webサービス (SaaS) の利用です。具体的には、多くの企業から「自分のチャットボットを作って公開できるツール」が、Webブラウザから使えるSaaSとして提供されています。

　チャットボット作成ツールのSaaSは、概ね共通して以下のような流れで利用できます。

❶ 契約

契約すると、自分用のアプリケーションURLとアカウント情報が与えられる

❷ ログイン

URLを開いてログインすると、チャットボットの管理ツールが利用できる

❸ 作成

管理ツールを使ってチャットボットを作り、FAQや会話の流れを登録する

❹ 公開

作成したチャットボットを、自分のWebサイトに配置する。あるいは、メッセージングアプリと接続して公開できる

❺ 改善

チャットボットの利用状況を管理ツール上で見て、登録内容を改善する

このようなSaaSが使えるサービスの提供形態、料金体系は、大きく2種類に分けられます。

Ⓐ 従量課金 (Pay as you go)

使った分だけ支払う契約です。大手クラウドのサービスに多く見られる形態です。例えばチャットボットへユーザーが話しかけると1回あたり0.2円、という形で課金されます。サービスによっては一定数の利用までは無料といったものもあります。

Ⓑ 継続課金 (Monthly Subscription)

契約してから解約するまで毎月一定の金額を支払う契約です。サブスクリプションというと一般的にこの方式の契約になります。月額料金の目安は、サービスによって数十ドル (数千円) から始められるものもあれば、エンタープライズ向けでは数十万円のサービスもあります。

　こういったサービスを提供しているベンダーは、有名なものだけでも国内に数十社、海外やグローバル企業も含めれば、かなりの数に上ります。機能もサービスも様々なので、どれを選ぶのがいいかは個別のビジネスニーズによります。

　本書ではここで、チャットボットを作る手段としてのSaaSを紹介したいと思っています。そこで、誰でも実際にすぐに試せるものという基準で具体的なサービスを選定しました。費用をかけずに試せるフリープランがあって、日本語が扱えるチャットボットSaaSのリストには、2021年1月現在、以下のようなものがあります。

表3-1　フリープランがあり日本語が扱えるチャットボットSaaS

	サービス名	ベンダー名	URL
大手クラウドサービス	Dialogflow	Google	https://dialogflow.com/
	QnA Maker	Microsoft	https://azure.microsoft.com/ja-jp/services/cognitive-services/qna-maker/
	Watson Assistant	IBM	https://www.ibm.com/watson/jp-ja/developercloud/conversation.html
海外ベンダー	Engati.com	Coviam Technologies	https://www.engati.com/
	SmatBot	SmatSuite	https://www.smatbot.com/
	Frontman	Makerobos	https://www.makerobos.com/
	Flow XO	Flow XO LLC	https://flowxo.com/
国内ベンダー	anybot	Evolany	https://anybot.me/
	SUNABA	NTTドコモ	https://docs.xaiml.docomo-dialog.com/
	BOTCHAN	wevnal	https://botchan.chat/

　これらのSaaSは、あくまで提供形態がSaaSという点が共通なだけで、サービス内容はそれぞれで大きく異なります。チャットボットの目的次第でサービスを選ぶポイントが変わってくるため、ここではサービスを列挙するのに止めます。ここで紹介したSaaSは「チャットボットSaaSというものを理解するために試せるもの」

を選んでいるため、チャットボットのSaaSとして代表的なものというわけではな
く、SaaSとして優れているかどうかは考慮していません。実際のビジネスでSaaS
を選定し、評価する際には、適切な情報源を参照してください。

　もし、こうしたSaaSの中に目的や条件に合うものが見つからない場合は、次節
以降の方法が選択肢になってきます。

3-3　パッケージソフトウェアで開発する

　チャットボットを作る第2の選択肢が、パッケージソフトウェアの利用です。

　本書でいうパッケージソフトウェアとは、サービスの提供者が自分で用意した
サーバーにインストールして利用するアプリケーションを指します。SaaS同様に
「自分でチャットボットを作って公開できるツール」が、パッケージソフトウェアとし
て多数提供されています。

　SaaS同様、多くのベンダーがパッケージソフトウェアを提供しており、どれを
選ぶかは個別のビジネスニーズによります。ここでは、パッケージソフトウェア
を使ったチャットボット構築の概要をつかむことを目的として、すぐに試せるパッ
ケージを選定しました。いずれも費用をかけずに試せて、日本語が扱えるチャット
ボット作成ツールです。

表3-2　チャットボット作成ツールのパッケージソフトウェア (無料、日本語入力可)

ソフトウェア名	ベンダー名	URL
Botpress	Botpress Inc	https://botpress.com/
Botfront	Botfront	https://botfront.io/
Rasa X	Rasa Technologies Inc	https://rasa.com/
Articulate	Smart Platform Group	https://spg.ai/projects/articulate/
EDDI	Labs.ai	https://www.eddi.labs.ai/

　これらのソフトウェアはいずれもインストールが必要です。インストール先のサーバーとして必要なシステム要件はそれぞれ異なります。

　製品によっては、手元のパソコンにインストールして試せるものもあります。試す段階ではパソコンを利用できることは有効です。パソコン上で動作させることにより、どこにも公開されないため、安全かつローカルネットワークに閉じた環境で試してみることができます。もちろん、本番環境で運用するときはサーバーが必要になる点は変わりません。

　本番環境として利用するサーバーは、利用するアプリケーションに応じて、以下のような点に留意する必要があります。

❶ 動作環境のOSかどうか

　　Windows, macOS, Linuxなど、アプリケーションが対応しているOSが必要です。

❷ 依存ソフトウェアがインストールされているか

　　アプリケーションによってはあらかじめDocker、JRE、Python、Node.jsなどが導入されている環境であることが必要になります。

❸ CPU性能、メモリー、ディスク容量などのハードウェア要件を満たすか

　　「メモリーが最低4GB以上、推奨8GB以上」といったような要件が示されて

いることがあります。

❹ セキュリティが管理されているか

　　システム管理者によって別途、適切にセキュリティ対策が行われている必要が
あります。

❺ インストールに必要な権限があるか

　　本番環境のセットアップには通常、システム管理者レベルの権限を必要とします。

　実際に準備を進めるには，上記の注意点を踏まえて、企業での利用ならまずシステム管理者に相談してください。個人での利用や、企業であっても今後新たに導入するような場合は、パブリッククラウドやVPSタイプのレンタルサーバーの利用が主な選択肢になると思います。ここではくわしく触れませんが、主なサービスを以下にリストします。

表3-3 主なVPSサービスやクラウド

	サービス名	ベンダー名	URL
クラウド	Amazon Web Service	Amazon Web Service	https://aws.amazon.com/
	Google Cloud Platform	Google	https://cloud.google.com/
	Microsoft Azure	Microsoft	https://azure.microsoft.com/
VPS	Amazon Lightsail	Amazon Web Service	https://aws.amazon.com/jp/lightsail/
	VULTR	Vultr	https://www.vultr.com/
	さくらのVPS	さくらインターネット	https://vps.sakura.ad.jp/
	ConoHa	GMOインターネット	https://www.conoha.jp/

こうして自前でサーバーを用意してアプリケーションを運用することは、SaaS に対して「オンプレミス（型）[*1]」と呼ばれることがあります。わざわざ手間をかけてオンプレミスを選ぶことには、以下のようなメリットがあります。

❶ データの所有とアクセス権の担保

チャットボットに入力されるテキストには、個人情報などのセンシティブな情報が含まれることがあります。こうしたデータが運用者のあずかり知らぬところに送られたり、保存されていたりするのは避けたいところです。SaaSでも当然、契約上の機密保持義務やデータ管理ポリシーはありますが、自前のサーバーであれば、通信先や通信経路、保存場所までが意図通りであることを自分で保証することが可能です。また、こうしたデータやアプリケーション自体へのアクセスを「誰に」「どのように」許可するかも、きめ細かく正確に意図を反映させることができます。

❷ カスタマイズ性

チャットボット開発用のソフトウェアは、特定の目的に最適化されたものもあれば、様々な目的で使えるように汎用的な仕組みになっているものもあり、幅広く用意されています。とはいえ、何か特定の目的に使おうとすると必ずニーズに合わない部分がどこかしら出てきます。そのとき、SaaSよりもオンプレのほうが、合わない部分をどうにかする際に多くの実現手段を考えることができます。もちろん、アプリケーションがオープンソースソフトウェアであればプログラムに変更を加えるという手段がありますが、そうでなかったとしてもシステム統合（SI）で実現する余地が広がります。例えば、社内ネットワークにある顧客DBへアクセスして質問に回答する、といった場合、SaaSでは困難になるところも、オンプレであれば解決する手段がありそうということは読者の皆さんも想像できるのではないでしょうか。

[*1]　言葉の原義とは少し異なります

チャットボット SaaS の場合、製品の種類や利用の規模によっては、毎月のサブスクリプション費用がそれなりにかかってきます。一方、自前のサーバーであれば毎月の費用は SaaS よりも低コストにできる余地が比較的あります。そのため、サーバー導入をはじめとする初期コストを含めても、長期的に見ればコストを抑えるためには有力な選択肢になります。

・・・・・・・・・・・・・・・

パッケージソフトウェアを使うと、様々なビジネスニーズに合わせた導入が可能です。また、アプリケーションに搭載されたシステム連携インタフェースを利用して他システムとの統合を行うことで、ビジネス固有のユースケースを実現するために工夫する余地があります。

次章以降、ここで紹介したパッケージソフトウェアのうち「Botpress」を利用して、そのインストールから紹介します。すぐにでもチャットボットの開発を試してみたいなら、次章へお進みください。

一方、ここで紹介したアプリケーションはいずれも、「マウスで操作できる GUI のツールがあり」、「プログラムを書かずに始められる」ものでした。それ以外にも「プログラムを書いて作る」ことを前提にしたものもあります。それらは「チャットボット開発フレームワーク」と呼ばれます。次節では、プログラムを書いて自分で作る方法に挑戦したい方向けに、そのようなフレームワークを使った開発の概要を紹介します。

3-4 ｜ 自分で開発する

チャットボットを作る第3の方法は、自分で開発することです。

　自分で開発するといっても、全くのゼロから作り上げる必要はありません。前節で紹介したアプリケーションも、たくさんのソフトウェアの部品を組み立てて作られていますが、そういった「部品」単位でも様々な種類が提供されています。本節では、自分で作る場合にはどういった部品が使えるのかを紹介し、開発にチャレンジする方への道筋を示したいと思います。

　自分で作るときの考え方として、本節では以下の通り、3つのフェーズ

❶ 開発フレームワークを選んで小さくデモを作る
❷ 1つずつ部品を足して機能させる
❸ 使いながら高度化させる

を提案します。以下、各フェーズに沿って「開発フレームワーク」と「部品」について説明しましょう。

3-4-1　開発フレームワーク

　チャットボット開発フレームワークは、対話サーバーのプログラミングを簡単にするソフトウェア・ライブラリを指します。開発者は、この開発フレームワークを利用することで、対話サーバーの基本的な構造を自分で作ることなく、本質的な機能の作成に集中することができます。

　ここでは、Webサイトのチャットボットの場合を例にしましょう。第2章で紹介したように、チャットボットのフロントエンドおよび対話サーバーにそれぞれ

WebChatコネクタ、対話管理ユニットといった要素が必要です。もう一度、Web
チャットボットのシステム構成を見ておきましょう。

図3-1 Webチャットボットのシステム構成例

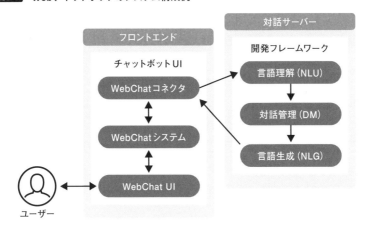

　このように、対話サーバーを構成する主要な部品にはNLU、DM、NLGの3つが
あります。一般的な開発フレームワークは、このうちのメインプログラムであるDM
を作るための基本的な骨組みと、NLUやNLGをつなぎ合わせて1つのシステムに
するための機能を備えています。
　実際に提供されている開発フレームワークの中から、無料で利用できることを
条件に、主なものをまとめてみました。

表3-4 チャットボット開発フレームワークの例

フレーム ワーク名	プログラミング 言語	接続可能チャネル	URL
Microsoft Bot Framework	C#、JavaScript、 TypeScript、 Python、(Java)	Web、Facebook、 Slack、Google、 LINE、Teamsほか （Azure利用時）	https://dev. botframework.com/
BotKit	JavaScript、 TypeScript	Web、Facebook、 Slack、Googleほか	https://botkit.ai/
Botonic	JavaScript、 TypeScript	Web、Facebook、 Telegram、Twitter ほか	https://github.com/ hubtype/botonic
Rasa (Core)	Python	Web、Facebook、 Slack、Googleほか	https://github.com/ RasaHQ/rasa
BotMan	PHP	Web、Facebook、 Slack、Googleほか	https://botman.io/

開発フレームワークの選び方として、主に以下の観点があります。

❶ プログラミング言語

　　開発フレームワークはそれぞれ、特定のプログラミング言語向けに作られています。まずは、プログラミングに利用したい言語に対応したフレームワークがあるか調べてください。一方、本番環境のサーバー仕様がすでに決まっている場合は、そこで導入可能な言語に制約がないかも考慮する必要があります。

❷ 接続先プラットフォーム

　　SaaSやパッケージソフトウェアと同様、開発フレームワークもそれぞれ、それを使って作ったチャットボットを「どのチャネルへ接続できるか」が決まっています。Webサイトのほか、FacebookメッセンジャーやLINEなどのメッセージングアプリ、Slackなどのビジネスチャットといったチャネルがある中で、希望するチャネルが標準でサポートされているかどうかも重要なポイントです。標準でサポートされていない場合は、別途、「チャネルコネクタ」を作る必要があります。

　開発フレームワークが示す「対応チャネル」は、それぞれ指し示す意味が異なる場合があります。あるフレームワークではサポートするチャネルなら「どれでも同時につなげることができる」のですが、別のフレームワークでは「サポートするチャネルの中から、いずれか1つを選んで開発できる」ことを意味します。そうした開発フレームワークの方針にはいずれも一長一短があるので、あなたのニーズに合うか確認が必要です。

　これ以外にもライセンス形態やサポートの有無など、一般的なソフトウェア・ライブラリを選定する場合の基準も考慮すべきことは、言うまでもありません。

　チャットボットを自分で作る場合は、目的とする会話の流れを基本的な機能に絞り込んだうえで、まず開発フレームワークのみを使って、小さいシステムとして実現することから始めるのがよいと思います。賢い言語理解や、機能豊富で役立つバックエンド、魅力的なフロントエンドといったものは、欲張らずに全て後回しにしましょう。会話の流れに成立感がある状態のデモを先に作ることを最優先に考えてみてください。そうすることで、フレームワーク以外に必要なものとその仕様を正しく把握することができます。

3-4-2　部品としてのNLUを選ぶポイント

　ここでいう部品とは、チャットボットを構成するシステム要素です。前項の 表3-1 でいえば、部品に相当するのはNLU、NLG、UI周りです。一方でDMは、部品同士を結びつけるメインプログラムであって、開発フレームワークを前提にした場合は部品とは考えません。

　仮に前項の開発フレームワークを利用して、DMのデモを作ったとしましょう。次は、それを実際に使える形にしていくため、NLUやUIといった部品で肉付けする段階です。こういった部品を使って機能を強化していく場合でも、基本的には「必要最小限のものを自前で作る」ことも考慮したほうがいいとは思います。しかし、実用的なものを手早く作ろうとするときには、必要に応じて既製品を利用する

ことも考えましょう。工数の削減、開発期間の短縮には有効です。そこで、部品の例に挙げたNLUについて、候補となる具体的な製品をリストアップしてみました。

表3-5　部品として利用できる主なNLU

名称	提供形態	日本語対応	URL
Dialogflow	SaaS	デフォルト	https://dialogflow.cloud.google.com/
LUIS	SaaS	デフォルト	https://azure.microsoft.com/ja-jp/ services/cognitive-services/language- understanding-intelligent-service/
Wit.ai	SaaS	デフォルト	https://wit.ai/
COTOHA API	SaaS（API）	デフォルト	https://api.ce-cotoha.com/
Rasa（NLU）	パッケージ	カスタム	https://github.com/RasaHQ/rasa

NLUを選ぶ際には、提供形態やコストのほかに、以下のような点も考慮します。

❶ 対話サーバー向けの意味抽出

　　ひとくちにNLUといっても様々な種類があり、どの用途に最適化されているかは異なります。対話サーバーのためのNLUとして重要なのは、第2章で説明した「対話行為タイプ推定」「属性抽出」に相当する処理です。このため、これらに対応する機能があるかは必ず確認してください。なお、これらは「意図分類」「固有表現抽出」など、それぞれ名称や機能が少し異なる形で提供されていることがあります。

❷ 対応言語

　　NLUは、英語やフランス語などいろいろある自然言語の種類のうち、どの言語に標準で対応しているかが製品によって異なります。ほとんどのNLUの中身には、言語ごとに固有の処理やデータが含まれるからです。例えば、第2章で紹介した「分かち書き」は、単語の間にスペースがない日本語のような言語だけで必要な処理です。そのため、NLUを選ぶときは標準で日本語に対応しているか

を確認してください。ただし、もし標準で日本語に対応していなかったとしても、上記のような言語固有の処理やデータを追加することで対応可能な製品もあります。

❸ 学習済みモデル

学習済みモデルとは、NLUの内部で利用される機械学習モデルのことで、中でも「最初から意味抽出に利用可能な状態で提供されているもの」のことです[*2]。学習済みモデルで抽出できる意味には、例えば「感情」や「話題」があります。NLUによっては、特にこのような「幅広い用途に利用できる意味」の学習済みモデルを標準で提供しているものがあります。

学習済みモデルを利用できると、チャットボットで対応できる対話行為の範囲を広げたり精度を高めたりできます。そして、その名の通り、機械学習では事前準備に必須とされる学習データを自分で用意し、学習させる必要がありません。そのため、うまく活用することで、自前で学習用データを用意するという負担を大幅に抑えることが可能になります。

ただし、チャットボットに必要な意味は、あくまで「そのチャットボットで想定する対話行為のどれであるか」が基本です。特にクローズドドメインのチャットボットの場合、良質なデータを最も集められるのはチャットボットの提供者です。そのため、基本的な意味抽出の目的で学習済みモデルを利用することは難しい場合もあります。

3-4-3	**部品としてのUIを選ぶポイント**

次に、UIの製品の例は以下の通りです。

[*2] 学習済みモデルに対して、自前でデータを学習させるモデルのことを「カスタムモデル」と呼び分けることがあります。

表3-6 部品として利用できる主なUIの例

名称	接続先	UIフレームワーク	URL
ChatUI	任意	React	https://github.com/alibaba/ChatUI
BotUI	任意	なし	https://github.com/botui/botui
Bot Framework Web Chat	Azure Bot Service	React	https://github.com/microsoft/BotFramework-WebChat
Dialogflow for Web v2	Dialogflow Gateway	Vue.js	https://github.com/mishushakov/dialogflow-web-v2
Chatroom	Rasa REST Channel	React	https://github.com/scalableminds/chatroom

　ここで紹介したものも含め、チャットボットUIの多くは、接続先として特定のSaaSや製品にひも付いています。これは、ユーザーがチャットボットとやり取りするメッセージの種類が多様なため、チャットボットごとにメッセージの仕様がそれぞれ異なるためです。

　こうした既製品のUIの場合、利用にあたっては以下のようなアプローチが考えられます。

❶ 対話サーバーで利用している既製品に対応したUIを利用する

　　例えば、開発フレームワークとしてRasaを利用しているのであれば、Rasa用のUIを利用するという単純なアプローチです。

❷ 自前の対話サーバーに既製品の互換コネクタを実装する

　　例えば、開発フレームワークとしてRasaを使っていなくても、Rasa REST Channelと同じ仕様のAPIを実装することで、Rasa用のUIの接続を可能にしてしまおうというアプローチです。

❸ 接続先に依存性がないUIを使ってWebChatコネクタを作る

　　例えば、対話サーバーに独自仕様のAPIがあるとしたら、「チャットボットとの

通信仕様を持たないUIモジュール」を利用して、通信モジュールは自前で実装するというアプローチです。この場合、UIモジュールを選ぶ自由度が大幅に広がります。

　なお、NLGについては対話サーバー用として提供されている特別な部品は少なく、必要性も多くありません。なぜなら、テンプレートであれば開発フレームワークにある機能を利用するか、検索であれば一般的なCMSやFAQツールが活用できるからです。より高度なNLGについては、今後API提供されるサービスが出てくることが期待されます。

・ ● ・ ● ・ ● ・ ● ・ ●

　チャットボットを自分で開発する方法は、SaaSやパッケージソフトウェアでは実現できないビジネスニーズがある場合や、逆に既存のものでは機能が過剰でジャストフィットなものがない場合に検討する価値があります。また、実務に役立つスキルを身に付けながらプログラミングを勉強したいと思っている人や、すでに開発経験のある人が会話型アプリの開発スキルを身に付けて武器にしたいといった目的があるときには、できる限り自力で開発してみることはお薦めです。小さいプログラムで本質的な機能に絞って実装を試すほうが、原理を理解しやすいためです。

　一方、本書では、プログラミングのスキルがなくても最低限のチャットボット構築を試せるようになることも目的としています。それを踏まえてプログラミングをすることで、より高度なチャットボットが作れることを示したいとも思っています。そこで、本書ではパッケージソフトウェアの「Botpress」を利用します。Botpressは、パッケージソフトウェアでありながら、開発フレームワークのような柔軟性を持ち合わせており、プログラミングによって個別のニーズを実現していく自由度の高さに特徴があります。

　次章では、Botpressのインストールから始めて、ごく簡単なチャットボットを動かしてみるところまで、具体的な手順を紹介します。ぜひ実装を試してみてください。

第 **4** 章

チャットボットを
作ってみよう

前章では、チャットボットを作る様々な方法を紹介しました。本章では、チャットボットを実現する方法として、パッケージソフトウェアの1つであるBotpressを選び、実際にチャットボットを作ってみようと思います。まずはBotpressの概要について説明したあと、実際にBotpressを使って、簡単なチャットボットを作ってみる手順を紹介します。必ずしもプログラミングの知識は必要ではありません。WindowsやMacなどのパソコンをご準備のうえ、ぜひ操作しながら読み進めてください。

4-1 | Botpressの概要

　まず、本書でチャットボットの作成に使用するBotpressについて説明しておきましょう。Botpressとは、チャットボットの構築と運用が行えるソフトウェアのオールインワン・パッケージです。

4-1-1 無料でも利用可能なBotpress

　Botpressは、カナダのBotpress社が開発しているソフトウェアです。幅広いコンピューターに対応しており、自分のパソコンにインストールして、Webブラウザからアクセスすることで、チャットボットを構築するツールとして使えます。このため、とりあえずチャットボットでいろいろ試してみたい、どのように動作するのか確認してみたいといった目的で、手元のパソコンで動かしてみることができます。一方で、レンタルサーバーやクラウドサービスにインストールすることで、ローカルで構築したチャットボットをインターネットへ公開するといったような、一般的な開発手順で本格的なチャットボットを開発することもできます。

図4-1　ローカルでもサーバーでも利用できるBotpress

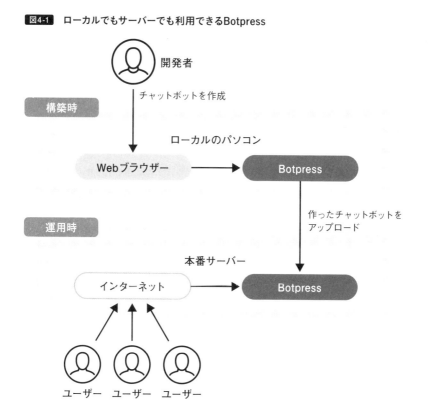

民間企業が開発しているソフトウェアですが、基本的に無料で利用すること
ができます。具体的には、オープンソースライセンス（AGPLv3）と有料ライセン
ス（Botpress Proprietary License）のデュアルライセンスで提供されています。
「AGPLv3」に従った利用であれば、無料で利用できます。ライセンスについてくわ
しくは、FAQページ（https://botpress.com/faq）及び、各ライセンス文書をご確認
ください。本書で紹介するサンプルプログラムは、AGPLv3ライセンスのBotpress
で利用できるよう配慮しています。

本書でBotpressを選んだ理由は、以下のような特徴にあります。

● **オールインワン**

　Botpressは、チャットボットの構築からデバッグ、公開、運用までのライフサイクルに必要な仕組みやツールを、全てまとめたシステムとして作られています。第2章で紹介したモデルに従って、Botpressを構成する主な要素とその関係を見てみましょう。

図4-2　Botpressの主な構成要素

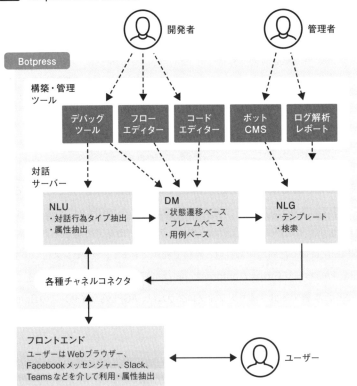

　大きな構成としては、対話サーバーを中心に、フロントエンドと接続するための各種チャネルコネクタ、および構築・管理ツールがセットになっています。対話サーバーは、主にタスク指向の会話に向くような仕様と考えてよいでしょう。

　最も特徴的な機能の1つが、DM（対話管理ユニット）のロジックをGUIで組み立てられる「フローエディタ」です。高機能ながらも、使いやすくメンテナンスしやすい、実用性の高い開発用ツールです。他にも、チャットボット構築や運用に使えるツールが、統合された1つのWebアプリケーションとして提供されています。いわば、SaaSのような利便性と、開発フレームワークの自由度を合わせ持っています。

● 高い柔軟性と拡張性

　第1章、第2章で見たように、チャットボットの多くのユースケースは、様々なフロントエンドやバックエンドとの統合によって実現されます。こうした統合をする際、対話サーバーの仕組みや振るまいが固定的だと、対話サーバーの完成度がどんなに高くても、統合する際には足かせとなります。

　Botpressでは、変更ができない固定的な振るまいが少なく、柔軟な統合が可能です。また、システム全体が複数の部品（モジュール）の高度な組み合わせで出来ており、部品単位で柔軟に組み込んだり、取り外したりできます。そのため、統合時に余計な機能があれば省き、不足の機能があれば作って追加することで、ユースケースに合わせた振る舞いを実現できます。

● 完全なオンプレミス化が可能

　Botpressでは、チャットボットに関する全てのシステムをオンプレミス環境にデプロイすることが可能です。オンプレミスのメリットは第3章で述べましたが、特にデータの流れを完全に掌握できる点が重要です。例えば、Webで利用するチャットボットならば、ユーザー入力のテキストが他社管理のサーバーに決して保存されないことを保証する構成も可能です。

　なお、全てオンプレ化しようとするとき、障壁になりやすいのがNLU（言語理解ユニット）の存在です。現実の多くのチャットボットシステムでは、NLUの実装としてDialogflowのような外部サービスのAPIを利用することがあります。これに対し

てBotpressでは、Botpress内蔵のNLUを利用することで、そうした外部サービスへ依存しない構成が可能です[1]。

● ベンダーロックインなし

　Botpressは、コア部分のソースコードはGithub上で公開されています。そのため、仕組みについての透明性が高く、ベンダーのクローズドな仕組みに依存することがありません。システムの運用保守を行う体制さえ自社や他社で確保できれば、特定ベンダーに頼ることのない運用が可能です[2]。

● 多くの接続先に対応

　Botpressは、初期状態で多数のチャネルコネクタを持っています。つまり、Webサイトに導入できるチャットボットだけでなく、Facebook MessengerやTelegramといったメッセージングアプリ、SlackやMicrosoft Teamsといったビジネスチャットなど、幅広いアプリに対応。各アプリ上で使えるチャットボットを容易に作れます。

● 基本的に無料（有料ライセンスもある）

　前述のように、Botpressは無料で使えるライセンスでも提供されています。そのことにももう一度触れておきましょう。有料ライセンスに限られている機能も一部にありますが、無料ライセンスの範囲でほとんどの機能を利用することができます。チャットボット開発を試してみたいエンジニアはもちろん、個人や小規模事業ならば無料ライセンスでチャットボットを公開できます。エンタープライズにおいても無料ライセンスで、まずは小さく始めることができます。このため、実システムとして公開し、実際の利用を見ながら活用方法を模索しつつ機能を強化していくといった、柔軟な開発・運用ができて大変便利です。

---

[1]　ただし、Botpressのデフォルトの設定ではNLUの一部の機能のためにBotpress社が運用するサーバーにアクセスします。

[2]　もちろん、受けているライセンスの遵守は必要です。

4-1-3　Botpressの注意点

　Botpressは優れたソフトウェアですが、注意が必要な点もあります。ここでは、英語ベースであること、開発途上にあり変化が大きいこと、規模によって有料ライセンスが必要になることを挙げておきます。

● ツールの画面やドキュメントは英語ベース

　Botpressの開発は主に英語で行われており、管理ツールや公式ドキュメントは英語で提供されています。日本語での情報は、本書執筆時点ではまだ少なく、特に問題解決にあたっては英語の記事やフォーラムに接する必要があります。ただし、プロダクトとしては多言語化できる仕組みを備えており、画面表示を各国語に翻訳する取り組みも行われています。

● スタートアップの製品であり変化が大きい

　Botpressは、スタートアップ企業の事業として2016年から開発されているソフトウェアであり、2021年1月現在もアクティブな開発が続いています。チャットボット自体がまだまだ成長途上の領域であり、Botpressの仕様も成熟したものではなく、メジャーアップデートの際に大きく変わる可能性があります。そのため、長期的に利用することを考える際は、進化・変化に対応していくことを考慮する必要があります。ただし、エンタープライズでの利用を想定した製品でもあるため、旧バージョンからのマイグレーション方法は毎回提供されています。

● 有料ライセンスを必要とする範囲がある

　前述のように、Botpressはオープンソースライセンス（AGPLv3）と有料ライセンス（Botpress Proprietary License）のデュアルライセンスで提供されています。小規模な利用では無料ライセンスでも十分使えますが、一部の機能を有効化するには有料ライセンスを必要とします。例えば、複数の管理者アカウント、SAML連携、クラスタリングなど、主に大規模な組織で開発・運用するケースや、アクセスの規模が大きくなる場合などに必要な機能が対象になっています。

表4-1 無料ライセンスと有料ライセンスの違い

主な機能	無料ライセンス (Botpress)	有料ライセンス (Botpress Pro)
内蔵NLU	○	○
フローエディタ（フロービルダー）	○	○
対話管理	○	○
ボットCMS	○	○
無制限のボット作成	○	○
無制限の管理者	—	○
チャットUIのホワイトラベル化	—	○
役割ベースのアクセス管理	—	○
高可用性	—	○
改善された性能	—	○
標準サポート	—	○
多言語ボット	—	○

4-1-4 Botpressを使った開発の流れ

本書では、Botpressを利用したチャットボットの開発例を紹介していきます。次節でBotpressのインストールから解説していきますが、その前にBotpressでのプロセスを確認しておきます。

① ローカル開発環境の構築

　手元のパソコン（WindowsもしくはMac）にBotpressをインストールし、利用可能にするために必要な設定をします。

② Botpress Studioを利用したチャットボットの作成

　Botpressの構築ツールである「Botpress Studio」をWebブラウザーから操作して、チャットボットを作ります。

③ エミュレーターを利用したチャットボットのデバッグ

作成したチャットボットを構築ツール内で動かして、挙動を確認、調整します。

④ 接続先チャネル（WebやSlackなど）との統合とテスト

チャットボットが最終的に使われるチャネルと接続して、挙動を確認・調整します。

⑤ 本番環境の構築とデプロイ

クラウドなどの本番サーバーにBotpressをインストールし、作ったチャットボットをアップロード。プログラムを起動して、チャットボットを公開します。

本章ではこのあと、①のインストールについて説明したのち、②と③の基本的な開発までを紹介します。これにより、ごく簡単なチャットボットの作成手順をマスターできます。

本格的なチャットボット開発に必須の②〜④については、第5〜8章でくわしく解説します。これにより、実際のチャットボット開発の詳細を理解していただこうと思います。⑤については第9章で触れることにします。

4-2 Botpressのインストールと起動

前節では、Botpressがどのようなものであるか、ライセンスと特徴、メリット、デメリットについてご紹介しました。本節では、実際にBotpressを使っていきたいと思います。まずは、手元のパソコンにBotpressをインストールして、操作できる状態にすることを目指しましょう。

本章の作業を試すのに必要なものを整理しておきましょう。以下に用意するものをリストアップしてみました。

● パソコン（デスクトップPCまたはノートPC）

まずは開発用の端末が必要です。一般的なパソコンでかまいません。必要なシステム要件を見ても、さほど特別なスペックを必要とはしないと考えていいでしょう。

- ▶ OSは、macOSまたはWindows、Linuxのいずれか
- ▶ 64ビット対応のCPU
- ▶ 4GB以上のメモリー
- ▶ ディスクの空き容量は64GB以上
- ▶ ユーザー権限としてBotpressを配置するフォルダ配下を読み書きできること

● インターネット接続

Wi-Fiまたは有線は問いませんが、高速のインターネット接続をおすすめします。Botpressのインストールパッケージは約170MBあり、これをダウンロードする必要があるためです。

● Webブラウザー

Google ChromeまたはMozilla Firefoxの最新版をおすすめします。Windowsなら Microsoft Edge、macOSなら Safariでも利用できます。Internet Explorer での利用はできません。

本書の解説では、第8章まではこれだけで作業を進められます。第9章で説明する本番環境のためには、別途サーバーを必要としますが、実際にチャットボットの公開を行わなければ不要です。

4-2-2　**Botpressのダウンロード**

　では、ここからはBotpressを使った開発の実際を見ていきましょう。まず最初にBotpressの準備をします。その第一歩として、Botpressのインストーラーをダウンロードします。それには、WebブラウザーでBotpressのホームページ（https://botpress.com/）を開きます。

　ホームページが表示されたら、Downloadボタンをクリックします。

図4-3　**Botpressのダウンロード**

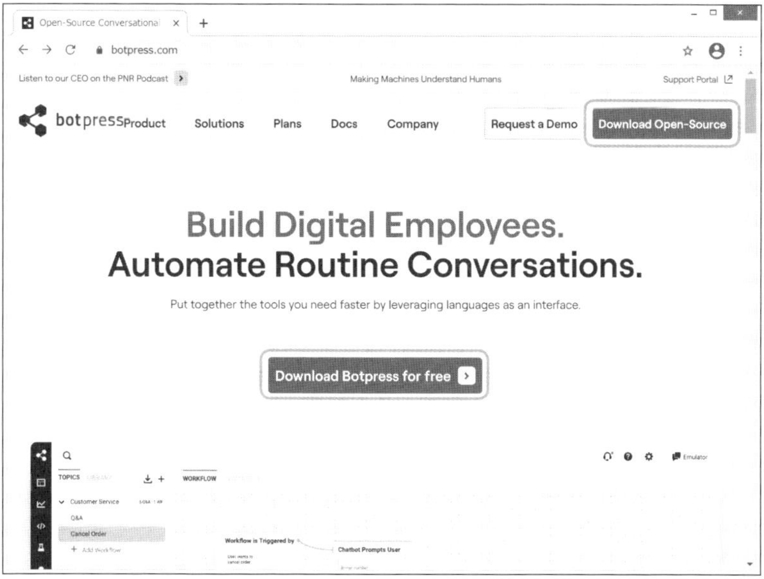

https://botpress.com/

　すると、Botpressのダウンロードページが表示されます。インストールするパソコンのOS名をクリックすると、ダウンロードが始まります。

図4-4 インストール先のOSをクリックしてダウンロード

　ファイルサイズは約200MBほどあるので、ダウンロード完了まで待ちましょう[3]。

Botpressのインストールと起動

　ここからは、Windows環境でのインストール手順を紹介します。Macユーザー向けにmacOSで異なるところにも触れていますので、画面の違いは適宜読み替えて進めてください。

　では、インストールしていきましょう。ダウンロードが完了したら、ファイルが保存されたフォルダを開いてください。

---

[3]　ファイルサイズは、選択したOSや、その時点の最新バージョンによって異なります。

図4-5　ダウンロードしたファイルはzip形式

　ダウンロードしたファイルは「zip形式の圧縮ファイル」のため、まずこれを展開してください。Windowsではファイルの上で右クリックして「すべて展開」を選びます。macOSではファイルをダブルクリックします。

　展開したフォルダを開くと、「bp」という名前のファイルが現れます。このファイルをダブルクリックして実行してください。macOSでは右クリックして「開く」を選びます。実行することを確認するダイアログが表示されたら、そこでも再び「開く」を選びます。

図4-6　展開後にできたファイル「bp」を実行する

　実行すると、ターミナルウィンドウに起動処理のログが出力されます。初めて起動するときは、圧縮されたモジュールの展開処理が行われるため、数十秒〜数分

程度の時間がかかります。

図4-7 初回起動時に表示されるターミナルウィンドウ

起動が完了すると、ログの最後に

```
Botpress is exposed at: http://localhost:3000
```

と表示されます。このとき、次のようなファイアウォールの警告ウインドウが表示
されることがあります。これは、パソコン上でBotpressサーバーが起動し、ネット
ワーク（この時点ではLAN＝ローカルネットワーク）からのアクセスを受け付け、
他の機器と通信可能になったためです。ファイアウォールにブロックされてしまう
とBotpressは利用できなくなるため、アクセスを許可してください[4]。

---

[4] 本書では他の端末からのアクセスは受け付けず、開発に使うPCで完結する環境しか必要としないた
め、許可対象は「プライベートネットワーク」のみをチェックするだけでもかまいません

図4-8　Windowsファイアウォールの警告画面でアクセスを許可する

以上で、Botpressのインストール、及び1回目の起動が完了しました。

　Botpressを終了するときは、起動処理のログが表示されたターミナルウィンドウを閉じてください。再び起動するときは、「bp」という名前のファイルを実行します。

4-2-4　**Botpressへのアクセス**

　Botpressを利用するには、Botpressが起動した状態、つまり起動時に開いたターミナルウィンドウが開いた状態で、Webブラウザーを起動してください。Webブラウザーのアドレスバーに「http://localhost:3000」と入力して、ログイン画面が表示されたら成功です。

図4-9 ログイン画面が表示されたことで起動を確認

　初回の起動時に表示されたログイン画面で、メールアドレスとパスワードを登録します。このメールアドレスは、基本的にメールの宛先としては使われません。単にIDとしての意味しかないため、どんなメールアドレスでもかまいません。

　パスワードについては、一般的に求められる強度を持ったパスワードにしておきましょう。本書で紹介する使い方の範囲では、ローカル環境のみで使うことになり外部からのアクセスはできないため、決してパスワードの強度は求められませんが、あえてゆるいパスワードにすることもないでしょう。もちろん、公開サーバーにインストールする場合は強度の高いパスワードが必要になるのは言うまでもありません。

　ID、パスワードを設定して「Create Account」ボタンを押すと、下図のような管理ツールの画面が表示されます。

図4-10 Botpressの管理画面が開く

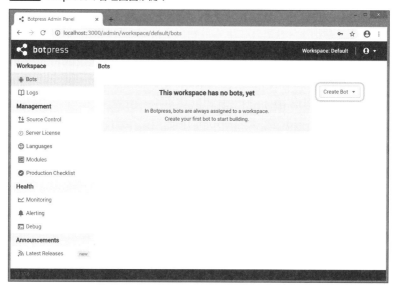

　この画面は、このBotpressサーバー内にある全てのボットの管理画面「Botpress Admin Panel」です（以下、管理パネルと呼びます）。起動直後はボットが1つもないので、このような表示になっています。

　それではボットを作成するために、新規の作成画面を開くところまでやってみましょう。前の図で、画面右側にある「Create Bot」ボタンを押すと、プルダウンメニューが開きます。その中から「New Bot」を選択すると、次のようなボット作成ダイアログが開きます。

図4-11 ボットを新規に作成する

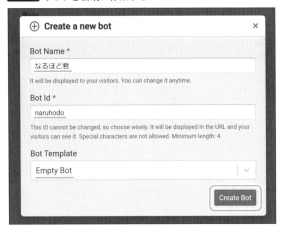

ここで設定するのは、ボットの名称 (Bot Name)、ボットのID (Bot Id)、使用するテンプレート (Bot Template) です。名称は何でもよいのですが、ここで設定した名称が、次節で作成するサンプルの名前になります。ここでは「Bot Name」には「なるほど君」、「Bot Id」には「naruhodo」としました。以下、それを踏まえて説明していますので、変更した場合は適宜読み替えてください。

名称には日本語が使えますが、IDは半角英数字のみに限られます。「Bot Template」は、ここでは「Empty Bot」を選んでください。3項目の設定が済んだら、「Create Bot」ボタンを押します。

表示が管理パネルに戻ったら、「Bots」の欄に「なるほど君」ができています。これをクリックしてください。

図4-12 管理画面に表示されたボットをクリックして開く

「なるほど君」をクリックすると、そのチャットボットの編集画面「Botpress Studio」が開きます（以下スタジオと呼びます）。このスタジオを最初に開いたとき、画面の要素を順番に説明してくれるヘルプコンテンツが表示されます（これをツアーといいます）。ツアーにひと通り目を通すのもよいですし、すぐに閉じてもかまいません。次の画面になったら、チャットボットを作る準備は完了です。

図4-13 スタジオの編集画面に切り替わった

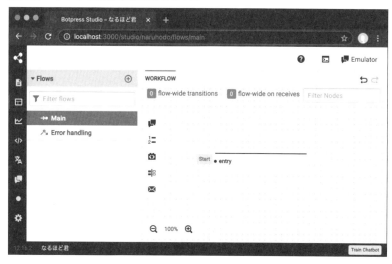

4-3 | あいづちボットを作成してみよう

　ではいよいよ、本章の目的である「チャットボットを作ってみる」を実際に進めていきます。そして、この作業を通して、ボット作成の基礎知識と基本的な操作がわかります。

　ここで作成するチャットボットは「あいづちボット」です。このボットは、以下のように振る舞います。

① ユーザーが何か入力する
② ボットは「なるほどー」「まじっすか」「そうなんですね！」のいずれかの返事をする
③ ①に戻る

　まずはかなりシンプルなボットにしてみました。とはいえ、これも立派なボットです。ではさっそく始めましょう。

4-3-1　フローエディタと言語設定

　ここから、実際にボットを作っていく作業が始まります。もう一度、「なるほど君」のスタジオを開いたところを見てみましょう。この画面は、チャットボットの作成機能の1つである「フローエディタ」です。

図4-14 スタジオを開くと、フローエディタが表示される

　フローエディタは、主に「状態遷移ベースのDM」を作成する機能です。「状態遷移ベースのDM」については第2章で紹介しました[5]が、Botpressでは状態を表す存在を「ノード」と呼びます。また、ノードを線で結んだグラフで状態遷移を表し、それを「フロー」と呼びます。くわしくは、実際に状態遷移を作っていくところでもう一度説明します。

　さて、フローエディタで作業を始める前に、これから作成するボットの初期設定を行いましょう。画面左端の一番下の歯車アイコンをクリックすると、下記のような設定画面が開きます。

---

[5]　DMは対話管理のことでしたね。

図4-15 ボットの設定画面

ここでは必ず言語の設定を変更してください。「Language」の項目が初期設定で「English」になっているはずなので、これを「Japanese」に変更し、「Save Changes」ボタンで設定を保存します。最後に、画面右下の「Train Chatbot」ボタンを押します。それ以外の項目は特に変更する必要はありません。

この言語設定は、このボットの「コンテンツの言語が何であるか」を意味します。コンテンツの言語とは、ボットの発言のテキストが何語かということと、NLUの学習のために与えられるテキストが何言語かということを指します。登録したテキストデータが、その言語に応じて適切に処理されるためには、正しく設定しておく必要があります[*6]。

設定が完了したら、画面左端の上から3番目のアイコンをクリックしてフローエディタへ戻ります。

---

*6　1つのボットで複数の言語に対応させるには、有料ライセンスが必要です。

4-3-2　初期状態での挙動とその理由

　さて、これからあいづちボットを作るわけですが、まだ何もしてない今の状態で話しかけたらどうなるのでしょうか。「入力内容がわかりませんでした」とでも言うのでしょうか。あるいは、何のやり取りも想定されていないので、何らかのエラーが出るのでしょうか。これを確認することは、あいづちボットの仕様を実現するために何をしなければならないかを理解するうえで重要です。本項では、この時点でどのような振る舞いをするのかについて、「エミュレーター」と「デバッガー」の使い方を通して見ていきます。

　それでは、画面右上の「Emulator」ボタンをクリックしてください。続いて、その左側にあるコンソールボタンもクリックすると、次のような画面になります。

図4-16 動作の確認は「Emulator」ボタンから

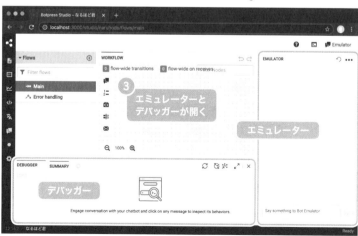

この画面は、フローエディタにかぶさる形で、右側のパネルに「エミュレーター」、下側のパネルに「デバッガー」が表示された状態です。

　エミュレーターとは、チャットボットのデバッグ目的専用のチャットUIです。この画面にメッセージを入力することで、作成中のチャットボットがどんな応答をするのかをすぐに確認できます。

　デバッガーは、エミュレーターでの入力に対する応答が「なぜそうなったのか」を調べるときに使う機能です。主に「NLUがどのように意味を認識したか」「DMが応答をどのように決定したか」を調べたいときに使います。他の詳細を確認することにも使えます。

　では、この2つを使って、いまのボットの挙動を調べていきましょう。エミュレーターの入力欄に「こんにちは」と入力すると、以下のような画面になります。

図4-17　エミュレーターにメッセージを入力した

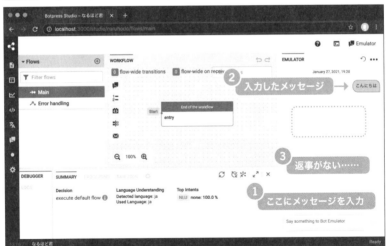

　チャットボットは何も返事をしませんね。それ自体はもっともな振る舞いです。とはいえ、ボットが動いていないわけではありません。ボットはここまで、ユーザー入力に対して以下のプロセスを実行しました。

① NLUは入力の対話行為タイプ推定を行い、結果として「none(該当なし)」と推定した

② DMは、「none」という対話行為を受け止め、この状況でユーザーへ返す対話行為は「デフォルトのフローの実行」によって選択することを決定した

③ DMは、デフォルトのフロー(mainフロー)のentryノードから実行を開始した

④ DMは、entryノードに設定された処理が何もないので、フローを抜けて処理を終了した

　チャットボットが返事をしなかったのは、この「デフォルトのフローの実行」の結果として、システム応答が1つも生成されなかったためです。
　このプロセスを、デバッガーのパネルを見て確認してみましょう。

❶ NLUは、入力の対話行為タイプ推定を行い、結果として「none(該当なし)」と推定した

　デバッガーの「Top Intents」欄には、NLUによって推定された対話行為タイプ(インテント)のうち、確信度が高いものが表示されます。

図4-18　「こんにちは」に対するNLUの認識結果

　ここでは、NLUによる対話行為タイプ推定の結果として、「none(該当なし)」というタイプである確信度が100%である、と判断していることが読み取れます。ここには本来、他のタイプの確信度も表示されますが、今はまだ何も登録していないので、デフォルトで唯一存在する「該当なし」と推定された状況です。

❷ DMは、「none」という対話行為を受け止め、この状況でユーザーへ返す対話行為は「デフォルトのフローの実行」によって選択することを決定した

　デバッガーの「Decision」欄には、DMによる判断の結果が示されています。

図4-19 「こんにちは」に対するDMの結論

ここでは「Decision」として「デフォルトのフローの実行」という判断があったことが読み取れます。ここで例えば、NLUが推定した対話行為タイプに「Q&A」が含まれたならば、「Q&Aの利用」という判断になる可能性もあります。でも、今はまだQ&Aに1件も登録していないので、この時点ではそれもありません。つまり、行動の選択肢が「デフォルトのフローの実行」しかなかったという状況です。

❸ DMは、デフォルトのフロー（Mainフロー）のentryノードから実行を開始した

エミュレーターに「こんにちは」と入力し始めるとほぼ同時に、フローエディタの表示が変わったことに気づきましたか。メッセージを入力したあとのフローエディタには、「フローの実行がどのような経路をたどったか」が示されています。

図4-20 実行後のフロー表示

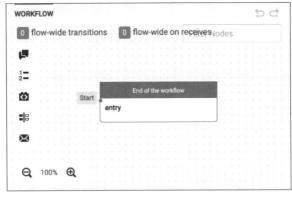

「フローの実行」とは、「状態遷移ベースのDM」を利用して会話を進めるという

ことです。そして、Botpressでは「デフォルトのフロー」とは「Main」という名前の
フローと決まっており、その最初の状態はデフォルトで「entry」という名前のノー
ドです。

　ここで、フローエディタのentryノードを見てみると、図4-20のように最初はな
かった「End of the workflow」という表示が加わっています。これは「フローの実
行がこのノードで終了した」ことを意味します[*7]。つまり、DMが判断した「デフォ
ルトフローの実行」が、きちんと行われたことがわかります。

❹ DMは、entryノードに設定された処理が何もないので、フローを抜けて実行終了した

　ここまで見てきて、entryノードが実行されたことがわかりました。ここから、
ボットが返事をしていない理由を調べるために、entryノードに「どんな処理が設
定されているか」を見ます。本来フローエディタでは、各ノードに対して「ここに来
たらこういう発言をする」というような「行動」や「応答」を結びつけることによっ
て会話を実現します。そのため、実行されたノードにどのような処理が設定されて
いるかを見れば、どのような発言をしたのか、あるいは発言していないのかわかり
ます。

　今の時点で、このentryノードにはまだ何の処理も設定されていません。これ
は、この「なるほど君」ボットを新規に作成したとき、「Empty Bot」という空のテン
プレートから作ったからです。このため、「デフォルトのフローの実行」はentryノー
ドに入るとすぐ、何も発言せずに終了するということになります。

- - - - - - - - - -

　少し説明が長くなりましたが、これで「何も返答しない」という振る舞いの理由
が見えたのではないかと思います。「何もしてない今の状態で話しかけたらどうな
るのか」の答えは「無視される」でした。そしてそれは、第2章で説明したモデル
でいえば「NLUの処理と、DMの判断・行動選択処理が行われた結果、NLGには

[*7]　この時点ではentryノードが1つあるだけですが、他にもノードがあるフローでは「どこで終了したか」だ
　　　けでなく「どこのノードから始まって、どのような流れをたどったのか」もわかるように表示されます。

何も指示が渡されなかった」ためであり、これがBotpressのボットの初期状態です。

　最初に予想したような「入力内容が分かりませんでした」と応答したいのであれば、「入力内容がわからなかった」場合の「フロー」を作成する必要があります。これは「普通のチャットボット」を作りたい場合には少し面倒に感じるかもしれません。しかし、「普通」の仕様に従うことを強制されない、自由度の高さがBotpressのメリットです。私たちがこれから作ろうとしている「なるほど君」ボットも、「他の仕様に邪魔されずに」作れそうなことが想像いただけるのではないでしょうか。

4-3-3 　あいづちの実装

　初期状態、つまり最も単純なフローでの動作を見たところで、いよいよ、あいづちボットの振る舞いを実装しましょう。前項で見たように初期状態では、ユーザーが入力した内容は「Mainフローのentryノードで何もしないから」無視されていることがわかりました。あいづちボットの仕様は単に「あいづちを応答する」だけですから、「Mainフローのentryノードであいづちのテキストを発言」すればよさそうです。

　先ほど使ったエミュレーターとデバッガーが開いたままだったら、これを閉じて、フローエディタへ戻ってください。フローエディタでは、画面中央にある「entry」ノードをクリックします。

図4-21　「entry」ノードをクリックしてフローの作成開始

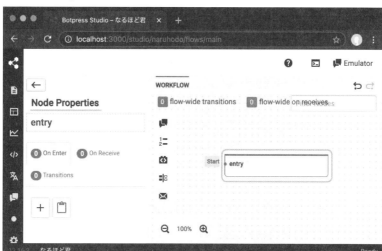

　entryノードをクリックすると、上図のように画面左側のペインに「Node Properties」が表示されます。ここでは、3つのプロパティを設定できます。

① On Enter

　　会話の位置が「このノードに来たとき」に実行することを登録します。

② On Receive

　　会話の位置がこのノードに来たあと、「ユーザー入力を待ち、それを受け取ったとき」に実行することを登録します。

③ Transitions

　　On EnterあるいはOn Receiveの処理を実行したあと、このノードから他のノードに遷移する条件と遷移先を登録します。

　それぞれのプロパティの使い方を見てみましょう。このボットで実現したいのは「ユーザー入力があったらいつでも、いくつかのテキストメッセージの中からランダ

ムに応答」させることです。Transitionsは遷移に関するプロパティなので、ノードの応答についてはOn EnterもしくはOn Receiveのいずれかを選んで設定します。さて、ここではどちらを使うべきだと思いますか？　考えてみてください。

　On EnterとOn Receiveの違いは、そのノードを「入力待ちノード」にするかどうかです。具体的な振る舞いについて説明します。

　私たちは前項で、「こんにちは」という入力によってentryノードが実行されることを確認しました。これは何回入力しても同じで、毎回同じようにentryノードが実行されます。ということは、あいづちボットに必要なのは「entryノードが実行されるたびに」あいづちが応答として実行されることです。

　結論を先に言うとOn Enterを使うのですが、On EnterとOn Receiveの使い分けはBotpressの基礎知識として重要なポイントなので、その理由についてはここでまとめておこうと思います。

　チャットボットが起動した時点では、まだここでいうフローは始まっていません。ユーザーが何らかの入力をしたのを受け、Mainフローのentryノードが実行され、フローが動き始めます。

　特定のノードが実行されたときの応答を設定する際、プロパティとしてOn EnterとOn Receiveのどちらかを選びます。その使い分けは、「そのノードが実行されたらすぐ応答してほしい」のか「あらためてユーザー入力が行われるのを待ってから応答してほしい」のかで決めます。私たちのケースでは、ユーザー入力のたびにentryノードが実行されればいいので、entryノードですぐ応答する、つまり「入力のたびの応答」が実行されればいいことになります。ユーザーがどのようなメッセージを入力するかにかかわらず、用意しておいたメッセージを打ち返せばいいからです。このため、On Enterを選んで応答を作成すればいいというのが答えになります。

　ここでOn Receivedを選んでしまうと、entryノードに入るためにユーザーからの入力が必要で（1回目の入力）、そこからユーザーからの入力を待ち、入力があった時点（2回目の入力）で応答を返すことになります。あいづちボットが応答を返すまでに、ユーザーは2回入力をする必要があります。例えば、ユーザーから「質問があるんだけど」という入力を受け取ったら（1回目の入力）、「どんなご質問ですか？」というメッセージを表示しつつ、具体的な内容を入力してもらう（これが2

回目の入力）といったようなフローを作りたいといった場合です。

　でも、今作っているあいづちボットについては、ユーザーの入力を待つ必要は
ありません。最初の入力が何であれ、あいづちを返せばいいのです。このため、フ
ローの開始地点であるentryノードで即応答を返せれば、それ以上の動作は必要
ありません。このため、entryノードでOn Enterを使うべきなのです。

　On Enterを選んだら、次の作業としてはOn Enterのプロパティに具体的な応答
を設定するということになります。

　ちなみに、これによって実装される内容について、もう少しだけ深い説明をしま
す。上記のようにOn Enterを使うと、On Receiveと違って「毎回同じ応答処理」
が実現されます。そして、この「毎回同じ応答処理」は、「状態遷移ベースのDM」
として考えると「ユーザーの入力の前後で会話の状態が変わらない」ということを
意味します。具体的には、以下のようになるということを意識していただければと
思います。

▶ ユーザーが何か入力する前は、会話の状態が「entryノードにいない」（フローの外側
　にいる）ところから始まる
▶ ユーザーが何か入力したときはフローに入って、entryノードのOn Enterの処理（あ
　いづちの発言）を実行して、そのままノンストップでフローから抜ける（またフローの
　外側に戻る）

　これを実現するために、On Enterに「あいづちの発言」処理を登録してみましょ
う。左側のペインでOn Enterを選択し、その下部にある「＋」ボタンをクリックし
ます。すると「Add new action」モーダル[8]が開きます。

---

*8　モーダルウインドウの略で、表示中のページにかぶさる形で表示される画面のことです。

図4-22 On Enterに新しい振る舞いを追加する

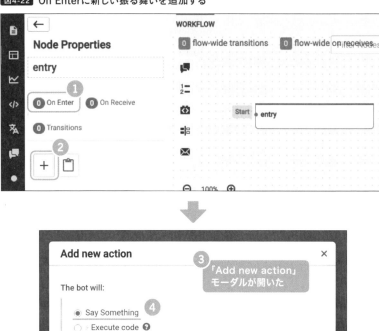

　「Add new action」モーダルでは、「The bot will:」で「Say Something」が選択されていることを確認したうえ、Message欄のフォルダアイコンをクリックします。次に表示される「Pick Content」モーダルでは「Text」を選択後、「Create new Text」をクリックします。

図4-23 「Pick Content Text」モーダルから返すメッセージ
を作成する

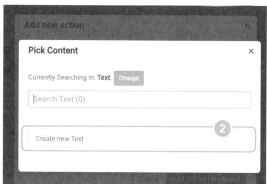

すると、テキストメッセージの作成モーダルが表示されます。

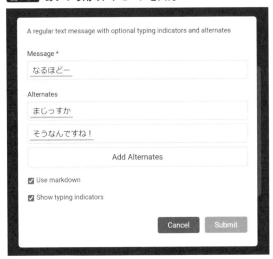

図4-24 あいづち用のメッセージを入力

ここであいづちの文章を入力します。「Message」には代表的なメッセージを 登録します。その他のメッセージは、「Add Alternatives」ボタンで必要な入力欄を追加して入力します。テキストメッセージの仕組みは、複数のメッセージを登録するといずれかをランダムに表示してくれるので、今回のような目的にはぴったりです。入力が終わったら「Submit」ボタンを押します。

図4-24 の「Add new action」モーダルに戻るので、画面右下の「Add Action」ボタンを押せば、「あいづちの発言」の登録が完了します。フローエディタに戻ると、entryノードの上部にメッセージが追加されているのが確認できます。これで、あいづちボットができました。

図4-25 あいづちの設定が完了した状態のフローエディタ

では、作ったあいづちボットを動かしてみましょう。あらためて、画面右上の「Emulator」ボタンをクリックしてください。エミュレーターが開いたら、チャットボットに話を聞いてもらいましょう。

図4-26 エミュレーターで動作を確認

いかがでしょうか。あいづちがあるだけで、気持ちよく話せますね。

　さて、これで動作確認ができましたが、こういった開発に慣れている人ならば以下のような点が気になっているかもしれませんね。

① スタジオで何かを変更したとき、「保存する」という操作がない
②「チャットボットの挙動へ反映する」という操作もなく、即時反映される

　ここまで見てきたフローエディタの仕様は、変更と確認の反復がスムーズで便利な半面、ちょっとしたマウスクリックでフローが意図せず変わってしまうといった、うっかりミスが意外に起きやすい面もあります。そのため、作ったボットは適宜バックアップすることをお勧めします。
　パソコン上で作っているボットを簡単にバックアップする方法には2通りあります。

❶ 管理パネルのリビジョン作成機能を使う

　指定したボットの状態をスナップショットとしてBotpress内に保存する機能です。このスナップショットはリビジョンと呼ばれ、取得した日時のラベルで管理されます。そして、ボットの管理者は「ロールバック機能」を利用することでいつでも、指定の日時のリビジョンへボットの状態を巻き戻せます。

❷ 管理パネルのエクスポート機能を使う

　指定したボットの現在状態のスナップショットをダウンロードする機能です。ダウンロードされるファイルは「ボットアーカイブ」と呼ばれ、ボットのフローやコンテンツの定義ファイル一式をまとめて圧縮したファイルになっています。ボットアーカイブは、インポート機能を利用することで、新しい名前のボットとして復元することができます。そのため、バックアップとして使えるほか、作ったボットを複製したり、他の人や他のサーバーへボットを受け渡したりといった目的でも使えます。
　では、「なるほど君」でバックアップを試しておきましょう。まずは、管理パネル

へ戻ってください。スタジオを開いている場合は、画面左上のBotpressロゴをクリックすると戻ります。

図4-27 Botpressロゴをクリックして管理パネルに戻す

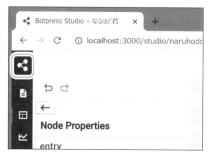

管理パネルに戻ったら「なるほど君」の枠の一番右端にある三本線のメニューアイコン（ハンバーガーボタンと呼ばれます）にマウスポインターを乗せてください。すると、そのボットに対する操作メニューがポップアップします。

CHAPTER - ①②③④

図4-28 ボットのスナップショットを作成する

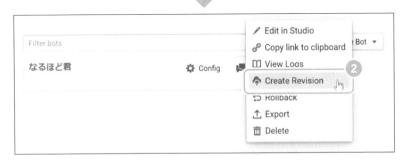

　まずリビジョン機能でスナップショットを保存する方法です。それには、ここで表示されたメニューから「Create Revision」を選びます。それだけでOK。リビジョンの作成が完了しました。

　作成したリビジョンを確認するには、あらためてハンバーガーアイコンからメニューを開き、今度は「Rollback」を選んでください。選ぶと、巻き戻す先のリビジョンを選択するモーダルが表示されます。この選択肢に、直近の日時のリビジョンがあれば、リビジョン作成は成功しています。

図4-29 ロールバック用のモーダルでスナップショットを確認する

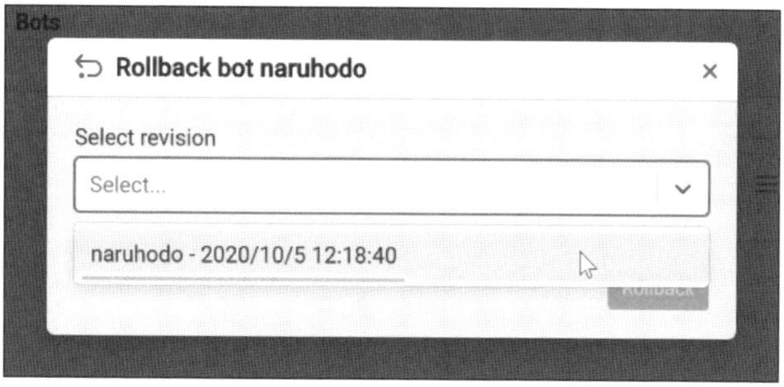

　ここで表示されているのは作成したばかりのリビジョン1つだけですが、このまま試しに巻き戻してみましょう。リビジョンを選択すると最終確認のメッセージが出てくるので、同意のチェックボックスをチェックしたうえで「Rollback」ボタンを押せば完了です。今は同一内容に巻き戻したので意味がありませんが、手軽な方法であることがわかります。

　もう1つのバックアップ方法「エクスポート機能」を使うには、先ほどのハンバーガーボタンのメニューから「Export」を選びます。こちらも選んだらすぐにダウンロードが始まり、「bot_naruhodo_1601864705756.tgz」というような名前のファイルが保存されます。これがボットアーカイブです。Webブラウザーでダウンロードしたときと同様、決められたフォルダーにファイルが保存されます。

　リビジョン機能は手軽ですが、各リビジョンはスナップショットを作成した日時でしか区別されないので、どういう内容のバックアップなのかがわかりにくいという欠点があります。しかしエクスポート機能であれば、ファイルとしてダウンロードされるため、ファイル名を書き換えて適宜情報を追加するといった運用で、複数のバックアップを区別することができます。例えば、自社製品に関するFAQを回答するボットだったら、ダウンロードしたファイルを

```
202104新製品FAQ追加版-bot_faqbot_1601864705756.tgz
```

とリネームすることで、どんな内容か見当を付けることができます。

　ボットアーカイブのインポート手順も見ておきましょう。管理パネルの右側の

「Create Bot」ボタンから「Import Existing」を選択すると、次のようなインポートダイアログが開きます。

図4-30 アーカイブからの復元は新規のボットとしてインポート

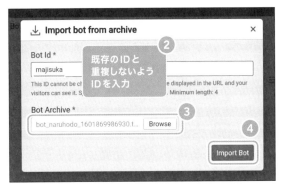

　インポートして復元するボットには、新しい「Bot Id」を付ける必要があります。もともとの「なるほど君」には「naruhodo」というBot Idをつけましたが、同じIDを付けることは認められません。ここでは仮に「majisuka」と付けました[9]。「Bot Archive」欄には、読み込みたいボットアーカイブを指定します。最後に「Import Bot」ボタンを押せば、インポートが実行され、管理パネルには次のように表示されます。

図4-31 「なるほど君」のボットアーカイブをインポートしたところ

　名前が「なるほど君（majisuka）」となっているのは、同名のボットと混同しないためにデフォルトでBot IDが付加されるためです。この表示はボットの言語設定をした画面で変更することもできます。

　以上で、あいづちボットの作成と、そのバックアップがとれたことまで確認できました。お疲れさまでした。

* * * * * * * * * *

　本章では、Botpressの使い方を学びつつ、チャットボットを実際に作成する流れをご紹介しました。Botpressが、企業で本番運用できる実用性を持ちながら、手元のパソコンだけですぐにチャットボットの構築を始められるツールであることがおわかりいただけたと思います。また、あいづちボットの作成を通して、Botpressが応答を返す仕組みの理解、デバッガーの見方、バックアップ方法について説明しました。単純ながら実際に動くチャットボットを作ってみると、第2章で解説した仕組みへの理解が深まったのではないでしょうか。

　次章からは、同じBotpress環境を用いて、より実用的なチャットボットの構築方法を紹介していきます。

第 **5** 章

接客ボットを作ろう
① 基本編

前章では、パッケージソフトウェアであるBotpressについて、その特徴を紹介し、ごく小さなチャットボットを作ってみるところまで解説しました。本章では、それをさらに先に進め、基本的なチャットボットを作る方法について説明します。

　基本的なチャットボットのサンプルとして、本書では「接客ボット」を取り上げます。接客ボットは、第1章で説明した「生活者に対するセールスやマーケティング目的のチャットボット」です。主にECサイトなどで、積極的に顧客をサポートし、利用者の買い物体験とCVR（コンバージョンレート）を改善しようというものです。これはまた、チャットボットの典型的なユースケースでもあり、他の用途のチャットボットを考えるときのひな形にもなります。このため、接客ボットの開発について概要を理解しておくことは、チャットボット開発全般にも役立ちます。

　しかし、このチャットボットの仕組みには、第2章で紹介したようなフロントエンドからバックエンドまでの多くの要素が登場します。ゆえに、構築に必要な機能や手順も少なくなく、本章だけで解説すると盛りだくさんになってしまいます。そのため、本章は基本編として、対話サーバーとしてのBotpressだけを使って、主な会話の流れを先に作ることにします。そして次章からは統合編として、フロントエンドとバックエンドを用意して、それらを統合するというように段階を踏んで解説します。

　本章と次章の狙いは、第1章および第2章で見てきたチャットボットの抽象的なモデルを、実際に動く実装と対応付けることで、仕組みへの理解度を上げることです。そして、ここで作る接客ボット以外のモデルについても、実現方法がイメージできるようになることです。そのため、本章で解説するのはBotpressの仕様と操作ではありますが、それが何のために必要で、モデルのどこに相当するのかも合わせて見ていきます。

5-1 | 接客ボットの設計

　さて、本章で作るのは接客ボットだと言いました。まずはそれがどんなチャットボットであるか、要件とユースケースについて明確にしておきましょう。

5-1-1　要件とユースケース

　チャットボットであっても、企画や要件定義が重要なことは一般的なシステム開発と変わりありません。しかし今回はサンプルなので、ここでは簡単に以下のようなチャットボット企画と想定します。

表5-1 接客ボット開発企画の概要

導入先	携帯電話、スマートフォンの EC サイト
ユーザー	一般の生活者で、検索サイトを経由してこの Web サイトに来た訪問者
課題	求める商品や情報を見つけられずに離脱している訪問者が少なくないこと
仮説	もっと訪問者目線で情報が得られるナビゲーションがあれば、自己解決や問い合わせをしてくれる訪問者が増えるのではないか
企画	チャットボット型のナビゲーションを開発することで、訪問者目線での情報提供を実現する
要件	・Webサイトに統合できること ・訪問者の利用を促す動機付けをすること ・何が出来るものなのかを訪問者が容易に理解できること ・訪問者が求める商品や情報を案内できること ・案内出来ない場合は担当者へ引き継ぎできること

　これをもとに、チャットボットに求めることをユースケースとして起こしたものの一例が、次の図です。

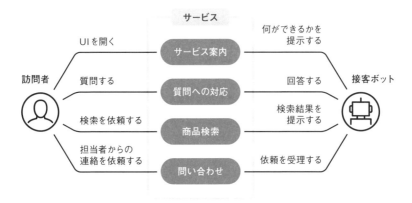

図5-1 本章で開発する接客ボットのユースケース

図中のユースケースは、それぞれ以下のような内容です。

▶ サービス案内

  このボットのUIを開いて、サービス内容の理解を得る利用

▶ 質問回答

  質問を入力し、その回答を得る利用

▶ 商品検索

  求める商品の条件を入力し、該当する商品情報を得る利用

▶ 問い合わせ

  連絡先を入力し、人間の担当者からの連絡を申し込む利用

  これで、どんなことが必要とされているかは表現できました。

5-1-2 会話のフローと構造

　次に、各ユースケースについて、メインのフローを起こしましょう。ここでいうフローとは、ユーザーとボットの間でどんなキャッチボールが行われて物事が進むのかを表す箇条書きです。これは、自分が受けたいサービスを想像して、接客マニュアルを書くような作業です。ここではまず、メニューに沿って利用するようなサービスを想定して書いてみましょう。

❶ サービス案内

① ユーザーは、EC サイトのページを開く

② ボットは、起動バナーを表示する

③ ユーザーは、同じページに 10 秒以上滞在する

④ ボットは、起動バナーに訪問者の関心を引く表示をする

⑤ ユーザーは、起動バナーをクリックする

⑥ ボットは、挨拶に続いて、メインメニューとなるメッセージを表示する

❷ 質問回答

① ユーザーは、質問がある旨を入力する

② ボットは、どんな質問かを尋ね、よくある質問も提示する

③ ユーザーは、質問を入力する

④ ボットは、質問の答えを回答し、まだ質問があるか尋ねる

⑤ ユーザーは、質問をやめる旨を入力する

⑥ ボットは、メインメニューとなるメッセージを表示する

❸ 商品検索

① ユーザーは、商品を探している旨を入力する

② ボットは、どんな商品かを尋ね、入力例も提示する

③ ユーザーは、商品の条件を入力する

④ ボットは、検索結果を提示し、もう一度検索するかを尋ねる

⑤ ユーザーは、検索をやめる旨を入力する

⑥ ボットは、メインメニューとなるメッセージを表示する

❹ 問い合わせ

① ユーザーは、他に要求や質問がある旨を入力する

② ボットは、担当者から回答する旨と、希望の連絡方法を尋ねる

③ ユーザーは、メールあるいは電話と回答する

④ ボットは、メールアドレス（あるいは電話番号）を尋ねる

⑤ ユーザーは、自分のメールアドレス（あるいは電話番号）を入力する

⑥ ボットは、ユーザーの名前を尋ねる

⑦ ユーザーは、自分の名前を入力する

⑧ ボットは、承った旨と、担当者から連絡する旨を伝える

⑨ ボットは、メインメニューとなるメッセージを表示する

　こうしたフローを書いたら、それを要約して1つにつなげてみましょう。これにより、「会話構造」として表現したフローの一例を示しておきます。このとき、終了フローなど、最初は気づいていなかったフローが足りなかったことに気づくことがあります。そうした線も気づいたときに補完しておきましょう。

図5-2 接客ボットの会話構造

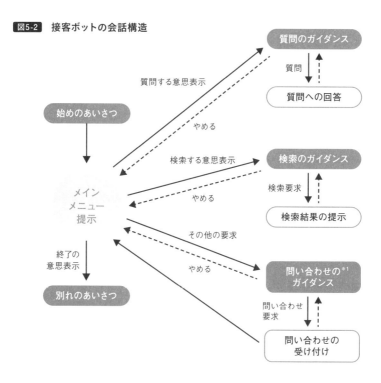

この構造のポイントは、以下のように説明できます。

▶ メインメニューを中心とした構成

▶ 要求を選ぶと、簡単なガイダンスが行われたうえで具体的なサービスを受けられる

▶ 別の要求をする場合は、一度メインメニューに戻る

　こうしたフローは必要に応じてシーケンス図やフローチャートに落とし込み、さらに詳細なところまで作り込むのが一般的ですが、今回は省略して先に進めることにします。

＊1　ここでいう「問い合わせ」とは、問い合わせフォームなどから送信する「折り返しの連絡依頼」の意味です。

　前項までで、接客ボットが想定する会話の大きな筋書きが作れました。

　実はこの筋書き、チャットボットに特有の内容ではありませんでした。例えば、Webアプリなら画面遷移で実現できそうですし、IVR[*2]なら音声ガイダンスで選択肢を案内し、電話機から番号を入力してもらう方式でも大筋は再現できそうです。それは、この会話が大筋で「システム主導」の対話だからです。完全にシステム主導でよいのであれば、チャットボットでなければならないという必然性は薄れます。

　私たちのチャットボットが本来目的としていたのは「訪問者目線」での情報提供だったはずです。ここでいう「訪問者目線での情報提供」とは、提供者側が使う言葉に基づくのではなく、訪問者（＝ユーザー）それぞれが使って投げかけてくる言葉を理解し、前提知識の少ないユーザーにも伝わるように表現して情報を提供することを意図しています。そのためには、このボットはユーザーの声を聴かなければなりません。そして、サービス提供側の筋書きをユーザーに押し付けず、ユーザーにいつでも自発的で自由な対話行為を許すべきです。簡単に言えばこれは「ユーザー主導のフローが必要」といえます。

　このため、私たちの筋書きには修正が必要そうです。ユーザー主導のフローを先ほどの会話構造に反映しましょう。

　まず、ユーザーがどんな対話行為をとるかを考えます。そのためには、最初にチャットボットがどんな対話行為をとるのかを決めましょう。チャットボットが最初に表示するメッセージは、一般に「ウェルカムメッセージ」といいます。このボットでは、以下のメッセージにしましょう。

▶ こんにちは。お客様係の●●です。

▶ 私はお客様の商品選びについてサポートいたします。

▶ 何かお手伝いできることはありますか？

---

*2　音声自動応答装置（Interactive Voice Response）のこと。

- ☐ この商品について質問がある
- ☐ 探している商品がある
- ☐ 他に頼みたいことがある
- ☐ 特に用はない

ウェルカムメッセージがあると、「ユーザーがとる対話行為として私たちが何を想定すべきか」が、ある程度限られてきます。逆に言えば、ウェルカムメッセージによって「ユーザーがチャットボットに何を期待するか」を意図的にコントロールすることができます。このウェルカムメッセージを見て、「ピザ食べたい」という要求に応えてくれる感じはしませんよね。ユーザーが期待していないことについては、ボットがそれに対応できなくても問題にはなりません。

上記のようなウェルカムメッセージに対して、ユーザーがボットにわかってほしいと期待することは何になるでしょうか。メインメニューと同じ趣旨の入力だったら、少しくらい言葉選びが違っても通じることを期待するかもしれません。また、メインメニューにあるトピックの範囲で、もっと具体的な要求も理解してもらえることを期待するかもしれません。例えば、質問がある場合、「質問したい」という意思表示をするより、「これいくら?」のような質問そのものを最初から言う方が自然でしょう。

これを踏まえて、私たちの接客ボットが「ユーザーのどんな対話行為へ対応するか」を設計した表を以下に示します。メインメニューの項目に相当する4種類のほか、具体的な質問2種類、具体的な検索要求1種類に対応するようにしました。それに加えて、メインメニューに戻る意思表示は《キャンセル》という対話行為として扱い、その他は全て《不明》という対話行為とします。

CHAPTER ① ② ③ ④ **5**

表5-2 ユーザーがとる対話行為

	対話行為 タイプ	属性	対応するメインメニュー	直接入力の例
1	質問の要求		この商品について質問がある	ちょっと 聞きたいんだけど
1-1	価格の質問			これいくら?
1-2	在庫の質問			在庫ある?
2	検索の要求		探している商品がある	他に何がある?
2-1	価格による 検索要求	下限価格／ 上限価格		3万円以下のある?
3	その他の要求		他に頼みがある	これください
4	終了の要求		特に用はない	さようなら
5	キャンセル			やめる
6	不明			かわいいね

そして、これらの対話行為を踏まえて、先ほどの筋書きを書き換えた図を以下に示します。

図5-3　接客ボットの会話構造 (改良版)

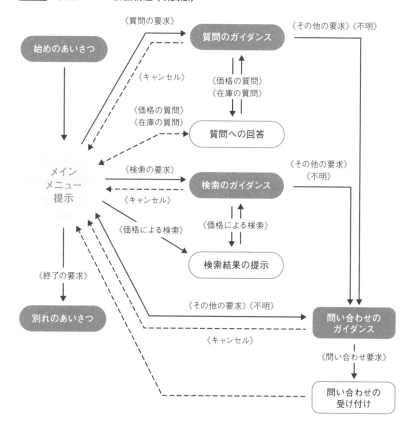

　《不明》の対話行為は、どの場面でも現れる可能性があります。ボットが対応できない《 その他の要求》も同様です。そのため、そういった場合は常に問い合わせへ誘導することにしました。このように、想定外の入力に対応するフローを本書では「フォールバックフロー」と呼びます。逆に、想定内の入力に対応するフローを「正常系フロー」と呼びます。

　これで、チャットボットの基本的な設計は出来ました。まだ考えるべきところはありますが、ここではこのくらいに止め、それは実装の過程でやっていくことにします。

　設計段階の最後に、ここで作成するチャットボットのキャラクターと名前を決めておきましょう。第1章で述べたように、キャラクターや名前は重要なUXデザインの一部です。そして、これらは最初に決まっていたほうが、これから作成していくセリフや行動に一貫性がでます。ここでは、イルカのキャラクターとして、名前を「ルカ」と名付けました[*3][*4]。

図5-4　キャラクターはイルカの「ルカ」に

5-2 ｜ 実装① ウェルカムメッセージの提示

　では、前節で作成した設計に基づいて、いよいよBotpress上で実装していきましょう。それにあたり、まず、実装の目標と計画をたてます。

　本章の目標は、最初に述べた通り「対話サーバーとしてのBotpressだけを使って、主な会話の流れを先に作る」ことです。どういうことかというと、フロントエン

＊3　今のチャットボットの先祖はイルカの姿をしていたという伝説をもとにしました（笑）。

＊4　Icons made by Freepik from www.flaticon.com

ドを作らず、「エミュレーター」を使って全ての会話の流れを確かめられる状態まで
を目標とするわけです。

　しかし、前節で作成したフローの冒頭は、ユーザーがECサイトに訪問して起動
バナーをクリックするというくだりでした。本章ではフロントエンドを作らないこ
とにしたので、ECサイトも起動バナーもありません。そのため、本章の段階では
チャットボットのバナーをクリックする代わりとして、合図となる入力をすることに
します。今回は「s」と入力したら会話が始まることにします[*5]。

　そして、前節の設計に基づき、会話がスタートしたら「あいさつとメインメニュー
を表示」する必要があります。これがウェルカムメッセージとなります。というわけ
で、本節の目標は「sと入力したらウェルカムメッセージが表示される」という状態
を目指します。

5-2-1　ボットの準備

　まず、Botpressの管理パネルを開きます。Botpressを終了してしまっている状
態の場合は、「bp」という名前のファイルを再び実行して、

```
http://localhost:3000
```

をWebブラウザで開いてください。画面の指示に従ってログインすれば、管理パ
ネルが表示されます。

　まず新規のボットを作成します。第4章で紹介した手順と同様に、Create Bot
ボタンからNew Botを選択し、Bot Nameは「ルカさん」、Bot Idは「ruka」と入れ
てください。続いてBot Templateに「Empty Bot」を選んでCreate Botボタンを
押します。

[*5]　単にstartのsというだけなので、s自体に大きな意味があるわけではありません。

図5-5 新規のBot「ルカさん」を作る

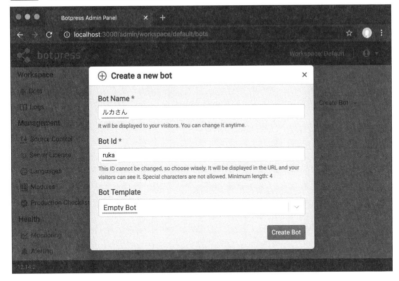

　管理パネルに戻ったら、「ルカさん」をクリックしてスタジオを開き、言語の設定を済ましておきましょう。画面左端の歯車アイコンから設定画面を開き、LanguageをJapaneseにして保存するのでしたね。表示がフローエディタに戻ったら、これで作業の準備は完了です。

5-2-2　コンテンツタイプとCMS

　第4章では、この状態でエミュレーターを開いて「こんにちは」と入力したら無視されましたよね。今回は「sと入力したらウェルカムメッセージが表示される」ようにします。

　ここでウェルカムメッセージの内容を確認しておきましょう。ウェルカムメッセージは3つのメッセージのセットでした。ボットの名前も決まったことですし、以下の表に改めて示します。

表5-3　ウェルカムメッセージの内容

利用シーン	コンテンツタイプ	メッセージ	選択肢	値
ウェルカムメッセージ	Text	こんにちは。お客様係のルカです。	—	—
	Text	私はお客様の商品選びについてサポートいたします。	—	—
	Single Choice	何かお手伝いできることはありますか？	この商品について質問がある	ask
			探している商品がある	find
			他に頼みがある	other
			特に用はない	quit

　最初のあいさつ2つは単なるテキストですが、3番目のメインメニューは選択肢を含みますね。このように、チャットボットが返すメッセージのコンテンツには種類があり、Botpressではこれを「コンテンツタイプ」といいます（以降、型とも呼びます）。Botpressでは、様々な型のコンテンツを扱うためにCMSが内蔵されています。つまり、上記メッセージ表示を実装するにはまず、CMSにそれぞれのコンテンツを適切な型で登録しておく必要があります。

　そこで、先にCMSへウェルカムメッセージを登録してしまいましょう。CMSを操作するには、スタジオの画面左端の文書アイコン（Content）をクリックします。すると、コンテンツ一覧画面が表示されます。

図5-6　コンテンツ一覧画面

コンテンツ一覧画面を開くと、画面左側にコンテンツタイプ名のメニューがあります。これは、そのままクリックすると絞り込み表示の機能ですが、各項目にマウスポインターを乗せると表示される「＋」アイコンをクリックすることで、該当する型のコンテンツを登録することができます。この方法で、新規にウェルカムメッセージを登録していきましょう。

最初の2つのあいさつは単なるテキストなので、「Text」型として登録します。Text型コンテンツの登録は第4章の「あいづちボット」で紹介しているので、ここでは省略します。具体的な手順は、第4章を参照してください。

さて、3番目のコンテンツは選択肢でした。このとき型としては「Single Choice」を選びます。そこでSingle Choiceの項目名の上にマウスポインターを乗せ、現れたメニューから＋ボタンを押します。

Single Choiceは、選択肢付きのテキストメッセージです。メッセージ部分には「問いかけ」を入力します。ここでは「何かお手伝いできることはありますか?」です。選択肢部分は、選択肢ごとにメッセージと値のペアを登録します。

図5-7 質問文と選択肢を登録する

　この「メッセージ」は、ボタンを押したときに入力されるテキストであり、ボタンのラベルでもあります。また「値」とは、ボタンによって入力されるテキスト以外のデータであり、ユーザーの目には触れません。先ほどの表にも記載してありましたが、ここでは以下のようなペアを登録しましょう[6]。

▶「この商品について質問がある」　　→ ask
▶「探している商品がある」　　　　　→ find
▶「他に頼みがある」　　　　　　　　→ other
▶「特に用はない」　　　　　　　　　→ quit

　選択肢の入力欄を増やすには「Add Choice」を押して、各選択肢を追加します。

---

[6]　実は本章で作るボットでは「値」を使いませんが、必須項目なのでここで登録します。

最後に「Submit」ボタンを押すと、コンテンツの登録は完了です。

図5-8 Add Choiceで選択肢を追加して最後にSubmit

コンテンツの一覧画面に戻るので、正しく入力できていることを確認しましょう。

図5-9 コンテンツ一覧画面で登録したメッセージを確認

5-2-3　ノードのリンク

　では次に、登録したコンテンツが表示されるようにフローを作ります。スタジオの画面左端の格子状のアイコン（Flows）をクリックして、フローエディタに戻ります。

図5-10　フローエディタに戻ったところ

　この段階のフローエディタには「entry」という名前のノードだけがある状態になっているはずです。このノードをクリックして選択してください。すると、左ペインに、ノードプロパティの種類（On Enter、On Receive、Transitions）が表示されます。

　ここで作成したいフローは、「sと入力したらウェルカムメッセージが表示される」でした。では、今の状態でsを入力したとき、何が起こるのでしょう。この状態は第4章でノードを作成した直後と同じ状況なので、答えは「無視される」です。しかし、それは「entryノードを実行した結果」だということを第4章で調べました

ね。ということで、何であれ実行させたいことは、このentryノードに設定します。

　そして、Botpressでは「sと入力したら」のように、条件によって応答内容を変える場合は、ノードに条件分岐を設定します。条件によって異なるノードへ遷移させることによって、分岐を実現します。この「ノードに対して条件分岐を設定」できるノードプロパティも、実は第4章で説明しています。それが、On Enter、On Receive、Transitionsのうち、どれだったかわかりますか？　答えはTransitionsです。Transitionsは、このノードから他のノードに遷移する条件と遷移先を登録する項目です。

　それではさっそく、Transitionsに遷移を設定していきましょう。左ペインのTransitionsを選択し、表示された「＋」ボタンを押して「New condition to transition」モーダルを表示します。

　このモーダルでは、上部に「遷移条件」下部に「遷移先」を設定します。

図5-11　**遷移条件と遷移先を設定する**

　今回の遷移条件は「入力文字列が "s" だったら」ですが、これを設定するにはモーダル上部の「Condition」欄で「Raw Expression (advanced)」という項目を

選択し、その下の入力欄に以下のJavaScriptコード

```
event.preview === 's'
```

を入力します。

　「Raw Expression」は、JavaScriptのコードで表した式によって遷移条件を設定するもので、式の値が真となる場合に指定したノードへの遷移を実行します。上記のコードは「ユーザー入力の文字列が"s"と一致したとき真、一致しなければ偽」となる式をJavaScriptで記述したものです。このコードについてくわしくは次章で説明します。

　次に、モーダル下部の「When condition is met, do」欄で遷移先を設定します。これはデフォルトで「Transition to node」が選択されており、遷移先のノードは「No specfic node」となっています。つまり、遷移先となるノードは指定されていません。本来であればここに特定のノードを指定するのですが、この段階ではまだentry以外のノードを作っていないので、指定するノードが存在しません。そのため、ここは今の段階ではデフォルトのままにしておきましょう。最後に「Create」ボタンを押して、新しい遷移を作成します。ここでフローエディタの状態を見ておきましょう。

図5-12 entryノードに遷移を設定した段階のフローエディタ

図5-12 entryノードに遷移を設定した段階のフローエディタ

さて、これで「sと入力したら」という条件分岐ができました。ここから「ウェルカムメッセージが表示される」につなげようと思います。

まず先ほどのモーダルで選択できなかった、遷移先となるノードを作成します。右ペインの左端にあるツールバーの一番上の「吹き出し」アイコンをドラッグして、entryノードの右側にドロップします。

図5-13 新規のノードを作成してentryからつなぐ

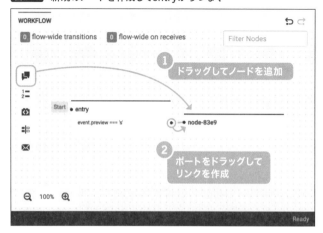

　そして、この新しく作成したノードを、entryノードからの遷移先にしましょう。この方法として、先ほどのモーダルを表示して遷移先を指定し直す方法もありますが、もっと簡単な方法があります。entryノードの右側についている点をドラッグして線を引き出し、新しいノードの左側の点に結びつける方法です。このとき、点を「ポート」、線を「リンク」と呼びます。

　これで「sと入力したら」という条件で新しいノードへ遷移するようになりました。では、entryからこのノードに来たら「ウェルカムメッセージが表示される」ようにしましょう。これは第4章でやったのと同様に、OnEnterに登録すればできますね。そのときと異なるのは、新しくコンテンツを登録するのではなく、CMSに登録済みコンテンツを選べばよい点です。

　では、やってみましょう。新しいほうのノードをクリックして、ノードプロパティのOnEnterの「＋」ボタンを押し、「Pick Content」モーダルを開くところまで進んでください。ここで「All」カテゴリを選ぶと、先ほど登録した3つのメッセージが選択肢に出てきます。

図5-14 Pick Contentモーダルでメッセージを選択

ここから最初に表示したいメッセージを選んで登録します。同じ操作を繰り返して、メッセージを表示させる順に従って全て登録してください。これで「sと入力し

たらウェルカムメッセージが表示される」が実装できました。では、期待通りの応答になっているか、試してみましょう。画面右上の「Emulator」をクリックしてエミュレーターを開き、「s」と入力してみましょう。

図5-15 エミュレーターでウェルカムメッセージが表示されるかを確認

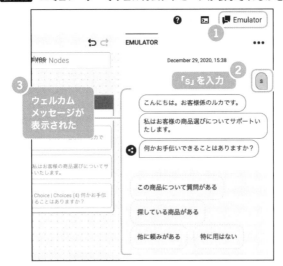

　ウェルカムメッセージが表示されましたか？　うまく行ったのならば、ユースケース①の会話部分は完成です。

5-3 | 実装② NLUの設定

　前節までの実装で、メインメニューを提示できるようになりました。今回のボットの筋書きによれば、ここからはユーザーの様々な対話行為をトリガーにして応答することになります。そのため、まずはこれらの対話行為を推定できるように、NLUを設定しましょう。

5-3-1　NLUの管理ツールと設定

　第2章で見てきた通り、対話行為の推定を行う部品は「NLU」と呼ばれます。対話行為を推定するために、このNLUに対して適切な設定を行う必要があります。この設定は、BotpressではNLU管理ツールを通して行います。まずは、BotpressにおけるNLU管理ツールについて紹介します。

　Botpressには、NLUに関連する要素が複数あります。

図5-16 NLUの3要素と管理ツール

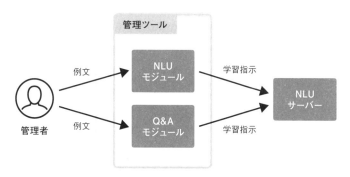

この図は、ボットの管理者がNLUを設定するときのデータの流れを示したものです。この中でおさえておきたいのは、以下の3つの要素です。

▶ NLUサーバー
　Botpressに内蔵のNLU本体。例文を学習させることで意味抽出に使える
▶ NLUモジュール
　NLUサーバーの例文管理ツール（メイン）
▶ Q&Aモジュール
　NLUサーバーの例文管理ツール（Q&A専用）

　BotpressのNLUには管理ツールが2種類あります。「NLUモジュール」と「Q&Aモジュール」です。
　NLUモジュールは、メインのNLU管理ツールです。これを使うと「対話行為タイプ推定」と「属性抽出」に相当する設定ができます。基本的には、NLUモジュールだけでNLUに関する全ての設定は可能です。
　一方、Q&Aモジュールは、質問応答の実装に特化した管理ツールです。これを使うと、Q&Aを専門に「対話行為タイプ推定」を設定できます。また、ユーザーからの質問に応答する仕組みも、DMやNLGを別途設定する必要なく、Q&Aモジュール単体で簡単に実装できます。
　この2つのモジュールは、いずれもNLUサーバーに対して「例文」データを渡し、対話行為を推定できるように学習させます。つまり、NLUに学習させたい対話行為を2種類に分け、NLUモジュールとQ&Aモジュールのそれぞれ適切な方へ登録することになります。
　ではここで、本章の「5-1接客ボットの設計」で設計した対話行為を、それぞれをどちらのモジュールに、どのように登録するか、さらに詳細に設計しましょう。当初の設計に加えて、登録先モジュールおよびそれに付随する項目を追加してみます。

表5-4　より詳細な対話行為タイプの設計

	対話行為タイプ	属性	登録先モジュール	インテント名	スロット名	スロット値のエンティティ
1	質問の要求		NLU	ask		
1-1	価格の質問		Q&A			
1-2	在庫の質問		Q&A			
2	検索の要求		NLU	find		
2-1	価格による検索要求	下限価格	NLU	query	lower	number
		上限価格			upper	number
3	その他の要求		NLU	other		
4	終了の要求		NLU	quit		
5	キャンセル		NLU	cancel		
6	不明		NLU	none		

　まず、「登録先モジュール」の列は、それぞれの対話行為をどちらのモジュールに登録するかを表します。基本的には「一問一答」となるQ&AだけをQ&Aモジュールに登録し、それ以外はNLUモジュールで扱いましょう。

　そして他の列は、NLUモジュールに対話行為や属性を登録する際に必要な情報を表しています。「インテント名」は対話行為タイプに、「スロット名」は属性名に相当します。また、「スロット値のエンティティ」とは、スロットに入れることができる値の「型」を示します。ここでは、「上限価格」と「下限価格」には数値が入るものとして、それぞれnumberとしています。

　これで、対話行為を推定するために使うべきツールと、設定すべき内容が明らかになりました。それでは、まずNLUモジュールへの登録から始めましょう。

5-3-2 インテントの登録

　NLUモジュールを操作するには、スタジオの画面左端にツールバーから文字アイコン（NLU）をクリックします。すると、インテント一覧画面が表示されます。

図5-17 インテントの一覧画面

この段階ではまだ何も登録していないので、インテントは何も表示されません。インテントを登録するには、画面左側にある「New Intent」をクリックします。まずは「質問の要求」を意味するインテントとして「ask」を登録しましょう。インテント名は半角英数字で入力する必要があります。

図5-18 最初のインテントの名前を「ask」に

askと入力してSubmitボタンを押すと、このインテントに対応する例文の登録画面が表示されます。例文は、画面上では「発話」(utterance)と扱われます。発話は、インテントを登録した段階では、インテント名と同じものが自動的に登録さ

れています。

図5-19 インテント名が最初の発話の初期値になる

　NLUに1つのインテントを学習させるには、複数の発話を必要とします。最低3件が必要で、ある程度の精度を確保するには10件が必要とされています。3件未満の場合は学習されず、ユーザーが「登録した発話と全く同じ入力をした場合」にのみ認識されるようになります。

　各インテントのための発話は、自分で想像して作ります。本書では、次のように5件ずつ考えてみました[7]。

---

[7]　発話は、始めは自分で考えるしかありませんが、十分な精度にするには本当のユーザーが入力した発話を利用するべきです。また、実用レベルを目指すならもっと多くの件数が必要です。

ask	この商品に ついて 質問がある	この商品に ついて 聞きたい	質問したい	お尋ね したいの ですが	疑問が あります
find	探している 商品がある	商品検索 したい	iPhoneが見 つからない	iPhoneの 取り扱いは ありますか	iPhone 売ってますか
query	3万円以下の ある？	3万円以上の が見たい	5万円より 安いスマホを 教えて	3万円以上 かつ5万円 未満のを 検索	3万円から 5万円までで 探しています
other	他に頼みが ある	これください	注文したい	注文をキャン セルしたい	会員登録 したい
quit	特に 用はない	会話を終了	さようなら	バイバイ	お前を 消す方法
cancel	やめる	最初に戻る	中断	キャンセル	メイン メニュー

　では、まずインテント「ask」に対応する発話を登録しましょう。インテントの作成時に作られた「ask」は不要なので削除して、上記の表にある5件を入力してください。発話の入力や削除には、該当箇所をクリックします。するとテキストが編集可能になり、キーボードから入力できるようになります。

図5-20 既存のテキストをクリックして編集する

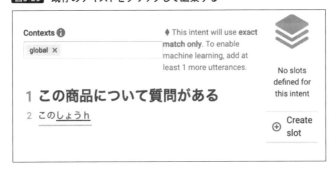

　入力した発話は、特に保存ボタンなどを押さなくても自動的に保存されます。ただし、データが保存されることと、学習されることは別です。登録したインテント

と発話を学習させるには、別途学習を実行する必要があります。それには、画面右下の「Train Chatbot」ボタンを押します。学習の所要時間はインテントや発話の数によりますが、 表5-5 程度の量なら数秒から数十秒で完了するはずです。完了すると「Train Chatbot」ボタンの代わりにReadyという表示になります。

図5-21 登録した発話を学習させる

　これでインテントの登録と学習が1件完了しました。他のインテントについても同様に登録してみてください。学習は1件ずつ行う必要はなく、最後にまとめて実行してもかまいません。6つのインテントの作業が終わったら、次の画面のようになります[8]。

---

[8]　「不明」という対話行為は、NLUにデフォルトで存在する「none」(該当なし)というインテントを利用するため、登録する必要はありません。

図5-22 インテントの登録と学習が完了したところ

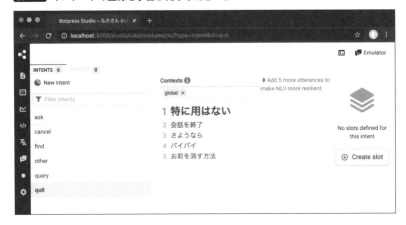

図5-22 インテントの登録と学習が完了したところ

5-3-3 エンティティ抽出の設定

さて、ここまでで「NLUモジュール」分のインテントを登録し終わりました。

次に、具体的な検索要求である「価格による検索要求」という対話行為を作り込む上で、属性について先に触れておきましょう。価格の検索では、2つの属性を想定していました。「下限価格」と「上限価格」です。これは例えば「3万円」から「5万円」といった形で金額の範囲を表します。商品の検索要求に対応するには何かしらの検索条件が必要ですが、この接客ボットではその条件として「金額の範囲」を受け付けようということです。そこで次に、この属性抽出のための設定を行います。

属性抽出の仕組みについては、第2章の「2-4-3 言語理解（NLU）ユニットの仕組み」で紹介しました。Botpressでは、「エンティティ抽出」と「スロットタギング」という機能がそれに相当します。

まずエンティティ抽出から見ていきましょう。これは、エンティティをユーザー入力の中から取り出す処理です。エンティティは、人名、地名、組織名などの固有名詞や、「数値や時間を表す言葉」のことでした。今回のボットで抽出したい金額は、「数値や時間を表す言葉」です。エンティティ抽出を行うと、「3万円以下のある？」

というような入力から「30,000」という数値を得ることができます。

　一方、スロットタギングとは、文中に出現したエンティティが「どのスロットに対応するのか」を推定する処理です。ここでいうスロットとは、本書でいう属性のことで「上限価格」などを指します。例えば「3万円」と「5万円」がエンティティとして抽出されたとしましょう。実は、これはかなり特殊なケースです。30,000と50,000が取り出せたら、小さい値が下限で、大きい値が上限のことだと数値の大小で判断できるからです。しかし、計算できないような値の場合、例えばフライトの予約要求から「羽田」と「新千歳」が抽出されたら、どちらが到着地でどちらが出発地かわかりません。一般には、このように属性を簡単には判断できないケースがほとんどです。そこで、それを推定するのがスロットタギングです。

　まとめると、属性抽出には、エンティティ抽出とスロットタギングという2つの処理が両方行われることで実現されます。

図5-23 エンティティ抽出とスロットタギングにより属性を抽出

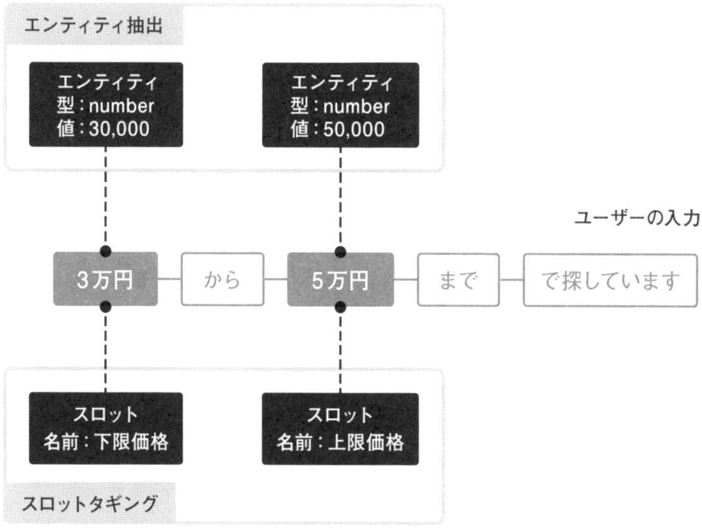

　これを踏まえて、実際にBotpressで属性を抽出するための設定をしていきましょう。まず、エンティティ抽出です。

と言いたいところですが、結論から言えば、実は今回の場合は何もする必要がありません。標準機能として抽出されるエンティティで用が足りるからです。このようなエンティティを「システムエンティティ」と呼びます[*9]。システムエンティティは、時間や金額などの「数量」や、電話番号やメールアドレスなどの「形式が決まっている情報」をサポートしており、これらが文中に含まれていたら自動的に抽出します。Botpressでサポートするシステムエンティティをまとめました。

表5-6 あらかじめ用意されているシステムエンティティ

	エンティティ名	説明	日本語対応
1	amountOfMoney	金額	なし
2	distance	距離	なし
3	duration	時間の長さ	あり
4	email	メールアドレス	不要
5	number	数値	あり
6	ordinal	序数	あり
7	phoneNumber	電話番号	不要
8	quantity	質量（重さ）	なし
9	temperature	温度	あり
10	time	日時	なし
11	url	URL	不要
12	volume	体積（容量）	なし
13	any	形式不定	不要

　今回は、システムエンティティのうち「数値」（number）を利用します。本来は「金額」（amountOfMoney）というシステムエンティティを利用すべきですが、残念ながら、金額を含むいくつかのシステムエンティティは、本書執筆時点では日本語表現に対応していません。例えば「$300」にはマッチしますが「3万円」にはマッチ

[*9]　標準設定では抽出できないエンティティは、開発者が抽出ルールを定義することで抽出できます。これをカスタムエンティティといいます。

しないといった現象になります。一方、数値は日本語表現に対応しています。つまり「3万」は「30,000」と解釈してくれます。そのため、今回は数値のエンティティがあったら、それは金額だとして扱うことにします。

5-3-4 スロットタギングの設定

次に、スロットタギングの設定を行います。スロットタギングの設定は、①スロットの作成と、②発話に対するアノテーション、の2ステップで行います。

スロットを作成するには、NLUモジュールのインテント一覧画面で、スロットを作成する対象となるインテントを選択します。今回の接客ボットでは「価格による検索要求」の属性を抽出したいので、インテントの一覧から「query」を選びます。続いて、画面右端にある「Create slot」ボタンを押します。

図5-24 queryにスロットを作成する

すると「Create a slot for your intent」モーダルが表示されます。まず「下限価

格」のスロットから作りましょう。「Name」にはあらかじめ決めておいた[*10]スロット名である「lower」を入力、「Associated Entities」には初期状態で登録済みのシステムエンティティである「number」（プルダウンメニューでは system.number）を選択して、「Save slot」ボタンを押します。

図5-25 下限価格のスロットを作成

　これでスロットが1つできました。それでは、もう一度「Create slot」ボタンを押して、今度は「上限価格」（upper）のスロットを同様に作成してください。完了したら、次の図のように右側に lower と upper が、それぞれ色付けされて表示されていることを確認してください。

---

*10　対話行為の設計については、表5-4を参照してください。

図5-26 作成したスロットを確認

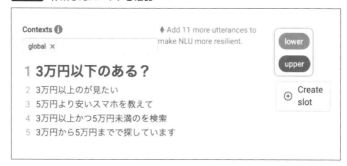

これで必要なスロットが作成できました。次のステップは、発話に対するアノテーションです。アノテーションについては第2章でも説明しましたが、ここでは「発話のテキストのなかで、どの部分がどのスロットに対応するのか」をタグ付けする作業を意味します。ではさっそく、最初の発話の「3万」の部分をマウスで選択してみてください。

図5-27 「3万」を選択

テキストの一部を選択状態にすると、タグ選択メニューがポップアップします。タグ選択メニューは、選択中のテキストがどのスロットに対応するのかの指定を求めています。ここで選択した「3万」は、この発話（3万円以下のある？）では「上限価格」を意味していますので、スロットとして「upper」を選びます。その結果、「3万」のテキストが色付けされるはずです。この色は、画面右端に表示されているスロット名の色と同じです。つまり、「lower」を指定すると「upper」とは異なる色になります。このように、発話の該当箇所を塗り分けていく作業が、Botpressにおけるアノテーションです。それでは、全ての発話について同様の作業を行ってみてください*11。

図5-28　queryのアノテーション設定が完了したところ

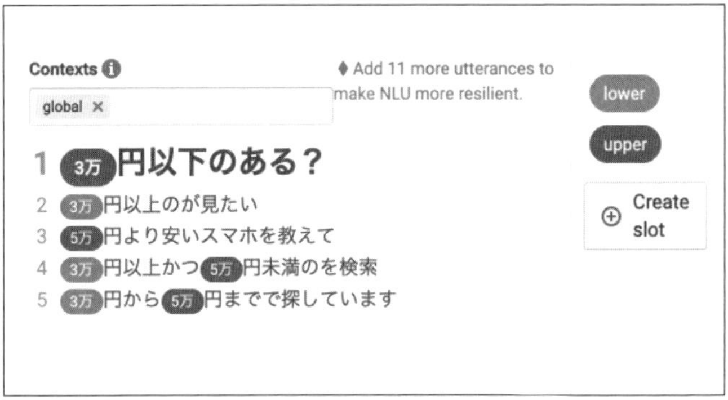

　塗り分けが全て終わったら、画面右下の「Train Chatbot」ボタンを押して、再び学習を実行しましょう。学習が終わったら、スロットタギングの設定は完了です。つまり、これで属性抽出のための準備も整いました。

---

*11　このサンプルでは、話を簡単にするため「以下」「未満」「より安い」を区別せずに扱います

5-3-5　NLUの動きを確認

　本節でやりたかったことは、ボットに対するユーザー入力が「どの対話行為に相当するのか」を推定できるようにすることでした。そして、Q&Aモジュールに登録する内容はひとまず脇に置き、それ以外をNLUモジュールに登録する作業をしました。これで、本当に学習が出来たのでしょうか。先に進む前に、ここでいったん動作確認をしてみましょう。

　NLUの動作確認とは、テスト用の発話をNLUへ入力して「想定通りの対話行為として推定できているか」を調べることです。テスト用の発話とは、学習用に用意した発話と同様のものです。ここでは簡単なチェックとして、1件ずつのテスト発話で正解に当たるか試してみましょう。正解に当たってほしいテスト発話を以下に示します。

表5-7　テスト用に用意した発話

発話	正解
この商品について教えてください	ask
取り扱ってる商品を教えて	find
4万円以内でいいのある？	query
これ購入します	other
終了	quit
前に戻って	cancel

　テストを行うには、これまで同様、エミュレーターでテスト発話を1件ずつ入力していきます。そして、1件入力するたびにデバッガーに表示される結果を確認します。次の図は、「query」のテスト発話を入力した様子です。

図5-29 テスト結果をデバッガーで確認

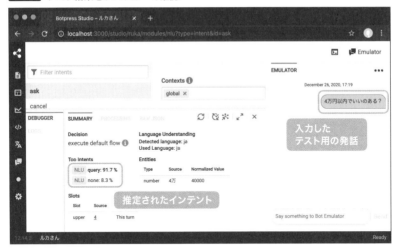

　デバッガーの表示を見ると、インテントとしては正解に当たる「query」が91.7%の確信度で推定されています。また、エンティティとしては40000という数値、スロットとしても期待通り「upper」に値が入っていることがわかります。

　このような確認を全てのテスト発話について行った結果、インテント＝対話行為の推定結果としては以下の表のようになりました。

表5-8　テスト結果

テスト発話	正解	推定結果						
		ask	find	query	other	quit	cancel	none
この商品について教えてください	ask	83.00%	0.00%	0.00%	17.00%	0.00%	0.00%	0.00%
取り扱ってる商品を教えて	find	0.00%	86.90%	0.00%	0.00%	13.10%	0.00%	0.00%
4万円以内でいいのある?	query	0.00%	0.00%	91.70%	0.00%	0.00%	0.00%	8.30%
これ購入します	other	0.00%	0.00%	0.00%	86.10%	13.90%	0.00%	0.00%
終了	quit	0.00%	0.00%	0.00%	42.30%	0.00%	57.70%	0.00%
前に戻って	cancel	0.00%	0.00%	0.00%	0.00%	0.00%	44.20%	55.80%

　この表を見ると、4番目までのテスト発話については、正解の対話行為の確信度が高く、正しく推定できているように見えます。一方で、下2つのテスト発話は、うまくいっていないように見えます。「終了」については、正解のquitに確信度が付かず、他の2つに確信度が割れています。また、「前に戻って」については、正解のcancelに確信度がついているものの、過半数はnoneにとられてしまっています。

　とはいえ、この確信度だけでははっきりしたことは言えません。この結果からわかるのは「NLUに何らかの学習が行われたのだろう」という程度のことです。何か明らかなことを言うには、発話のサンプルが少なすぎるからです。今回うまく推定できなかった発話はたまたまうまくいかなかったのかもしれませんし、うまく推定できているように見える発話も、たまたまうまくいっただけかもしれません。本書では、このような「モデルの評価方法」については深入りしません。くわしくは、機械学習の文献などをご参照ください。興味のある方は今回作ったモデルの評価と改善を行ってみてください。

　ここでは、「ともかく学習は行われていそうだ」ということがわかったので、先へ進みます。これから作るボットのユーザーが自分たち自身である限りは、NLUの精度で困ることはありません。行いたい対話行為があれば、メニューから選択した

り、学習させた発話と全く同じテキストを入力したりすればよいからです。

さて、私たちがNLUに推定させたい対話行為のうち、NLUモジュールに登録する分は学習が完了しました。次に、Q&Aモジュールに登録する分を済ませてしまいましょう。

Q&Aモジュールに登録する対話行為は、「価格の質問」と「在庫の質問」の2つでした。これらについて、先に登録する内容を考えておきます。具体的には、質問文とそのバリエーション、そして回答文が必要です。

表5-9　質問と回答のバリエーション

対話行為	質問文	回答文
価格の質問	これいくら?	こちらの商品は、税込39,800円です。
	価格は?	
	値段は?	
	何円?	
	これなんぼ?	
在庫の質問	在庫ある?	こちらの商品は、まだ在庫がございます。ご注文はお早めに!
	まだ在庫ありますか?	
	注文できますか?	
	これ買えますか?	
	残りいくつですか?	

では、これをBotpressに設定していきましょう。Q&Aモジュールを操作するには、スタジオの画面左端の吹き出しアイコン（Q&A）をクリックします。すると、Q&A一覧画面が表示されます。

図5-30 Q&Aモジュールを開いたところ

今はまだ何も登録していない状態です。ここにQ&Aを登録するには、右上にある「＋」アイコンをクリックします。この操作により、Q&Aを登録するフォームが1件、リストに追加されます。

図5-31 Q&Aの登録フォームを追加する

まず、「価格の質問」から登録してみましょう。先に考えておいた質問文とそのバリエーションを、登録フォームの「Question」欄に入力します。最初に入力する質問文は、このQ&Aの「ID」の役割を兼ねます。続いて、回答文をその右の「Answer」欄に入力してください。登録する質問文は、NLUモジュールにおけるインテントの発話と同様、NLUの学習に使われるデータになります。

図5-32 質問文と回答文を登録する

　2番目以降の質問文を入力するには「+ Add Question Alternatives」をクリックしてください。これでQ&Aが1件登録できました。同じ手順を繰り返して、「在庫の質問」のほうも登録してください。全てのQ&Aを登録し終えたら、画面右下の「Train Chatbot」ボタンで学習を実行します。これで画面はQ&Aモジュールに戻り、Q&Aモジュールへの登録も完了です。

図5-33 Q&Aモジュールへの登録が完了したところ

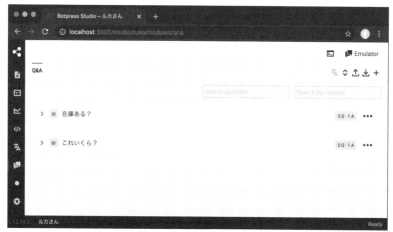

ここであらためて、NLUモジュールと同様に動作確認をしておきましょう。今度はNLUモジュールに登録した対話行為と、Q&Aに登録した対話行為とを合わせ、それぞれ1件のテスト発話がどういう推定結果になるかを試します。実際にテストしてみたところ、次のようになりました。

表5-10 ここまでの対話行為全てのテスト結果

テスト発話	正解	推定結果								
		ask	find	query	other	quit	cancel	qna_1	qna_2	none
この商品について教えてください	ask	77.50%	—	—	22.50%	—	—	—	—	—
取り扱ってる商品を教えて	find	—	89.80%	—	10.20%	—	—	—	—	—
4万円以内でいいのある?	query	—	—	89.70%	—	—	—	—	10.30%	—
これ購入します	other	—	—	—	91.30%	8.70%	—	—	—	—
終了	quit	—	—	—	—	—	12.00%	—	—	88.00%
前に戻って	cancel	—	—	—	—	31.50%	68.50%	—	—	—
いくら?	qna_1	—	—	2.30%	—	—	—	97.70%	—	—
在庫してますか	qna_2	—	—	—	—	—	—	—	67.40%	32.60%

　この表は、NLUモジュールの時の表と比べて、行が2行、列が2列増えています。一番下の2行は、それぞれQ&Aの「価格の質問」「在庫の質問」に対応するテスト発話です。それらの正解は「qna_1」「qna_2」としてありますが、これは本書で仮につけたインテント名です。そして、そのインテント名を「推定結果」の列にも追加してあります。

　結果について言えば、Q&Aのテスト発話2つについては、概ね正解に当たっていますね。これも「たまたま」かもしれませんが、ともかく学習は実行されたことが分かります。

　そしてまた、この結果から、NLUモジュールとQ&Aモジュールの登録内容が「一緒に」学習されていることもわかります。例えば、「いくら?」の推定結果には

qna_lのほか、少しだけqueryにも当たっています。また、「4万円以内でいいのある?」の推定結果にはqueryのほか、少しだけqna_2にも当たっています。他の結果の数値も、最初のテストと少しずつ違います。つまり、評価や精度を改善するときは、2つのモジュールの登録内容を同時に考える必要があると考えた方がよさそうですね。

　以上で、動作確認も完了です。これでようやくNLUの設定が終わりました。つまり、ボットに対するユーザー入力が「どの対話行為に相当するのか」を推定できるようになりました。お疲れさまでした。

CHAPTER - ① ② ③ ④ **⑤**

5-4 ｜ 実装③ 正常系フローの構築

　さて、私たちはこれまでに、ウェルカムメッセージの表示まで作ってありました。ウェルカムメッセージが提示されたあと、ユーザーが何を入力するのかはユーザーの自由です。しかし、私たちはNLUを設定したことで、ユーザーの入力方法や言語表現によらずにユーザー入力を処理でき、全て「事前に想定する対話行為のどれか」に落とし込めるようになりました。本章の残りでは、これらの対話行為に対して適切に応答できるようにしていこうと思います。

　本節では、残りの会話のうち「正常系フロー」を作ります。本章の最初で設計した「会話構造」を思い出してください[*12]。会話の構造は、大きく二段構えになっていました。ユーザーの要求に応える正常系フロー、そして、ユーザーの要求に応えられなかった場合のフォールバックフローです。フォールバックフローは後から付け足すことが可能ですので、それは次章に回します。本章の作業としては最後に、メインメニューからの会話の流れを組み上げてしまいましょう。これで、かなりチャットボットらしく動作するようになります。

---

*12　図5-3を参照してください。

対話行為ごとのフロー構築

　ではまず、例によってコンテンツから準備しましょう。次の表のコンテンツを、これまでと同様の操作でCMSへ登録してください。

表5-11 登録するコンテンツの一覧

利用シーン	コンテンツタイプ	メッセージ	選択肢	値
質問	Text	いまご覧いただいている商品「iPhone21」についてのご質問ですね。		
	Single Choice	以下の質問例からお選びいただくか、ご自由に入力してください。	価格は？	price
			在庫ある？	stock
			最初に戻る	restart
	Text	他にご質問はございますか？		
検索	Text	商品をお探しですね。価格帯を教えていただければお探しします。		
	Single Choice	以下の入力例からお選びいただくか、ご自由に入力してください。	3万円以下のある？	query1
			3万円以上かつ5万円未満で検索	query2
			最初に戻る	restart
	Text	以下の商品が見つかりました。 iPhone21 128GBモデル http://example.com/ iPhone21 256GBモデル http://example.com/		
		もう一度お探ししますか？		
その他の要求	Text	申し訳ございません。私が出来るのはお客様の商品選びのサポートに限られております。		
終了	Single Choice	ご利用ありがとうございました。	最初に戻る	restart
共通	Text	かしこまりました。		
	Single Choice	申し訳ございません。もう一度、別の言い方でおっしゃっていただけますか。	最初に戻る	restart

　登録が終わったら、これらのコンテンツを表示するフローを作りましょう。スタジオの画面左端の格子状のアイコン（Flows）をクリックして、フローエディタへ移動します。

図5-34 フローエディタを開く

　ここで質問です。このチャットボットに「s」と入力すると、メインメニューが表示されることを以前に確認しました。では、メインメニューの選択肢を選ぶと、何が起こるのでしょうか。といってもやってみればすぐわかることですが、無視されます。では、なぜ無視されるのか。

　この段階でのフローは、ユーザーに対してメインメニューを提示するものの、その入力を"待たない"ようになっています[*13]。つまり、メインメニューを提示したら、そこでフローはいったん"終わって"います。そのため、メインメニューを見たユーザーが選択肢を選んだときは、「s」を入力したときと同じく、entryノードからフローが始まります。そして、入力される文字は「s」ではないので、entryノードから動かずにフローがまた終わります。これが無視される理由です。

　つまり、メニューを選んだ入力へ応答するには、「s」と同様、entryノードで待ちかまえて振り分ける必要があるわけです。メインメニューを表示したノードではないことに注意してください。また、メインメニューの選択に限らず、その他の対

---

*13　「待たない」というのは、メニューから選ぶことをユーザーに対して強制しないことを意味します。私たちのボットは、ユーザーに対して自由な対話行為を許す方針だからです。

話行為も同様にentryノードに来ます[14]。これは、このフローにはまだ「入力待ち
ノード」がないので、入力するたびにフローが一度終わるからです。「入力待ちノー
ド」を使うフローでは、必ずしもentryノードからフローが始まるとは限りません。

　ということで、「entryノードで待ちかまえて振り分ける」方針で作業を再開し
ましょう。フローエディタでentryノードをクリックして、ノードプロパティから
Transitionsを選んでください。続いて「＋」ボタンを押してNew condition to
transitionモーダルを表示します。

図5-35 entryノードを編集する

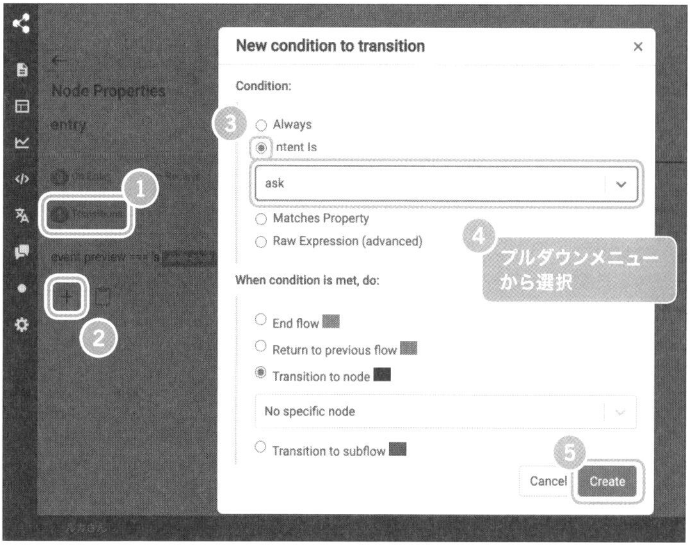

CHAPTER - ① ② ③ ④ ⑤

　「sと入力したら」を作るときもこのモーダルを使いましたね。今度は、遷移条件
として対話行為を指定します。これを設定するには「Intent Is」という項目を選択
して、プルダウンから該当するインテントを選択します。まずは「ask」を選びましょ
う。そして、遷移先はまたデフォルトのままにして「Create」ボタンを押します。こ
れで、1つの対話行為について遷移が作れました。同様の手順で、メインメニュー

*14　対話行為がQ&Aのいずれかに相当すると判断された場合は例外です。それについては後述します。

に対応する他の3つの遷移も作成してください。その結果、entryノードには作成
した対話行為が表示されます。

図5-36 対話行為を追加した直後のフローエディタ

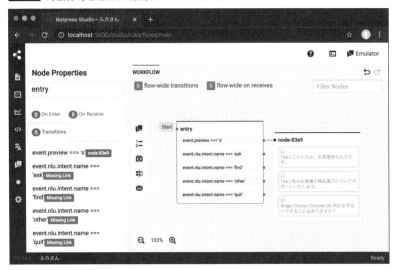

　次に、作成した遷移につながるフローを組み立てましょう。接客ボット用に設
計した会話構造によれば[*15]、《質問の要求》があった場合は「質問のガイダンス」
を行うことになっています。これは、次の図のようにノードを増やすことで対応し
ます。ノードの作成や、On Enterへのコンテンツの追加方法は、メインメニューの
ときと同様です。そして、ノードを作成したら、entryノードの「event.nlu.intent.
name === 'ask'」のポートとの間にリンクを張ります。

図5-37　ノードを作成してリンクを張る

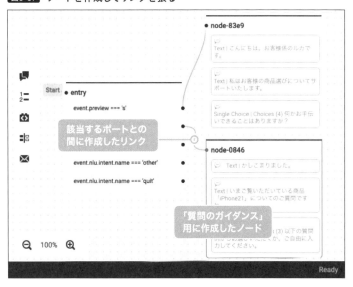

　同様の手順で、他の対話行為の分についてノードとリンクを作成していきましょう。全て作成し終えると、フローエディタは次の図のようになります。

図5-38 メインメニューで入力を受けた場合のフロー

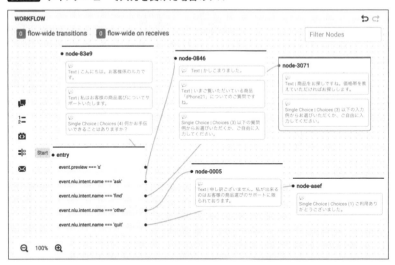

　これでメインメニューを選んだときの応答は作成できました。残りは、メインメニューにない対話行為（query、cancel、none）への応答です。これらも、entryノードで待ちかまえて振り分けます。まずは、次の図のようにentryノードに遷移を追加します。

図5-39 entryノードにquery、cancel、noneの遷移を追加

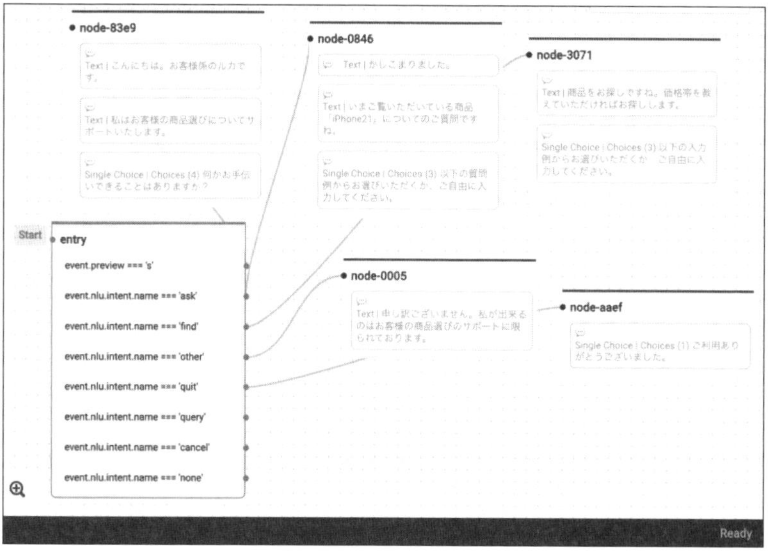

そして、各遷移に対応するノードを作成し、それぞれフローを次のように組み立てます。

図5-40 追加した遷移に対応するノードを作ってフローを組み立てる

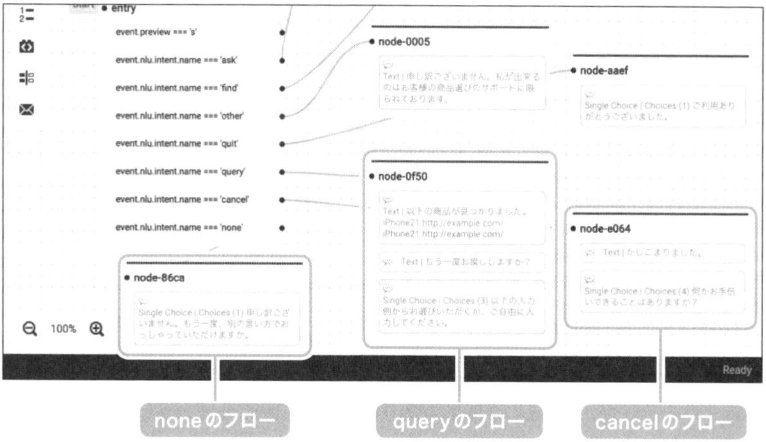

これで、だいたいのフローができました。ここでエミュレーターを使って動作を試してみましょう。エミュレーターを開いて「s」と入力して、作成した全てのフローを通るように会話をしてみてください。その結果、以下のことに気がつくのではないでしょうか。

① 《その他の要求》をすると、そこで会話が止まる
② 《価格の質問》や《在庫の質問》をすると、そこで会話が止まる

「会話が止まる」とは、システム的な不具合の意味ではなく、「何を入力すればいいのかわからなくてユーザーが困る」状態になることを指します。このボットは、ユーザー側の「動機」が強くないボットなので、会話が止まることは望ましくありません。ちょっと調整しましょう。

《その他の要求》のほうは、最初の設計では「問い合わせのガイダンス」につながるフローを想定していました。つまり、次章でフォールバックフローを作れば会話は止まりません。そのため、ここでは暫定的な対策としてメインメニューの提示を追加しておくことにします。

一方、《価格の質問》や《在庫の質問》については、質問に対して回答したあとに「質問のガイダンスへ戻る」というフローを想定していました。会話が止まる理由は、それが実装できていないためです。ところがこれは、フローエディタではフローを作れません。

「質問のガイダンスへ戻る」直前に行われる、「質問への回答」は、Q&Aモジュールによって行われています。Q&AモジュールにQ&Aを登録すると、NLUによってQ&Aが選ばれた場合に「自動的に」その回答文が応答されます。つまり、この場合はユーザー入力がentryノードに来ないので、フローエディタでの操作だけでは対応が作れないのです。しかし、Q&Aモジュール側に「Q&Aの回答が終わったあとにフローを呼び出す」という機能があります。この機能を使いましょう。

　ではまず、「Q&Aの回答が終わったあとに呼び出されるフロー」を先に作ります。フローといっても、ただ「質問のガイダンス」をまた表示するだけですから、ノードを1つ追加すれば十分です。今までと同様の手順で新しいノードを作成し、On Enterに必要なコンテンツを追加してください。

　必要なコンテンツとは、次の図の「ask-guide-retry」というノードにある2つのコンテンツです。また、ついでに《 その他の要求 》の応答にメインメニューを追加する修正も行っています。次の図でいえば、otherにひも付けた「node-0005」の2番目のコンテンツです。

図5-41　回答後に対応するノードを先に作成

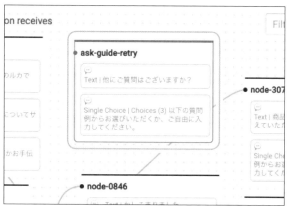

図5-42 otherとリンクするnode-0005にコンテンツを追加

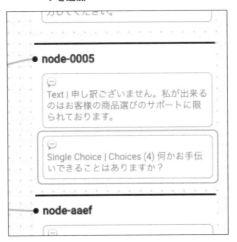

以前に作ったノードでは、「entry」を除いて「node-ランダムな英数字」という名前が自動的に付けられていました。実は、このノードの名前は、英数字であれば自由に変更することが可能です。「ask-guide-retry」は、《その他の要求》用に作ったノードの名前を変更したものです。ノードの名前を変更するには、対象のノードをクリックして、左ペインに表示されたノード名を書き換えます。ここで作成したノードに限らず、各ノードにわかりやすい名前を付けておくことをお勧めしておきます[*16]。

さて、これで「Q&Aの回答が終わったあとに呼び出される」ノードを作成できました。次は、Q&Aモジュールへ移動します。作成済みのQ&Aの右端にあるメニューボタンを押し、現れたメニューから「Enable Redirection」を選んでください。

---

*16 すでにリンクを張ってあるノードの名前を変更すると、そのノードへのリンクが削除される場合があります。その場合は、リンクを張り直してください。

図5-43 Q&Aモジュールでリダイレクトを設定する

　すると、そのQ&Aのフォームの下に、リダイレクト設定のフォームが追加されます。このフォームでは、「Workflow」欄では「Main」を、「Node」欄では「ask-guide-retry」を選んで入力してください。これでQ&A1つ分の設定が完了です。同様の手順で、もう1つのQ&Aについてもask-guide-retryに遷移するようリダイレクト設定をしてください。

図5-44 リダイレクト先にask-guide-retryを設定

　これで、接客ボットでやりたかったことが実装できたはずです。エミュレーターで確かめてみましょう。

図5-45 エミュレーターでフローを確認

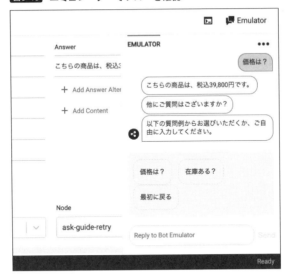

会話が止まらなくなりました！ これで、正常系フローはひとまず完成です！

・ ● ・ ● ・ ● ・ ● ・ ● ・ ● ・

　本章では、Botpressを利用した基本的なチャットボットの構築プロセスを紹介しました。

　ここでは、架空の開発プロジェクトを想定し、そのプロジェクトにおけるチャットボットの設計から実装までの流れを追いました。チャットボットを作ることの多くの部分は、UXを作ることです。自分で数々のチャットボットを開発してきた経験からすると、その目的と効果を最初から最後まで意識していないと、自分が何をしているのか、どうするべきなのかを往々にして見失いがちになります。そのため、今回はサンプルであっても、何のために作っているのかを随時確認しながら作るプロセスにしました。少し冗長に感じるところがあったかもしれませんが、意図的にそうしていたことをご理解いただければと思います。

　また、チャットボットの仕組みは第2章ですでにくわしく見ていましたが、その1つの実装例として、Botpressの機能をなぞりました。NLUで対話行為と属性を推

定するということ、NLGとしてCMSやQ&Aモジュールを利用すること、そしてDM
をフローエディタで実装するということを通して、抽象モデルの理解の解像度をあ
げることを目指しました。

　本章で作ったものは「対話サーバー」の部分にあたります。このままではWeb
サイトに導入することもできませんし、会話の内容もダミーばかりですが、チャッ
トボットの本質的な開発はこれでほとんど完了です。次章からは、この対話サー
バー部分に、フロントエンドとバックエンドを付け足すことで、機能する「チャット
ボットシステム」にしていきましょう。

第 **6** 章

接客ボットを作ろう
②フロントエンド統合編

前章では、「接客ボット」という基本的なチャットボットを企画・設計し、その正常系フローの構築までを行いました。本章では、その「接客ボット」の開発をさらに進め、フロントエンドとバックエンドを統合することで、"使えるシステム"に仕上げていきましょう。

　前章では、開発したチャットボットで設計通りの会話ができることが確認できました。でも、この会話はBotpressの管理ツールが備えるエミュレーター上に限られたものです。この接客ボットは「ECサイトの課題解決」のために作っているので、既存のWebサイト内で使えるようにならないと困ります。その会話の内容も、商品情報は全ての仮置きのテキストになっていました。これらも本当の情報が表示されるようにしなければなりません。さらに、ボットでは対応し切れない場合に備えて担当者に問い合わせを送る「フォールバックフロー」がまだありません。チャットボットシステムとして完成させるには、こういった不足を埋める必要があります。

　これらの実装は主に、対話サーバーとそれ以外のシステムとを、1つの目的のもとに結びつけるシステム統合（インテグレーション）によって実現します。インテグレーションは、本書のテーマである「既存アプリ／サービスのチャットボット化」に必須の工程です。そして本章には、規模は小さくても、チャットボットにおけるインテグレーション開発の具体例を示すことに狙いがあります。

　なお、本章からはWeb技術やプログラミングに関する話が主になります。そして、その説明を簡潔にするため、HTML/CSS、JavaScript、およびHTTPに関して一定の知識があることを前提として進めます。なじみのない概念が出てきたときは、関連書籍などを参照して補完してください。

6-1 | 接客ボットのシステム設計

　最初に、本章で私たちが作るものを明らかにしておきましょう。

　前章では、ビジネス要件を簡単に仮定してユースケースを整理したあと、主に「会話構造」だけを設計しました。一方、システム面についてはほとんど何も触れていませんでした。そのため、本節ではシステム面での要件を整理し、それに基づく設計を行います。

　前章で前提にしたことから考えると、接客ボットのシステム面への要求は、主に以下のように考えられます。

① チャットボットは、既存のECサイトに設置できること
② チャットボットは起動バナーを表示するほか、バナークリックでWebページ内にUIを表示できること
③ チャットボットは、UIが表示されたページの商品情報に関して、ユーザーからの質問に答えられること
④ チャットボットは、設置されたECサイトの商品情報を検索できること
⑤ チャットボットは、問い合わせの内容と連絡先情報を保存できること

　このうち、①と②の要求は特別なことではなく、チャットボットのフロントエンドとしてWebChatを使って、Webページと統合すれば普通に実現できそうです。

　一方で③は、WebChatとWebページの間でのフロントエンド統合が必要になりそうな話です。そして④は、ECサイトの商品情報データベースとのバックエンド統合が必要と考えられます。

　最後の⑤は、問い合わせ情報をどこに送ればいいのかわかりませんね。ここは、特にシステム要件はないと考え、提案することにしましょう。例えば、ECサイトに「問い合わせフォーム」があると考え、その保存先と同じデータベースに保存することにしてみようと思います。そうすれば、フォームからの問い合わせと一緒

に同じ担当部署で処理してくれると想定できます。これもバックエンド統合が必要です。

　これでシステム要件を大まかに把握できました。要件に出てきた登場人物を整理してみます。

- ▶ ECサイト
- ▶ Webページ
- ▶ 商品情報データベース
- ▶ 問い合わせデータベース

　これからすべきことは、これらとチャットボットの構成要素との関係性を組み立てることです。先ほど検討して出たアイデアをもとに考えると、例えば以下の図のようにまとめられます。

図6-1 **接客ボットのシステム概要**

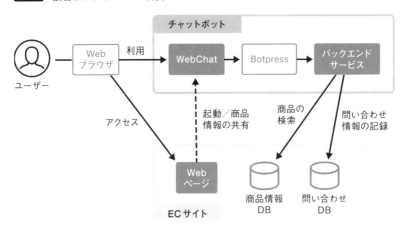

　この図に従って、データの流れを確認しておきましょう。

① ユーザーは、WebブラウザでECサイトへアクセスし、Webページを取得して表示する

② ユーザーは、Webページを通じてWebChatを起動する

③ WebChatは、起動時のWebページから商品情報を受け取り、Botpressへ渡す

④ Botpressはユーザーから商品に関する質問があれば、Webページから受け取った商品
情報を利用して回答する

⑤ Botpressは、ユーザーから商品の検索要求があれば、バックエンドサービスから情報を
取得して回答する

⑥ バックエンドサービスは、商品の検索要求があれば、商品情報DBへアクセスして検索
する

⑦ Botpressは、ユーザーから問い合わせの申し込みがあれば、バックエンドサービスへ情
報を送信する

⑧ バックエンドサービスは、問い合わせを受信したら、問い合わせDBへアクセスして保存
する

これは、要件を満たすシステム構成として妥当なところと思います。そこで、こ
の構成を想定して先に進むことにしましょう。

6-2 ｜ 「既存のシステム」の仮設置

　さて、システムの全体は見えました。次に何を作らなければならないのかを考
えてみます。図6-1のシステム構成図のうち、作るものは図の上側にあるチャット
ボット。一方、下側のECサイトは「既存のシステム」という設定です。
　といっても、このプロジェクトは架空のものなので、接客ボットに既存のシステ
ムは存在しません。しかし、その仕様を決めないと、それに統合するチャットボッ
トも作れません。そのため、ここでは簡単なものを仮に用意することにしましょ
う。本書では以下のものを「既存のシステム」とすることにします。

- ► EC サイトの Web ページ…HTML ファイル1つ (shop.html)
- ► 商品情報DB…CSV ファイル1つ (items.csv)
- ► 問い合わせDB…CSV ファイル1つ (inquiry.csv)

　実際のシステムでは商品情報DBや問い合わせDBがCSVファイルということはほとんどないですが、ここでは各データベースに相当するものとしてCSVファイルを使います。
　それぞれのファイルの内容は以下の通りです。

■ shop.html

```html
<!DOCTYPE html>
<html lang="ja">
<head>
  <meta charset="UTF-8">
  <meta name="viewport" content="width=device-width,initial-scale=1">
  <title>Shop Dolphin</title>
  <style>
    body {
      margin: 30px;
      background: #fffffa;
      color: #554;
      font-family: cursive;
    }
    main {
      display: flex;
      flex-wrap: wrap;
    }
    .info {
```

```
      width: 50ch;
    }
    .phone > div {
      width: 160px;
      height: 320px;
      margin: 20px 70px;
      padding: 20px;
      border-radius: 10px;
      border: 5px solid #b0b0b0;
      background: #a0a0a0;
    }
  </style>
</head>
<body>
<header><h1>Shop Dolphin</h1></header>
<main>
  <section class="phone"><div>●</div></section>
  <section class="info">
    <h2>iPhone21 256GB</h2><h3> ¥49,800</h3>
    <p>Lorem ipsum dolor sit amet, sit quot vulputate
ad, at mundi timeam apeirian per. Ut prompta imperdiet
scripserit usu, mea aperiri imperdiet ei. Cum cu omnis
inimicus definitionem. Nostro delenit offendit eu eum,
et aeque probatus urbanitas usu, ut est duis natum. Eu
albucius voluptatum interesset eos.</p>
  </section>
</main>
</body>
</html>
```

■ items.csv

```
sku_id,name,price,stock
ip21_64,iPhone21 64GB,39800,5
ip21_128,iPhone21 128GB,49800,3
ip21_256,iPhone21 256GB,59800,7
```

■ inquiry.csv

```
nickname,telno,email,chatlog
Charlie Root,,root@example.com,"BSDが動くスマホはありますか"
Alan Turing,000-0000-0000,,"エニグマが解けるスマホはありますか
"
```

　もちろん、この「ECサイト」には、ブラウザでアクセスできる必要があります。しかし私たちは、今回の開発を自分たちのPCの中で行っていますので、「ECサイト」を設置できるサーバーマシンはありません。サーバーを用意しなければならないとなるとそれだけで負担が大きいですから、できればこれもPCの中だけで完結させたいですね。

　そこでここでは、上記のHTML（shop.html）の表示にもBotpressを利用することにします。BotpressはWebサーバーではないので、普通はWebサイトのホスティングには使えません。しかし、ちょっとした裏技のような方法を使うと、簡単なWebページくらいならサーブさせられます。本書での開発プロジェクト用には、以下の手順に従って、shop.htmlへアクセスできるようにしてください[1]。

　まず、Botpressをインストールしたフォルダを開きます。Botpressを起動するときに、bpという名前のファイルを探しましたね。そのファイルがあるところです。そ

---

[1]　将来のバージョンのBotpressでこの方法が使えなくなった場合は、別途Webサーバー用のソフトウェアをPCにインストールして利用してください。macOSなら標準でApache HTTP Serverが入っています。

のフォルダ内にある「data」フォルダからdata→bots→rukaという順にフォルダ
をたどります。rukaフォルダを開いたら、そこに新しいフォルダを作成します。フォ
ルダの名前は「media」にします。他の名前は使えません。

図6-2 rukaフォルダ内にmediaフォルダを作る

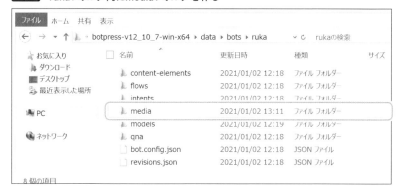

このmediaフォルダに前述のshop.htmlファイルを配置します。作業はこれだ
けです。

図6-3 mediaフォルダ内にshop.htmlを配置する

この段階で、チャットボットを組み込む対象のECサイトにアクセスしてみましょ
う。Webブラウザのアドレスバーに、下記のURLを入力して開いてみてください。

```
http://localhost:3000/api/v1/bots/ruka/media/shop.html
```

　次のようなページが表示されたら成功です。正しく動作していることが確認できました。

図6-4 shop.htmlをWebブラウザから開いたところ

6-3 | **フロントエンド構築**

これで、チャットボットの設置先であるECサイトが準備できました。ここに、接客ボットを導入しましょう。

6-3-1　WebChatの導入

Webサイトにチャットボットを導入するには、何らかのWebChatシステムを利用する必要があります。そしてBotpressは、専用のWebChatを標準モジュールとして備えています。今回はこれを利用します。

BotpressのWebChatモジュールをサイトへ導入するには、以下のscriptタグが必要です。

コード6-1 BotpressのWebChatモジュールを呼び出すscriptタグ

```
01  <script src="http://localhost:3000/assets/
    modules/channel-web/inject.js"></script>          ❶
02  <script>
03    window.botpressWebChat.init({
04      host: 'http://localhost:3000',                ❷
05      botId: 'ruka'
06    });
07  </script>
```

このscriptタグのうち①は、WebChatモジュールの読み込みプログラム（ローダー）です。接続先のボットによらず同じURLを指定します。②は、WebChatモジュールの初期化処理であり、接続先のボットによって変わります。

botpressWebChat.initメソッドの引数「botId」には、ボット新規作成時に指定した英数字の名前を入力してください。ここでは「ruka」を設定しています*2。

このタグを、先ほどのshop.htmlに組み込んでください。場所は</body>(bodyの閉じタグ)の直前がいいでしょう。ファイルを上書き保存して、ECサイトを再読み込みすると、右下に起動バナーが表示されるようになります。

図6-5 チャットボットの起動バナーが表示された

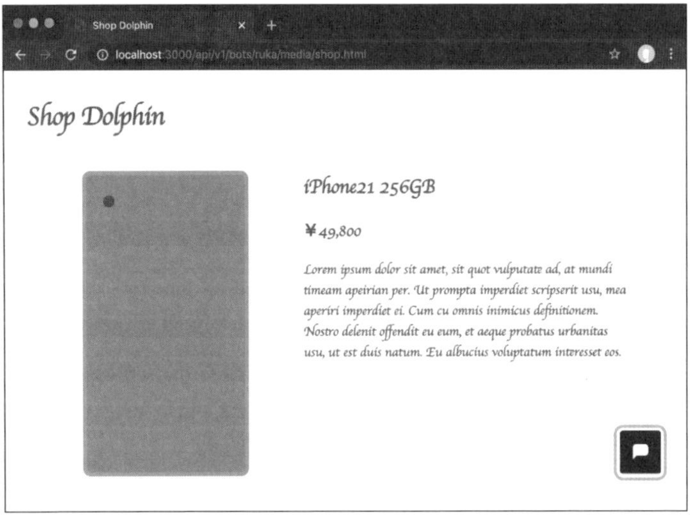

起動バナーをクリックすると、WebChat UIがWebブラウザのウィンドウ右側からWebページにかぶさるように表示されます。

*2　前章図5-5で指定したボットのIDです。

図6-6 表示されたWebChat UI

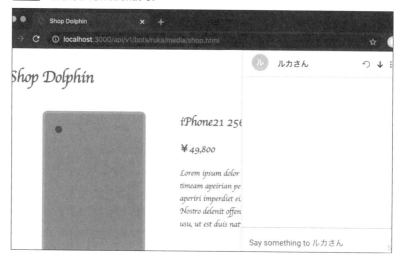

このUIが表示されたら、ひとまずWebChatは導入完了です。

6-3-2　プロアクティブ化

　これでWebChat UIが表示されることは確認できましたが、何か違和感があります。そう、ウェルカムメッセージはおろか、何も表示されていませんね。

　私たちは前章で、「sと入力したら」ウェルカムメッセージが表示されるようにしました。sという文字を使ったのは、その時点では起動バナーがなかったからです。しかし、今はもう起動バナーがありますので、「バナーがクリックされたらウェルカムメッセージが表示される」という本来のふるまいに変更できます。この変更は、チャットボットを「ユーザーから何か言われる前に行動を起こす」ようにするという意味で「プロアクティブ化」と呼びます。

　ボットをプロアクティブ化するには、2ステップの作業が必要です。1つは「WebChatへのトリガーイベントの実装」で、次が「フローにおける遷移条件の変更」です。

トリガーイベントとは、チャットボットにウェルカムメッセージを応答させる合図のことです。Botpressは、「s」の代わりにこの合図をWebChatからもらう必要があります。それがバナーのクリックです。そこで、バナーがクリックされたときに合図を送るために、shop.htmlに以下のコードを記述します。追加する場所は、**コード6-1** のscriptタグのうち、2番目の</script>（scriptの閉じタグ）の直前にしてください。

コード6-2 scriptタグに追加するコード

```
01  window.addEventListener('message', function (event) {
02    if (event.data.name === 'webchatOpened') {
03      window.botpressWebChat.sendEvent({
04        type: 'proactive-trigger',
05        channel: 'web',
06        payload: {text: 'dummy'}
07      });
08    }
09  });
```

このコードについて簡単に説明しておきましょう。

まず1～2行目は、この「合図の送信」を「いつ実行してほしいか」をブラウザに伝えるコードです。BotpressのWebChatには、「ユーザーがUIを開いたこと」（≒起動バナーをクリックしたこと）をブラウザに通知する仕組みがあります。このコードは、その仕組みを利用して、「ユーザーがUIを開いたとき」にだけif文のブロックの中身（3行目以降）が実行されるようにしています。

続く3～7行目は、実行される処理内容です。botpressWebChat.sendEventメソッドは、Botpressに様々な合図を送信する機能です。ここでは、その合図の種類としてproactive-triggerを指定しています。この名称は、トリガーイベントを表すものとして開発者が名付けるもので、定型句ではありません。ここではproactive-triggerにしたということです。ここではこのほかに「送信元がwebであること」「送信内容がdummyというテキストであること」を設定しています。

次に、Botpressに戻ってウェルカムメッセージへの遷移条件を「トリガーイベントかどうか」を表す条件に変更します。

前章の手順でフローエディタを開き、entryノードのTransitionsプロパティの最初にある「event.preview === 's'」の「Edit」をクリックしてください。

図6-7　ウェルカムメッセージへの遷移条件を変更する

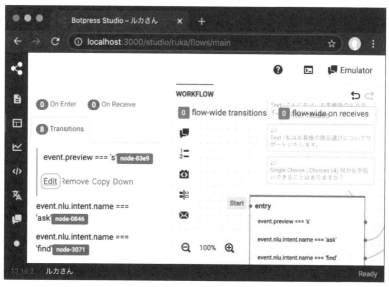

「モーダルが開いたら、遷移条件の式を以下のように変更します。

```
event.type === 'proactive-trigger'
```

変更したら「Update」ボタンを押します。これで変更は完了です。

図6-8 遷移条件を「s」から「proactive-trigger」に書き換える

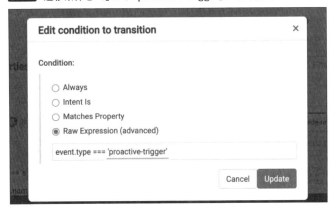

これでプロアクティブ化の作業は完了です。EC サイトを再読み込みして、起動
バナーをクリックしてみてください。動作を確認しましょう。

図6-9 起動バナーをクリックしたところ

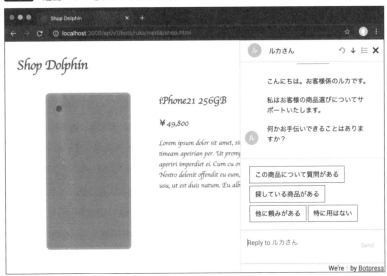

　このようにウェルカムメッセージが表示されたら、プロアクティブ化の完了です。

6-3-3　スタイルの変更

　ここまでの作業で、Webからチャットボットを使うことはできるようになりました。しかし、ユーザーはあくまでECサイトの訪問者であり、最初からチャットボットを使おうと思っている人ではありません。チャットボットを使うつもりのない人に、チャットボットを使ってもらうには、うまく誘導する工夫が必要です。

　この「工夫」については、前章で作成したフローに以下の記述をしていました。

▶ ユーザーは、同じページに10秒以上滞在する
▶ （それを受けて）ボットは、起動バナーに訪問者の関心を引く表示をする

　これを実装仕様として表現しなおすと、以下のようになります。

① Webページが表示されたとき、起動バナーがデザインAで表示される
② 10秒経過したら、起動バナーがデザインBに変化する

　デザインAとBのビジュアルも作成してみました。

図6-10 起動バナーを用意してCSSで2パターンに

　Botpress の WebChat には、こういった制御を直接実現する機能はありませ

ん[*3]。しかし、バナーも含めたUIのスタイルは、CSSを使ってカスタマイズをすることが可能です。CSSが使えれば、上記の仕様は何とか実現できそうです。やってみましょう。

　まずバナーの前に、ボットのアバターを設定しておきましょう。前章でキャラクターのビジュアルを決めましたが、この時点までまだ設定していませんでした。このキャラクター画像をアバターに設定するには、スタジオの画面左端の歯車アイコンから設定画面を開き、左メニューから「Avatar & Cover picture」を選択します。すると、画像設定画面が表示されます。

図6-11 ボットのアバターを設定する

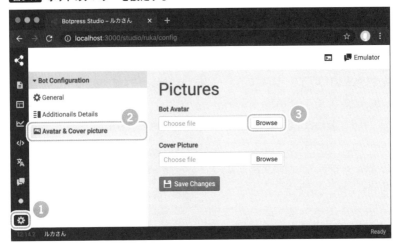

　表示された画面で「Bot Avatar」の「Browse」ボタンを押し、キャラクター画像を選択します。画像ファイルを指定したあと、「Save Changes」ボタンを押すことで保存されます。

　そして、起動バナーにスタイルを適用します。これは、①「CSSファイルと画像ファイルを作成してmediaフォルダに置く」、②「WebChatの初期化時にCSSを読

---

*3　このような「ユーザー属性や行動に応じて最適なタイミングでアクションする仕組み」は、一般に「Web接客ツール」といったソフトウェアとして知られています。現実の開発では、そういったツールとの連携を考えるのも一案です。

み込ませる」という2ステップで行います。

　ステップ①は「CSSファイルと画像ファイルを作成してmediaフォルダに置く」
です。作成するCSSは、WebChat UIのデフォルトスタイルを上書きするCSSです。
今回は、起動バナーの部分を先ほどのイルカの画像に変更するようにCSSを作成
しましょう。このCSSのファイル名は「webchat.css」とします。コードを以下に示
します[4]。

■ webchat.css

```css
.bpw-floating-button {
  margin: 12px 10px 5px;
  border-radius: 50%;
  background: bottom / contain no-repeat url("banner
  .png") white;
}

.bpw-floating-button i {
  display: none;
}

.bpw-widget-btn:before {
  display: block;
  position: absolute;
  top: 0;
  padding: 2px;
  content: 'お困りですか?';
  font-size: 11px;
```

CHAPTER - ① ② ③ ④ ⑤ ⑥

---

[4]　ここでは起動バナーしか変更していませんが、チャットUIに対する変更も可能です。興味のある方は、
　　下記URLにあるサンプルCSSを参考にしてください。
　　http://localhost:3000/assets/modules/channel-web/examples/custom-theme.css

```
  letter-spacing: -0.2em;
  border-radius: 3px;
  background: palevioletred;
  color: white;
  animation: 6s linear 10s 10 normal forwards running
  flash;
  opacity: 0;
}

@keyframes flash {
  from, 96%, to {
    opacity: 1;
  }

  98% {
    opacity: 0;
  }
}
```

このCSSは、主に以下のスタイルを定義しています。

▶ 起動バナーの背景画像として「banner.png」を表示する

▶ 起動バナーにもともと表示されていた吹き出しアイコンを非表示にする

▶ デザインBの「お困りですか?」ラベルを疑似要素として作成する

▶ 「お困りですか?」ラベルを、10秒経過時に表示し、6秒おきに点滅させる

　CSSファイルを作ると同時に、デザインAのバナー画像をbanner.pngというファイル名で用意してください。そして、webchat.cssとbanner.pngがそろったら、この2つのファイルをmediaフォルダへ配置してください。これは、shop.htmlを配置したのと同じフォルダです。

　ステップ②は「WebChatの初期化時にCSSを読み込ませる」です。shop.htmlには以下のコードを書きました。

```
window.botpressWebChat.init({
  host: 'http://localhost:3000',
  botId: 'ruka'
});
```

この部分を、以下のように変更します。

```
window.botpressWebChat.init({
  extraStylesheet: 'api/v1/bots/ruka/media/
  webchat.css',
  host: 'http://localhost:3000',
  botId: 'ruka'
});
```

この記述を追加

　追加した「extraStylesheet」プロパティは、WebChat UIのデフォルトスタイルのあとに読み込むCSSを指定するオプションです。WebChat UIはiframe内に描画されるため、親ページからはスタイルを変更できませんが、このオプションを利用することで変更が可能になります。
　これで、起動バナーへのスタイル適用もできたはずです。ECサイトを再読み込みして確かめてください。

図6-12 起動バナーが変更できたことを確認する

　ページを開いて10秒経過したところで、デザインが変わったら成功です。だい
ぶかわいくなりました[5]。

＊5　webchat.cssを修正して再確認する際、古いファイルのキャッシュが原因で変更を確認できないケー
スがあります。WebChat UIではiframe内のキャッシュになるので、ページの再読み込みではキャッシュ
を更新できません。キャッシュの削除操作を行うか、キャッシュ削除ツールの拡張機能を利用してくだ
さい。

6-4　フロントエンド統合

　前節までで、EC サイト内から接客ボットが使えるようになりました。これで、ユーザー体験としてはほぼ完成形です。あとは、これが「役に立つかどうか」という問題だけを残すところとなりました。現状では、ボットが案内する商品情報はダミーであり、何をしてくれるわけでもありません。この状態のボットに対して、既存システムを統合することで、役立つボットに変えていきましょう。

6-4-1　統合への道のり

　本節ではまず、「システム面の要件」のうち「UI が表示されたページの商品情報に関して、質問に答えられる」という要件に取り組みます。つまり、ユーザーの質問に対する回答文の商品情報を「仮置き」から「本物」にするということです。前述の通り、この要件に関するシステムの動きを以下のように想定しました。

▶ WebChat は、起動された Web ページから「そのページの商品情報」を受け取り、Botpress へ渡す

▶ Botpress は、ユーザーから商品に関する質問があれば、Web ページから受け取った商品情報を利用して回答する

　こうして見てみると、1 番目と 2 番目の動きは同時に起こるようなものではなく、また続けざまに起こるというほどのものではありません。ユーザーが商品情報についての質問を送ってくるまでの所要時間を考えると、WebChat が商品情報を送ってから回答に利用されるまでには時間差があります。また、質問が商品情報には限らない可能性もあります。とすれば、Botpress は受け取った商品情報を使うとは限らず、使うとしてもすぐには使わない。つまり、Botpress は受け取った商品

情報をいったん保存しておく必要があります。これらの動きを実装することを考えると、以下の3点を明らかにしておく必要があります。

① WebChatは、Botpressへどのようにデータを渡すのか
② Botpressは、受け取ったデータをどのように保存しておくのか
③ Botpressは、保存しておいたデータをどのように応答に利用するのか

　これらの疑問に簡潔に答えるとすると、以下のようになります。

① WebChatは、「イベント」を利用することで、Botpressへデータを渡します
② Botpressは、「イベントフック」を利用することで、受け取ったデータを「対話メモリ」へ保存しておきます
③ Botpressは、「テンプレートシステム」を利用することで、保存されたデータを応答に利用します

　この回答に出てきた用語は、私たちがフロントエンド統合を行ううえで理解が必要なものです。本節ではこれ以降、新しい用語の意味について確認しながら、上記3つの疑問を「課題」として順番に取り組むことで、統合を実装していきます。

6-4-2　イベントによるデータ送信

　最初の課題は、「WebChatは、Botpressへどうやってデータを渡すのか」です。これにはイベントを利用します。そこで、まずイベントについて説明しておきましょう。実は本書ではここまで何度かイベントを扱ってきましたが、詳細については説明せずに進めてきました。しかし、Botpressにおける開発の中心はイベントの操作であるため、本節以降は必要に応じてその詳細に解説していきます。

　Botpressにおける「イベント」とは、「フロントエンドとBotpressとの間でやりとりされる情報の1単位」です。ほとんどのイベントは「メッセージ」であり、「ユーザーからボット宛てのメッセージ」あるいは「ボットからユーザー宛てのメッセージ」の

どちらかです。ただし、メッセージでないイベントもあります。例えば、先ほどプロアクティブ化するのに使ったトリガーイベントはその一例です。

この「イベント」のデータ表現を「eventオブジェクト」と呼びます。eventオブジェクトは、特定のイベント1件に関連する「データの入れ物」で、そのイベントに関するほぼ全ての情報を含みます。例えば、これまで私たちがフローの遷移条件を設定するときに書いた「event」という単語は、全てeventオブジェクトです。

そしてBotpressは、いわゆる大きな「イベント駆動型プログラム」であり、あらゆる処理はイベントをきっかけとして実行されます。そして、Botpressの内部では、このeventオブジェクトをバケツリレーのように引き渡すことで、応答処理をするさまざまな部品の間で情報が受け渡されていきます。

図6-13　イベントのバケツリレー

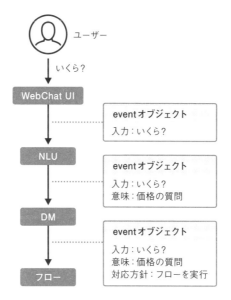

この図に従ってリレーの様子を見ていきましょう。

まずユーザーは、WebChat UIに何かテキストを入力します。これを受け取ったWebChat UIは、eventオブジェクト作ってテキストを格納し、NLUへ渡します。

NLUは、eventオブジェクトに含まれるテキストを使って意味情報を抽出し、それをeventオブジェクトへ追加してDMに渡します。DMは、eventオブジェクトに含まれるテキストやその意味情報を使って対応方針を判断し、その判断結果をeventオブジェクトに追加してフローへ渡します。そのあとは、受け取ったeventオブジェクトの内容に沿ってフローが展開されていきます。

　eventオブジェクトは、このようにバケツリレーされる中で、そのイベントに関するあらゆる情報を貯め込んでいきます。格納される情報には、大きく以下の3種類があります。

① イベントそのものの情報
　誰から誰へのどんなメッセージなのか、といった情報
② イベントが処理された結果
　そのイベントへの対応を決めるための、NLUやDMによる認識や判断の結果
③ イベントにひも付く内部状態へのリンク
　そのイベントにひも付くユーザーや会話について、DMが保持する内部状態へのリンク

　これらの具体的なプロパティとその意味をまとめておきました。

表6-1

● イベントそのものの情報		
プロパティ名	属性	内容
id	イベントID	イベントに一意の番号
type	タイプ	イベントの種類
direction	方向	着信か発信か
channel	チャネル	通信に使うチャネル
botId	ボットID	発信元または宛先のボットID
target	ターゲット	発信元または宛先のユーザーID
payload	ペイロード	イベントの内容（チャネルとタイプによって異なる）
preview	プレビュー	メッセージのテキスト表現
createdOn	作成日時	イベントの発生日時
● イベントが処理された結果		
プロパティ名	属性	内容
nlu	言語理解の結果	推定した意図や抽出した属性など
suggestions	行動の候補	候補となった行動（主にQ&A回答）
decision	行動の判断	選択された行動
● イベントにひも付く内部状態へのリンク		
プロパティ名	属性	内容
state	内部状態	イベント処理終了時点の内部状態

C H A P T E R - ① ② ③ ④ ⑤ **⑥**

　さて、ここで私たちのやりたいことに戻りましょう

　ここまで、Botpressがフロントエンドから受け取るデータは全てイベントととして取り扱い、イベントの処理に関わる部品には全て「eventオブジェクト」がバケツリレーされると説明してきました。ということは、問い合わせに対して送り返す商品情報も、バケツの荷物の1つとして載せてしまえばよいわけです。**表6-1** を見ると、イベントの内容となるデータはpayloadというプロパティに格納できることがわかります。では、これを実装してみましょう。

　まず、受け渡すデータの構造を決めます。ここでは、以下のような構造のwebContextオブジェクトを作って送ることにしましょう。内容は「thisProduct」だけで、そのプロパティはそれぞれ、このページの商品の名称、価格、在庫の有無を意味します。

webContextオブジェクトの構造

```
01  {
02    thisProduct: {
03      name: 'iPhone21 256GB',
04      price: '￥49,800',
05      stock: true
06    }
07  }
```

　次に、このwebContextオブジェクトをどうやって作るかを考えます。この記述にあるプロパティの値を見ると、これらは先ほど見た「ECサイト」のページにある情報です。そのため今回は、このオブジェクトは、HTMLコンテンツから情報を取得して生成するようにしようと思います[*6]。それには、以下のコードを、botpressWebChat.initメソッドの呼び出しの上に挿入してください[*7]。

HTMLからwebContextオブジェクトを生成する

```
01  function getContentById(id) {
02    return document.getElementById(id).textContent;
03  }
04
05  var webContext = {
06    thisProduct: {
07      name: getContentById('prd_name'),
```

[*6]　HTMLコンテンツから取得するのは、私たちの「ECサイト」が静的ページであるがゆえの仮の実装です。本来は、HTMLを経由せずに生成したほうがよいでしょう。

[*7]　コードの最初で定義している関数getContentByIdは、指定したIDのタグでマークアップされたテキストを取得するヘルパー関数です。コードを見やすくするために定義しています。

```
08        price: getContentById('prd_price'),
09        stock: getContentById('prd_stock') === 'In
          Stock'
10    }
11  };
```

　最後に、このwebContextオブジェクトをイベントに乗せてBotpress
へ送ることを考えます。イベントを送る方法は、トリガーイベントと同様に
「botpressWebChat.sendEvent」メソッドが使えます。そして、その引数「payload」
にwebContextオブジェクトを含めればOKです。

　ここで、 コード6-2 でshop.htmlのscriptタグに追加したコードを思い出してくだ
さい。トリガーイベントのpayloadには

```
{text: 'dummy'}
```

という値を入れていました。つまり、実際のところトリガーイベントではpayloadを
使っていないのです。それなら、このpayloadにwebContextオブジェクトを格納
してしまい、わざわざ別の新しいイベントは作らないことにしましょう。これはつま
り「トリガーイベントはwebContext情報を含む」という仕様に変更するというこ
とです。

　この変更を行ったあと、shop.htmlに埋め込むscriptタグ全体の様子を以下に
示します。簡単なコメントも追加しました。

コード6-5 　トリガーイベントの仕様を変更したあとの埋め込みscript

```
01  <script src="http://localhost:3000/assets/modules/
    channel-web/inject.js"></script>
02  <script>
03    // 指定したIDのタグでマークアップされたテキストを取得するヘル
```

バー関数

```
04  function getContentById(id) {
05      return document.getElementById(id).
        textContent;
06  }
07
08  // このページの商品情報をHTML要素から抽出してwebContextを作
    る
09  var webContext = {
10    thisProduct: {
11        name: getContentById('prd_name'),
12        price: getContentById('prd_price'),
13        stock: getContentById('prd_stock') === 'In
          Stock'
14    }
15  };
16
17  // WebChatの初期化
18  window.botpressWebChat.init({
19      extraStylesheet: 'api/v1/bots/ruka/media/
        webchat.css',
20      host: 'http://localhost:3000',
21      botId: 'ruka'
22  });
23
24  // プロアクティブ化
25  window.addEventListener('message', function
    (event) {
26      if (event.data.name === 'webchatOpened') {
```

```
27        window.botpressWebChat.sendEvent({
28          type: 'proactive-trigger',
29          channel: 'web',
30          // トリガーイベントにwebContextを文字列化して載せる
31          payload: {text: JSON.stringify(webContext)}
32        });
33      }
34    });
35  </script>
```

これでWebChatは、Botpressへトリガーイベントを送信する際に「そのページの商品情報」を一緒に送るようになったはずです。確かめてみましょう。と言いたいところですが、これを確かめるには次の課題、つまりデータの保存をどうするかも解決する必要があります。そこで商品情報の送信については、Botpress側で商品情報を保存する過程で中身を確かめることにします。

C H A P T E R - ① ② ③ ④ ⑤ ⑥

6-4-3　イベントフックによるデータの保存

2番目の課題は、「受け取ったデータをどうやって保存しておくのか」でした。これについては「イベントフックを利用して」「対話メモリに保存する」と、概略を説明しました。まずは、ここをもっとくわしく説明しておきましょう。

フックとは、Botpress内部の処理に介入する方法です。フックを利用することで、私たちはBotpressのデフォルトの動作を変更したり、機能を追加したりできます。そしてイベントフックとは、いくつかあるフックの種類の中で「イベントの取り扱い方法」に対して介入するフックの種類を指します[8]。具体的には、Botpressがフロントエンドからイベントを受け取って応答するまでの間に、任意のJavaScript

---

[8]　フックの種類としてはイベントフック以外にも、Botpressの起動時や、チャットボットの読み込み（マウント）時に実行できるものなどがあります。

コードを実行させることができます。

　イベントフックのよくある使い方が、まさに今回実装しているトリガーイベントのように、「ユーザー入力ではないイベント」を特別扱いして別途コードを実行するといった使い方です。ユーザー入力ではないイベントでは多くの場合、チャットボットは返事をする必要がありません。そのため、そのようなイベントに返事をしてしまうことを防ぐ目的で、イベントフックを利用して「該当するイベントだったら応答処理をスキップする」というような介入を行うことがあります。その場合は、次のように介入し、eventオブジェクトを書き換えます。

図6-14 イベントフック

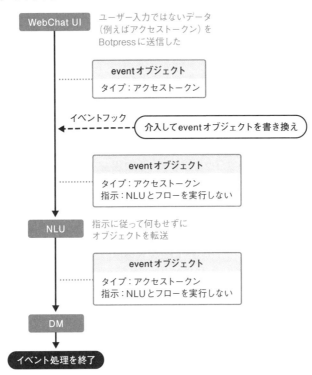

　一方、接客ボットでのトリガーイベントに対してはウェルカムメッセージを応答するので、応答処理をスキップさせる必要はありません。しかし、トリガーイベン

トに載って運ばれてきた「商品情報」は、このまま使われることがありません。そのため、商品についての問い合わせが送られてきたときに回答に使えるよう、備えておく必要があります。つまり、「のちの会話で使える形で保存する」という特別扱いをしてあげる必要があります。ここでイベントフックが役に立ちます。

その保存先として使うのが「対話メモリ」です。対話メモリとは、ユーザーとの会話のためにボットが物事を覚えておく場所です。例えば、ユーザーのニックネームを覚えておいたら「（ニックネーム）さん、こんにちは」とあいさつするときに使えます。ユーザーとの会話の中で出てきた商品を「今の関心事」として覚えておけば、「（商品名）について何かご質問ありますか?」という問いかけができます。こういった「応答の判断や表現に利用する情報」を格納しておく場所が対話メモリです。これは、第2章でチャットボットの仕組みを説明したときに出てきた「内部状態」に相当します。

Botpressの対話メモリには、4種類のスペース（名前空間）があります。スペースは、それぞれスコープと寿命が異なり、それに応じた用途があります。

表6-2

スペース名	スコープ	寿命	用途	格納する情報の例
temp	実行中のフロー（連結されたフロー含む）	フロー実行終了まで	前のノードで何かを実行し、その結果を後のノードで受け取る方法として使う	Web API呼び出しの実行結果
session	同一セッション	セッションタイムアウトまで	会話で利用する情報のうち「その会話限り」の情報の格納に使う	会話履歴　認証済情報
user	同一ユーザー	プロパティごとに異なる寿命を設定可能（デフォルトでは寿命なし）	会話で利用する情報のうち「ずっと記憶させておきたい情報」あるいは「セッションとは異なるタイミングで忘れてほしい情報」の格納に使う	ニックネーム　連絡先　ユーザーの機嫌
bot	同一ボット	なし	そのボットの全ユーザーに共有できる情報の格納にのみ使う	商品データベースのキャッシュ

今作っている接客ボットで考えると、データの保存に適しているのはどのスペースでしょうか。ここで扱うデータは「UIが表示されたページの商品情報」です。時間の経過によって変わるものではありません。つまり、フローが終わった、あるいはセッションがタイムアウトしたからといって忘れられてしまっては困ります。一方で、ユーザーごとに異なる情報なので、ボットのユーザー全員と共有するものでもありません。そのため、今回はuserを利用するのが適しています[*9]。

　では、「イベントフックを利用して、対話メモリに保存する」を実装してみましょう。

　フックを作成するには、スタジオの画面左端のタグアイコン（Code Editor）をクリックし、コードエディタ画面を表示します。コードエディタは、ボットに組み込むJavaScriptコードや設定ファイルの作成・編集に利用できるテキストエディタです。

図6-15 コードエディタを開く

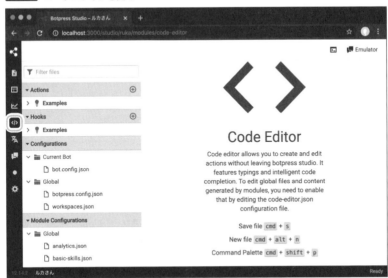

[*9]　仮に、ページの商品情報を「必要なときに毎回取得」するようにしたら、保存先はsessionでもいいかもしれません。

コードエディタが表示されたら、左側のファイル一覧表示の「Hooks」という見出しにある「＋」ボタンをクリックしてください。続けて、表示されるポップアップメニューから「Event Hooks」の「Before Incoming Middleware」を選んでください。

表示された「Create a new hook」モーダルには、「File name」として「proactive-trigger.js」と入力して「Submit」ボタンを押します。

図6-16 新規にproactive-trigger.jsを作成する

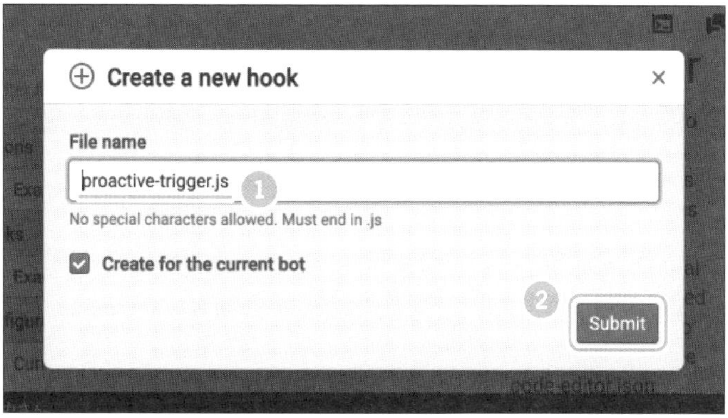

すると、「proactive-trigger.js」ファイルの編集画面が表示されます。編集画面には、あらかじめ数行のコードが入っています。このコードがひな形になります。つまり、このコードの「Your code starts below」の下にコードを追加することで、独自のフックを作成できます。

図6-17 フックを作るコードのひな形

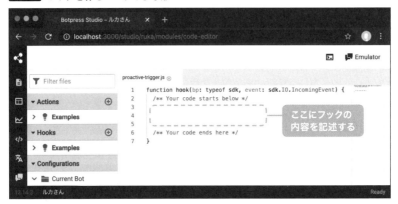

では、今回の目的である「イベントに乗って送られてきたデータを保存」するフックを作りましょう。ひな形の中に、以下のようにコードを書いてください。

コード6-6 proactive-trigger.js

```
01  function hook(bp: typeof sdk, event: sdk.
    IO.IncomingEvent) {
02    /** Your code starts below */
03
04    /**
05     * Webのコンテキストを受け取ってuserオブジェクトへ保存
06     */
07    if (event.type === 'proactive-trigger') {
08      const webContextString = event.payload.
      payload.payload.text
09      bp.logger.debug(`webContextを受け取りました：
      ${webContextString}`)
10      const webContext = JSON.parse(webContextString)
```

```
11        Object.assign(event.state.user, { webContext })
12        event.setFlag(bp.IO.WellKnownFlags.FORCE_
          PERSIST_STATE, true)
13      }
14
15      /** Your code ends here */
16  }
```

　このコードには、ひな形部分も含めてコード全体を記載している点に注意してください。以下、コードについて具体的に説明しておきましょう。

　まず見ていただきたいのは7行目です。このif文により、このフックの処理が「proactive-trigger」イベントだけに適用されるようにしています。

　それに続く8、9行目では、イベントに格納されていたwebContextの内容がわかるように、受け取った文字列のままデバッグ用ログへ書き出しています。

　10行目と11行目で、webContextを文字列からJavaScriptオブジェクトに戻したうえで、対話メモリのuserへ格納しています。

　フック内で対話メモリを変更したら、その変更が確実に保存されるようにBotpressへ伝える必要があります。12行目がその処理をしています。このコードは、eventオブジェクト内にその印をつけておく処理です。この印がある場合、Botpressは対話メモリの変更を必ずデータベースへ保存します。

　エディタ上でコードを書き終えたら、保存するキー操作をしてください。Windowsなら「ctrl」＋「s」、macOSなら「Command」＋「s」で保存できます。

図6-18 記述し終えたらコードを保存

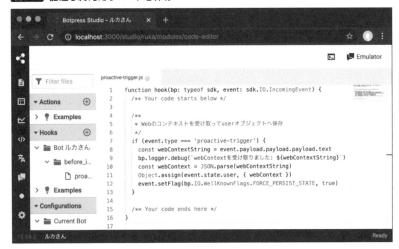

これで、接客ボットにイベントフックを追加できました。正しく動作するか、確か
めてみましょう。実は、先ほど書いたコードの8および9行目はデバッグ用のログ
を出力する処理で、この確認をしやすくするために追加したものです。

ログの出力を見るには、デバッガーを開きます。そして、デバッガーの左ペインに
ある「LOGS」をクリックします。すると、ログ表示画面に切り替わります。

図6-19 動作確認用にデバッガーを開く

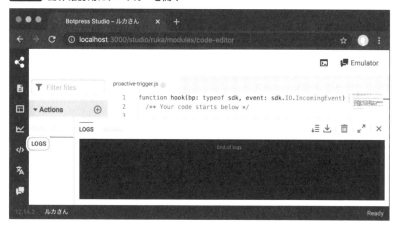

　デバッガーを開いたら、このログ表示画面を開いたまま、別のウインドウでこの
プロジェクトの「ECサイト」を開き、バナーをクリックして接客ボットのUIを表示
してみてください。

　そのときのデバッガーは以下のようになるはずです。

図6-20 接客ボットのUIを表示したときのデバッガー

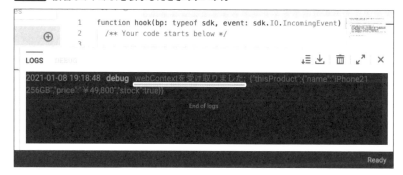

　ログ表示画面に「webContextを受け取りました」の行が表示されましたか？
これでやっと、トリガーイベントに「そのページの商品情報」が一緒に乗ってきた
ことを確認できました。

しかし、それが確かに対話メモリに保存されたかどうかは、まだ確認できていません。そして、それを確認するには、また次の課題に進みましょう。

6-4-4	**テンプレートシステムの利用**

課題の最後にあたる3番目は、「保存しておいたデータをどうやって応答に利用するのか」です。これについては「テンプレートシステム」を利用するといいました。まず、これについて説明します。

Botpressにおける「テンプレートシステム」とは、対話メモリに格納された「データ」を「テキスト表現」に変換する仕組みです。具体的には、例えば対話メモリのuserの「age」というプロパティに「18」という数値データが入っているとします。このとき、テキストコンテンツにおいて「年齢は {{user.age}} 歳ですね」というテンプレート表現を利用すると、「年齢は 18 歳ですね」というテキストコンテンツになります。Botpressではテキストコンテンツ以外にも、テキスト入力できる場面の多くでテンプレートシステムを利用できるようになっています。

テンプレートシステムは、特にWebアプリケーションでは一般的な仕組みであり、世の中に多くの種類（書式）が存在します。それらの種類の中で、Botpressは「Mustache」（マスタッシュ）を採用しています。Mustacheとは、上記の例のように「{{ }}」で変数名を囲う書式をもつ、シンプルながら表現力のある代表的なテンプレートシステムの1つです。Mustacheは、JavaScriptにおいても「mustache.js」という実装があり、Botpressではこれを利用しています。ただし、Mustacheの書式については本書で解説しません。詳細について知りたい方は「mustache.js」のドキュメントなどを参照ください。

ではテンプレートシステムを利用して、先ほど対話メモリへ保存した商品情報を「質問の回答」に利用してみましょう。私たちは前章で、Q&Aモジュールへ2つのQ&Aを登録しました[10]。しかし、そこで登録した回答文は静的なテキストであり、「ユーザーが今見ているページの商品」が考慮されたものではありませんでした。

---

*10 第5章「5-3-6 Q&Aの登録」（208ページ）を参照してください。

それを改善するには、回答文をテンプレート表現で書き換えて、対話メモリの中の商品情報が表示されるようにします。

　スタジオの画面左端の吹き出しアイコンからQ&A画面を開き、最初のQ&A「これいくら?」の編集フォームを開いてください。そして「Answer」欄の内容（この時点では「こちらの商品は、税込39,800円です。」）を以下のテンプレート表現に書き換えます。

コード6-7　「これいくら?」に対するAnswer

```
01  {{#user.webContext.thisProduct}}
02  こちらの商品「{{name}}」は、税込 {{price}}円です。
03  {{/user.webContext.thisProduct}}
04  {{^user.webContext.thisProduct}}
05  どの商品のことでしょうか?改めて商品ページでご質問ください。
06  {{/user.webContext.thisProduct}}
```

　このテンプレートは、大きく2つに分かれています。前半は「user.webContext.thisProduct」というプロパティに値が「ある」場合の表示、後半は値が「ない」場合の表示です。なぜ「値がない」場合を用意するかというと、このチャットボットを試せる環境を実際のECサイト上のWebChatに限らず、エミュレーターでも試せるようにしておくためです。ボットをエミュレーターから利用した場合、トリガーイベントがないのでwebContextが対話メモリに格納されません。そのため、エミュレーターでも動作を確認できるよう、値がない場合でもそれらしいメッセージを返すようにしました。

　変更が終わったら、入力欄以外の場所をクリックし、ハイライトを外すことで内容が保存されます。

図6-21 Answerを書き換えたところ

続いて、2番目のQ&A「在庫ある？」のAnswerも、同様に以下のテンプレート表現に変更します。

コード6-8 「在庫ある?」に対するAnswer

```
01  {{#user.webContext.thisProduct}}
02  こちらの商品「{{name}}」は、{{#stock}}まだ在庫がございます。ご注
    文はお早めに！ {{/stock}}{{^stock}}在庫切れです。申し訳ありま
    せん。{{/stock}}
03  {{/user.webContext.thisProduct}}
04  {{^user.webContext.thisProduct}}
05  どの商品のことでしょうか？改めて商品ページでご質問ください。
06  {{/user.webContext.thisProduct}}
```

それから、CMSへ登録したテキストメッセージにも「現在のページの商品名」を表示している箇所がありました。CMSのコンテンツ一覧画面から、"いまご覧いただいている商品「iPhone2I」についてのご質問ですね。"というメッセージを選択し、

270

そのメッセージを以下のテンプレート表現に書き換えてください[11]。

> いまご覧いただいている商品「{{user.webContext.thisProduct.name}}」についてのご質問ですね。

書き換えたら「Submit」ボタンで保存します。

図6-22 CMSのメッセージを書き換えたところ

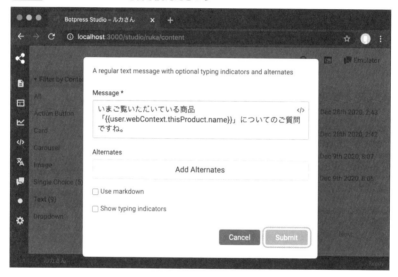

これで、テンプレート表現への書き換えが終わりました。動作確認してみましょう。ECサイトを再読み込みして、価格や在庫の質問をしてみてください。

---

[11]　CMSの操作については、第5章「5-2-2 コンテントタイプとCMS」を参照してください。

図6-23 チャットボットを起動して動作を確認

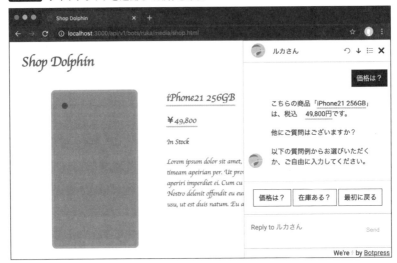

　ECサイト上の表示と同じ商品名、価格を使ったメッセージで回答できましたね。
つまり、対話メモリには商品情報が正しく保存されていたことがわかります。そし
て、やっと意味のある回答をしてくれるようになりました！

　本節では、私たちの接客ボットのシステム面の要件のうち、「UIが表示された
ページの商品情報に関して、質問に答えられる」という要件に取り組みました。こ
の要件を実現するため、既存のシステムである「ECサイト」とチャットボットのフロ
ントエンド同士を連動させる「フロントエンド統合」を簡単に行いました。そして、
この統合の過程で、Botpressにおけるイベント、イベントフック、対話メモリ、テン
プレートシステムの概念を紹介しました。これらは、以降のバックエンド統合でも
利用していきます。

第 **7** 章

接客ボットを作ろう
③ バックエンド統合編

私たちの接客ボットも、完成が近くなってきました。本章では、「システム面の要件」の残りである、以下の2つに取り組みます。

▶ チャットボットは、設置されたECサイトの商品情報を検索できること
▶ チャットボットは、問い合わせの内容と連絡先情報を保存できること

7-1 | バックエンド統合 ①商品検索

冒頭に示した2つの要件は、ユースケースとしては「商品検索」と「問い合わせ」にあたります。商品検索について、前章では会話の流れを実装しましたが、検索結果はQ&Aと同様に仮置きの商品情報を返すだけになっています。一方、問い合わせは正常系フロー以外の「フォールバックフロー」であるとし、前章までの段階ではフロー自体を実装していません。本章では、こうした未実装の仕様を「バックエンド統合」によって埋めていきます。

7-1-1 統合への道のり

第6章の冒頭で、2つの要件に関するシステム面の動きをまとめたことを思い出してください。以下のように想定しました[1]。

① 商品検索
・Botpressは、ユーザーから商品の検索要求があれば、バックエンドサービスから情報を取得して回答する

---

[1] 第6章の図6-1を参照してください。

・バックエンドサービスは、商品の検索要求があれば、商品情報DBへアクセスして検索する

②問い合わせ

・Botpressは、ユーザーから問い合わせの申し込みがあれば、バックエンドサービスへ情報を送信する

・バックエンドサービスは、問い合わせを受信したら、問い合わせDBへアクセスして保存する

こうした要件をもっと簡潔に言うと、要するにこうなります。

① 「バックエンドサービス」を用意しよう

② それを中継することで、2つのDBに対してBotpressから読み書きしよう

　このバックエンドサービスに求められることは、商品検索ではクエリ（検索）の実行であり、問い合わせではコマンド（書き込み）の実行です。しかしいずれもデータベース操作には違いないので、似たようなものですね。そのため今回は、最初にこの2つの用途に共通で使えるバックエンドサービスを用意することにしましょう。そして、バックエンドサービスの準備が出来たら、それを使った統合を順番に進めていきます。

　本節でも、Botpressの新しい用語を2つ覚えていただきます。それは「スキル」と「アクション」です。

▶ 私たちは、大きいプログラム部品である「スキル」を利用することで、バックエンド呼び出しなどの「フローで行う典型的な処理」を簡単に実装できます。

▶ 私たちは、小さいプログラム部品である「アクション」を利用したり、作成したりすることで、フローに足りない処理を自由に追加できます。

　統合を進めるときは、これらについてその意味と使い方を確認しながら、対応する機能を実装していきましょう。

さて、まずは今回の接客ボットに必要なバックエンドサービスを用意します。そのために、このバックエンドサービスの要件を考えてみましょう。これまでの想定から、以下の特徴を持つサーバープログラムであることが必要と考えられます。

▶ Botpress から HTTP で要求を受け取って対応できること
　＝ Web API をホストできるサーバープログラムであること
▶ 商品情報 DB 及び問い合わせ DB への読み書きができること
　＝ CSV ファイルを扱えること

そして、Botpress に対して提供が必要な API は、以下の 2 つです。

① Botpress から検索クエリを受け取り、商品情報 DB を検索し、結果を応答する API
② Botpress から問い合わせデータを受け取り、問い合わせ DB に格納し、結果を応答する API

今回は CSV のデータベースを利用することを踏まえて上記の要件を一般化して考えると「CSV データベースに対する検索と追記のサービスを提供する API サーバー」があれば、今回のバックエンドサービスとして利用できそうです。

ではまず、このような要件を満たす実装を用意しましょう。実際のプロジェクトであれば、非機能要件も考慮して設計したうえで、本番環境のインフラや運用のことを考えた選定や開発が必要でしょう。しかし、本書でのプロジェクトは架空の案件ですし、手元の PC で手軽に動かせるものにしておきたいですよね。

そのための小さなプログラムをこれから開発してもよいのですが、サーバーソフトウェアの開発方法は本書の関心事ではありません。そのため本書では、今回の目的に使えるシンプルなプログラムをあらかじめ用意しておきました。これをダウンロードして利用することにしましょう。

このプログラム「simple-csv-service」は、JavaScript で書かれたサーバーソフ

トウェアであり、実行するにはJavaScriptの実行環境である「Node.js」を必要とします。そのため、まずはNode.jsをインストールしましょう。

Node.jsをダウンロードするには、Webブラウザで以下のURL

```
https://nodejs.org
```

にアクセスして、Node.jsのホームページを開きます。ページが表示されたら、「ダウンロード」という見出しの下にある緑のボタン2つのうち「LTS」という文字が書かれている方のボタンをクリックしてください。

図7-1　Node.jsのLTS版をダウンロードする[*2]

ダウンロードが完了したら、ファイルを実行してインストールしてください。インストーラーの操作説明は省略しますが、基本的にデフォルトの設定のままで問題

[*2] 　図はWindowsの場合の表示（以下同）。Node.jsのバージョンは本書執筆時点のもの。バージョン番号は異なる場合があります。

ありません。Nextボタンを押していって、インストールを完了させてください[*3]。

Node.jsのインストールが終わったら、次に本書のオリジナルプログラム「simple-csv-service」をインストールします。Webブラウザで下記URLを開いてください。

```
https://github.com/petitroto/simple-csv-service
```

Githubのリポジトリ画面が表示されたら、ページ上部にある緑色の「Code」ボタンをクリックします。

図7-2 CodeボタンからZIPファイルをダウンロード

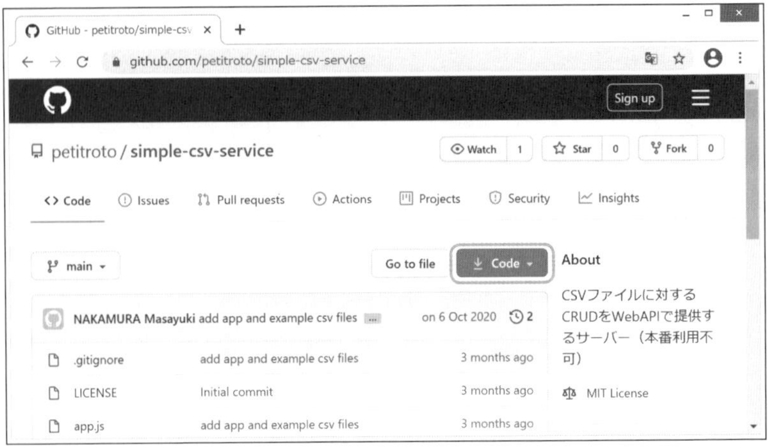

ポップアップで表示されるメニューから「Download ZIP」を選ぶと、ソースコード一式をzip形式にまとめたファイルをダウンロードできます。ダウンロードが完了したら展開してください。展開後のフォルダを開いて、ファイルを確認しておきましょう。

[*3] デフォルトでは通常のアプリケーションフォルダへインストールされるため、最後にOSの管理者権限による承認操作が必要になることがあります。

図7-3　ダウンロードしたファイルを展開したところ

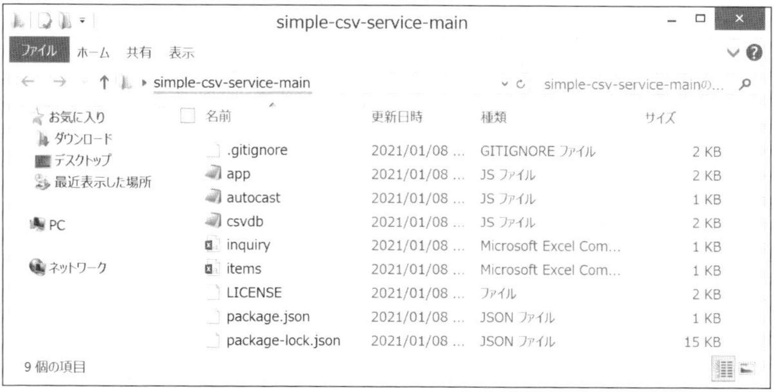

ダウンロードしたファイルを見ると、いくつかのJavaScriptファイルのほかに、inquiry.csvとitems.csvというファイルがあります。これらは、第6章の冒頭で「既存のシステム」として紹介した商品情報DBと、問い合わせDBに相当するCSVファイルと同じものです[*4]。今後私たちは、これらのファイルを既存のシステム（ECサイト）のデータベースであるとして使っていきます。

　では、先ほどインストールしたNode.jsを使って、simple-csv-serviceを起動してみましょう。起動するには、シェル環境（Windowsではコマンドプロンプト、macOSではターミナル）を利用します。simple-csv-serviceのファイルを展開したフォルダへ移動して

```
npm i
```

を実行します。このコマンドは、simple-csv-serviceの実行に必要な「依存パッケージ」一式をインストールするコマンドです。続いて、次のコマンドを実行すると、サーバープログラムが起動します。

[*4]　第6章「6-2『既存のシステム』の仮設置」を参照してください。

```
npm start
```

この時点でシェルは、次のような表示になります[5]。

図7-4 Node.jsを起動したところ

起動時のメッセージに「http://localhost:3030」というような表示があれば、起
動は成功しています。動作も確認してみましょう。ブラウザで下記URLを開きま
す。

---

[5] 環境によっては、ここまでの実行によりファイアウォールの警告が表示されることがあります。これ
は、実行したsimple-csv-serviceが、他のプログラムからの通信を受け付けるようになったためであり、
サーバープログラムとしては正常です。そのため「アクセスを許可する」操作を行ってください。

```
http://localhost:3030/items
```

すると、items.csvの内容のデータ3件が、JSON形式（オブジェクト配列）で返ってきます。

図7-5 返ってきた商品データ

では、今度は下記URLを開いてみてください。先ほどのURLの最後に「クエリ」が付いています。

```
http://localhost:3030/items?price__gte=50000
```

今度は、返ってくる内容が1件に減りました。このクエリは「5万円以上」という条件を意味するクエリです。そのため、5万円以上の商品1件のみが対象になったのです。

図7-6 5万円以上の商品を検索した結果

inquiry.csvのほうも見ておきましょう。次のURL

```
http://localhost:3030/inquiry
```

を開いてください。こちらも、CSVの内容がJSON形式で返ってきます。

図7-7 inquiry.csvの内容が返ってきたところ

簡単ですが、これでsimple-csv-serviceについて動作を確認できました。このほか、本書で利用する範囲の仕様について概要をまとめておきます。よりくわしく知りたい場合は、simple-csv-serviceのリポジトリを確認してください[6]。

---

[6] simple-csv-serviceは、本番環境で利用する目的で作成されていないため、データの整合性やセキュリティが担保されていません。ローカル環境限定で、かつ試験的な目的での利用に止めてください。

表7-1

基本仕様	・起動すると、デフォルトは3030番ポートでリクエストを受け付ける ・CSVファイルを操作するには、そのファイル名をリクエストURLのパス部分に指定する ・操作するCSVファイルは、1行目にヘッダーがあるファイルが、予め同じフォルダに存在する必要がある
検索（抽出）	・データを検索（抽出）したい場合は、HTTP GETリクエストを送る ・検索条件は、URLパラメータ（クエリ文字列）で指定する ・パラメータは、CSVの1行目に記載された項目名を元に、項目名 __ gte=50000のように指定する ・「gte」は「以上」（Greater Than or Equal to）の意味で、他にもgt、gte、lt、lteのような比較演算子がある ・複数のパラメータを指定すると、AND条件として絞り込む
登録	・データを登録したい場合は、HTTP POSTリクエストを送る ・登録するデータは、リクエストボディにJSON形式で指定する ・Content-Typeは「application/json; charset-utf-8」とする

これで、接客ボットに必要なバックエンドサービスをセットアップできました。そして、2つのDBにもつながっていることを確認できました。では、各機能を実装していきましょう。

7-1-3　検索機能の実装① Call APIスキル

では、バックエンドサービスを使って、本節ではまず「商品検索」の会話について「仮の情報」を「本物の情報」に置き換えていきましょう。

第5章で実装した商品検索の会話は、以下のようなものでした。

① ユーザーが対話行為《価格による検索要求》（query）をとった場合に発動する

② 対話行為の属性として「価格の範囲」（下限価格、上限価格）を受け取る

③ 応答として「以下の商品が見つかりました。iPhone21 128GBモデル http://example. com/」のような文言を返す

これをもとに考えると、実装すべき処理の追加や変更は、以下のようにまとめられます。

A) 検索クエリの組み立て

　②のあと、価格の範囲を表現した検索クエリを組み立てる

B) 検索クエリの実行

　Aのあと、検索クエリを実行して商品情報を得て、対話メモリへ保存する

C) 検索結果の表示

　③の文言をテンプレート表現に置き換えて、対話メモリの商品情報を表示する

このうち、Cについては、前節のフロントエンド統合で同じようなことをしたので、Botpressでどのような作業をするかについては想像しやすいのではないかと思います。では、AとBはどのように実装するのでしょうか。ここで使うのが「7-1-1 統合への道のり」で触れた「アクション」と「スキル」です。Aは「アクション」として実装します。Bは「スキル」のうち「Call APIスキル」を利用します。ここであらためて、アクションとスキルについて説明しておきましょう。

アクションとは、フローのノードから呼び出せるプログラム部品です。ここまで作ってきたフローでは、ノードのonEnterやonReceiveから「コンテンツの表示」のみを実行していました。しかし、実はこのとき、Botpressではコンテンツの表示に限らず、任意のJavaScriptコードを実行することが可能です。ここでコードを走らせることにより、例えば対話メモリの読み書きや、バックエンドサービスとの通信を実行できます。このような「ノードで実行可能なコード」をアクションといい、私たち自身が書くこともできるほか、以下の表のようなアクションがBotpressに標準で搭載されています。

表7-2 Botpressが標準で備えるアクション

カテゴリ	名前	内容
Analytics	analytics/increment	メトリクス加算
	analytics/decrement	メトリクス減算
	analytics/set	メトリクス設定
Channel Web	channel-web/sendDataToChat	親ページへのデータ送信
Language	builtin/switchLanguage	ユーザー言語変更
NDU	builtin/sendFeedback	ユーザー評価の送信
NLU	builtin/appendContext	コンテキスト追加
	builtin/removeContext	コンテキスト削除
	builtin/resetContext	コンテキスト初期化
Slot	basic-skills/slot_reset	スロット初期化
Storage	builtin/getGlobalVariable	グローバル変数の取得
	builtin/setGlobalVariable	グローバル変数の設定
	builtin/resetGlobalVariable	グローバル変数の初期化
	builtin/setVariable	対話メモリの変数の設定
	builtin/getNumberOfConversations	会話回数の取得
	builtin/incrementNumberOfConversations	会話回数の加算
	builtin/resetSession	セッションの初期化
Utility	builtin/wait	指定するミリ秒数の遅延

CHAPTER - ① ② ③ ④ ⑤ ⑥ ⑦

　なお、任意のJavaScriptコードを実行できる仕組みといえば、Botpressではアクションのほかに、前章で扱ったフック（イベントフック）があります。アクションとフックの違いは主に、コードが呼び出されるタイミングの違いです。アクションがフローから呼び出してコードを実行できるのに対し、フックはフローの外部からBotpressに介入します。目的の動作を実現するには、この違いを踏まえてアクションとフックを使い分ける必要があります。

　一方、スキルはフローにおいてそれ自体が「特別なノード」として働くプログラム部品です。ノードから呼び出すアクションとは異なるのは、スキルが他のノードへの遷移を持つ点です。Botpressに標準で搭載されているスキルには4種類があり

ます。

表7-3 Botpressが標準で備えるスキル

スキル名	説明	主な設定項目	生成される遷移	ユーザー入力を…
Choice	メニューから選ばないと先に進ませないフローを作れるスキル	・表示するsingle-choice ・選択肢の同義語	・選択肢に対応する遷移 ・上限回数まで選択されなかった場合の遷移	待つ
Call API	Web APIを呼び出した結果によって分岐するフローを作れるスキル	・HTTPメソッドとURL ・ボディとヘッダー ・応答を保存する対話メモリ	・リクエスト成功時の遷移 ・リクエスト失敗時の遷移	待たない
Slot Filling	スロットが充足しないと先に進ませないフローを作れるスキル	・対象のインテントとスロット ・入力を求めるメッセージ ・入力を検査するアクション	・スロット充足成功時の遷移 ・スロット充足失敗時の遷移 ・すでに充足しているときの遷移	待つ
Send Email	Eメールを送信しようとした結果によって分岐するフローを作れるスキル	・差出人/宛先/CC/BCCのメールアドレス ・件名の本文のコンテンツ	・送信成功時の遷移 ・送信失敗時の遷移	待たない

　実は、これらのスキルでできることは、アクションだけを使ってノードを作成してフローを作っても、全く同じ仕様を再現できます。しかしながらスキルは、「どのチャットボットでもよく実装されるフロー」を「簡単に」実装できるようにした機能です。言い換えると「フローの定石を1ノードにカプセル化したもの」です。そのため、実現したいフローを実現するのに既存のスキルが当てはまる場合は、アクションで実装するよりスキルを利用したほうが、早く開発できて、保守しやすいボットを実現できます。

　では、以上を踏まえ、実装すべき処理の追加や変更をもっと具体的にしておきましょう。まとめるとA〜Cに対応した以下の3点になります。

　まずA)の「検索クエリの組み立て」については、これを実行するアクションを新

規に作成します。そのアクションでは、対話メモリから「価格の範囲」のスロット値を読み込み、これを使って「price__gte=50000」のような検索クエリを作り、これをまた対話メモリへ保存します。

　次にB) の「検索クエリの実行」については、Botpressが標準で備える「Call APIスキル」で用が足りるため、わざわざアクションを書く必要はありません。これを使いましょう。Call APIスキルでは、リクエストURLの設定にテンプレートを利用できるため、Aで対話メモリに保存した検索クエリをURLへ付与します。合わせて、Call APIスキルは実行結果を自動的に対話メモリへ保存することもできます。

　最後にC) の検索結果の表示については、Bで対話メモリに保存した検索結果を、テンプレート表現で表示します。

　これで実装仕様がクリアになりました。それでは、実装を進めましょう。

　最初にフローエディタを開き、私たちが今まで作ったフローを表示してください。

図7-8 この時点でフローエディタを開いたところ

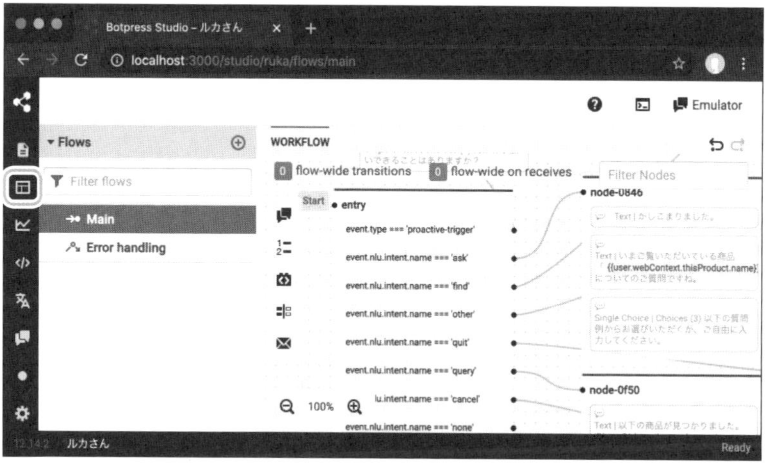

ここで変更したいのは、entryノードの遷移のうち「event.nlu.intent.name === 'query'」からの枝です。しかし、このフローにはもうすでにノードもリンクもたくさんあり、さらにノードを増やすと見通しが悪くなりそうです。そういうときは、フ

ローを分割しましょう。今回は《価格による検索要求》のフローを、今までとは別のフローとして作ります。具体的には、新規のフローを追加します。フローエディタの左ペインにある「Flows」の見出しの「＋」ボタンをクリックしてください。すると「Create Flow」モーダルが表示されます。

図7-9 新規のフローを作成する

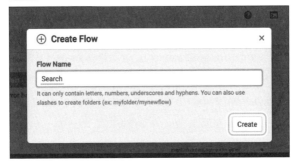

　新しく作るフローの名前として、「Flow Name」に「Search」と入力し、「Create」ボタンを押します。すると、フローエディタの左側のペインにはこのSearchフローが追加され、新しいフローの編集画面が表示されます。この時点ではentryノード以外、ノードもリンクもありません

図7-10 新規のフローの編集画面

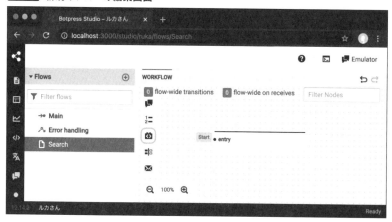

　さて、この新しいフローに、先ほど計画したA、BおよびCを実装していきましょう。Aから順に作ってもよいのですが、開発の作法として「可能な限り小さく動かしながら作る」ことを原則にしたいので、さきにBとCを作って動作を確認し、それからAを追加で実装する流れのほうが安心して進められそうです。この方針に従い、まずはB、つまり「Call APIスキル」から先に設定しましょう。

　「Call APIスキル」を使うには、右ペインの左端（ウィンドウ全体で見ると中ほど）にあるツールバーの、上から3番目にある「タグ付きブロック」アイコンをドラッグして、entryノードの近くに配置します。配置と同時に「Insert a new skill | Call API」ダイアログが表示されます。

図7-11 Insert a new skill | Call APIダイアログ

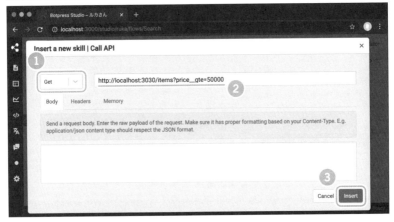

このダイアログでは、送信するリクエストの内容と、そのレスポンスを保存する対話メモリについて設定します。今回のリクエストは、バックエンドサービスに対する検索リクエストです。そして検索リクエストは、先ほどブラウザで簡単に試せたように、単純なHTTP GETリクエストで問題ありません。そのため、ここではURL入力欄に

```
http://localhost:3030/items?price__gte=50000
```

とだけ入力しておきましょう。検索クエリ部分は後の工程で書き換えます。

なお、レスポンスについては、デフォルトでは「temp.response」に保存されます。今回の接客ボットでは変更する必要性がないので、これをこのまま使うことにします。これで入力完了として「Insert」ボタンを押します。

フローエディタに戻って確認すると、「Call API」ノードが増えていることがわかります。

図7-12 「Call API | CallAPI-search」ノードが追加された

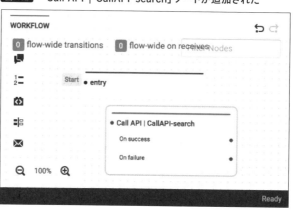

このノードはデフォルトで「成功時」「失敗時」の遷移を持っています。つまり、あとはそれぞれの遷移先となるノードを作ってCall APIノードとリンクし、さらにCall APIノードをentryノードの遷移先となるようにリンクすれば、目的のフロー構成にできます。ここまで一気に進めましょう。

あらかじめ、成功時、失敗時用のノードに使うコンテンツを作成しておきます[7]。検索が成功したときに使うコンテンツを登録する際、コンテンツタイプには「Text」を選び、メッセージには次のコードを入力します。

```
{{#temp.response.body.length}}以下の商品が見つかりました。{{/
temp.response.body.length}}
{{#temp.response.body}}
* [{{name}}](http://example.com/{{sku_id}}) {{price}}円
{{#stock}}在庫あり（残り{{stock}}個){{/stock}}{{^stock}}在
庫なし{{/stock}}
{{/temp.response.body}}
```

---

[7]　コンテンツの作成は第5章「5-2-2 コンテンツタイプとCMS」（180ページ）を参照してください。

```
{{^temp.response.body}}申し訳有りません。ご所望の条件の商品は見つ
かりませんでした。{{/temp.response.body}}
```

このメッセージでは、検索結果を表示するときにリストやリンクを表示するの
で、マークダウン記法も利用しています。コンテンツとしてこれを登録するときは
「Use markdown」にチェックを入れて登録してください。

図7-13 成功時に表示するコンテンツを登録

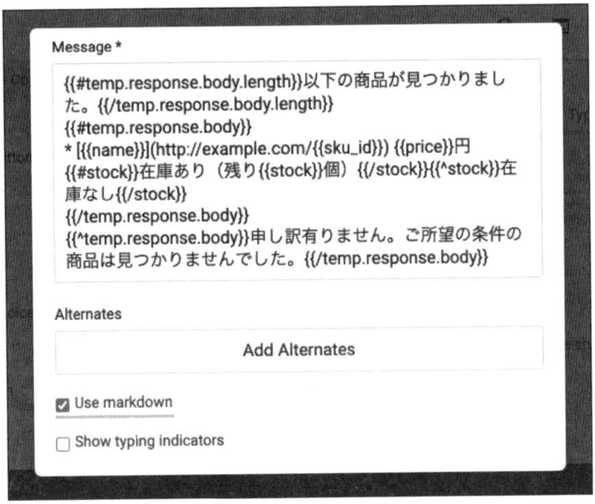

```
Message *
{{#temp.response.body.length}}以下の商品が見つかりまし
た。{{/temp.response.body.length}}
{{#temp.response.body}}
* [{{name}}](http://example.com/{{sku_id}}) {{price}}円
{{#stock}}在庫あり（残り{{stock}}個）{{/stock}}{{^stock}}在
庫なし{{/stock}}
{{/temp.response.body}}
{{^temp.response.body}}申し訳有りません。ご所望の条件の
商品は見つかりませんでした。{{/temp.response.body}}
```

Alternates

Add Alternates

☑ Use markdown

☐ Show typing indicators

同様に、検索を失敗したときのコンテンツも登録します。コンテントタイプは
成功時用と同様にTextで、メッセージに「申し訳ありません。システムエラーのた
め商品をお探しすることができません。しばらくたってからもう一度お試しくださ
い。」としておきます。これはシンプルなテキストなので、「Use markdown」のチェッ
クは必要ありません。

コンテンツが登録できたら、成功時用のノード「search-success」と、失敗時用
のノード「search-failure」を作り、次の図を参考にそれぞれ適切なコンテンツを
設定します。コンテンツの登録先は、それぞれのノードのOn Enterプロパティで
す。

図7-14 新たにノード「search-success」と「search-failure」を作成

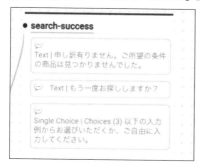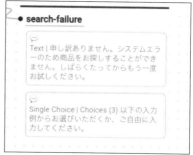

このノードとCall APIノード、およびCall APIノードとentryノードとの間でリンクを作成します。entryノードに作成する遷移は、「遷移条件」に「Always」を選択してください。これにより、常にentryノードから無条件でCall APIノードに遷移します。この結果、Searchフローは全体で次の図のようになります。

図7-15 完成したSearchフロー

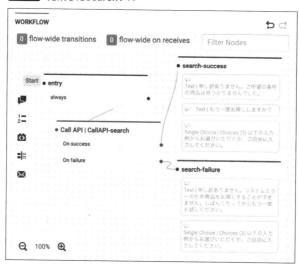

これでSearchフローがとりあえず完成しました。では、ユーザーから《価格による検索要求》があったときに、この新しいフローが実行されるようにしましょう。今までのMainフローに戻り、entryノードの遷移「event.nlu.intent.name === 'query'」の編集モーダルを開いてください。

図7-16 Mainフローのentryノードの遷移「event.nlu.intent.name === 'query'」を書き換える

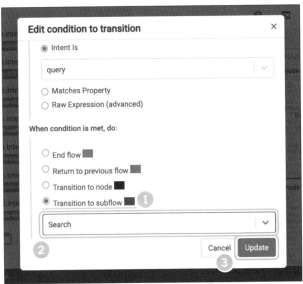

ここまでで作成したノードの遷移は、遷移先が常に「Transition to node」でした。今回はこれを「Transition to subflow」に変更して、遷移先に「Search」を指定します。最後に「Update」ボタンを押して保存してください。これで、ユーザーの対話行為から新しいフローへの遷移が行われるようになったはずです。ECサイトを開いて試してみましょう。

図7-17　ECサイトで動作を確認

ついに、検索結果にデータベースの商品情報を表示できるようになりました！

7-1-4　検索機能の実装 ②アクション

　ここまでで、ひとまず検索結果に商品情報DBから情報を読み込むことはできるようになりました。しかし、これではまだ不十分です。気が付いた人もいると思いますが、検索条件に対して適切な回答になっていないからです。前の図でいえば、ユーザーは「3万円以上かつ5万円未満のを検索」という選択肢を選んでいるのに、59,800円の商品を返しています。次にこの表示が正しくなるよう実装しましょう。

　ここが間違った商品になる原因は何でしょう。もうわかっている人もいるかもしれませんね。実は、図7-11でCall APIノードを作成する際、APIをコールするときのURLに「?price__gte=50000」という記述を固定的に入れてしまったからです。

この部分を「対話行為の属性」つまり「スロット lower と upper の値」からアクショ
ンで作り出しましょう。同時に、呼び出す API の URL をテンプレート表現に置き換
えます。

アクションを作るには、フックを作るときに使ったコードエディタを開きます。

図7-18 コードエディタでアクションを作る

今度は、左のファイル一覧の「Actions」という項目の右端にある「＋」ボタンを
使います。表示されるモーダルには、ファイル名を「buildQueryString.js」と入力
して「Submit」しましょう。

図7-19 アクションのファイル名に buildQueryString.js を入力

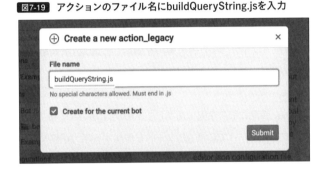

　すると、アクションのひな形が読み込まれたエディタ画面が表示されます。フックとは少しコードの記述が異なっていることがわかるでしょうか。アクションの場合は、この後の工程でフローエディタに戻り、ここで作成したコードをノードに登録する操作が必要になります。このため、アクションのひな形は、フローエディタに表示する情報も合わせて記入できるようになっています。

図7-20　アクションのひな形が読み込まれたコードエディタ

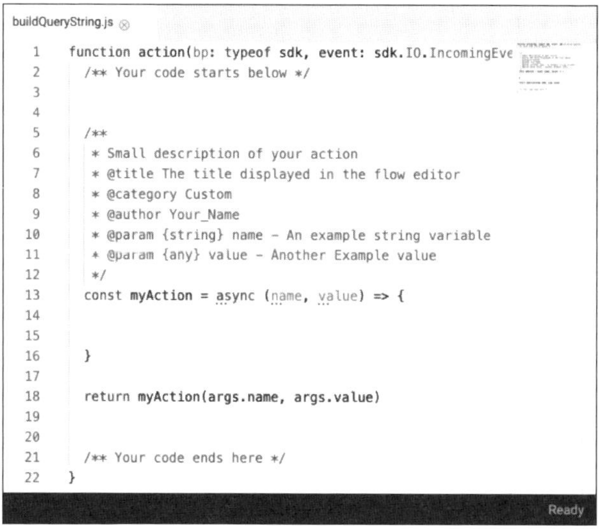

```
buildQueryString.js
 1    function action(bp: typeof sdk, event: sdk.IO.IncomingEve
 2      /** Your code starts below */
 3
 4
 5      /**
 6       * Small description of your action
 7       * @title The title displayed in the flow editor
 8       * @category Custom
 9       * @author Your_Name
10       * @param {string} name – An example string variable
11       * @param {any} value – Another Example value
12       */
13      const myAction = async (name, value) => {
14
15
16      }
17
18      return myAction(args.name, args.value)
19
20
21      /** Your code ends here */
22    }
                                                    Ready
```

　では、アクションの内容として、下記のコードを入力して、保存してください。

コード7-1 buildQueryString.js

```
01  function action(bp: typeof sdk, event: sdk.
    IO.IncomingEvent, args: any, { user, temp, session
    } = event.state) {
02    /** Your code starts below */
03
04    /**
```

```
05        *  商品検索のクエリ文字列を作成してtemp.queryStrへ保存
06        *  @title 商品検索クエリ構築
07        *  @category Custom
08        *  @author nakmas
09        */
10      const buildQueryString = async () => {
11        const { upper, lower } = event.nlu.slots
12
13        // パラメータオブジェクトを組み立てる（境界値は範囲内とする）
14        const params = {}
15        if (upper) params['price__lte'] = upper.value
16        if (lower) params['price__gte'] = lower.value
17
18        // クエリ文字列化して対話メモリへ格納
19        temp.queryStr = Object.keys(params)
20          .map(key => `${key}=${params[key]}`)
21          .join('&')
22      }
23
24      return buildQueryString()
25
26      /** Your code ends here */
27    }
```

このコードについては、重要なポイントに絞って説明します。

11行目を見てください。このイベントから抽出されたスロットの情報を「event.nlu.slots」で参照しています。会話によっては、複数回のユーザー入力からスロットの値を集めることが必要になります。その場合は「session.slots」を参照するようにします。

　19行目もポイントになります。このアクションで作る検索クエリは、フローのすぐ後にあたるCall APIスキルで利用します。つまり、フローの中でデータを受け渡すことになるため、「temp」に値を格納することにしました。対話メモリのスペースの中でtempを選ぶ理由は、tempの寿命が「フロー実行中」に限られるからです。保守のしやすさやセキュリティのため、対話メモリには「残すべきものだけを残す」ことが重要です。そのため、一時的に保存したいだけのデータは、必要がなくなったら勝手に消えてくれる場所に保存しましょう。

　アクションを作成したら、それをフローの中で使いましょう。フローエディタで「Search」フローを開き、entryノードのonEnterプロパティのところで「＋」ボタンを押します。

図7-21　onEnterで「商品検索クエリ構築」を実行する動作を追加

　ここまでで作成したonEnterでの動作は「Say Something」でしたが、ここでは「Execute code」を選び、実行するアクションには先ほど登録した「商品検索クエリ構築」を選びます。これで、検索クエリがtemp.queryStrに格納されるようになりました。

　では、この検索クエリをAPI呼び出しで使うように設定しましょう。Call APIノードで「Edit Skill」ボタンを押し、スキル設定のモーダルを開きます。

図7-22 Call APIノードのスキルを書き換える

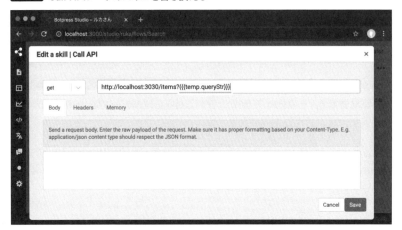

そして、URLを下記のように書き換えて保存します[8]。

```
http://localhost:3030/items?price__gte=50000
              ↓
http://localhost:3030/items?{{{temp.queryStr}}}
```

これで、ユーザーが指定した「価格の範囲」が、商品検索の結果に反映されるはずです。ここまで進めたところで、また EC サイトで動作を試してみましょう。

---

[8] 波括弧の数が3つずつであることに注意してください。テンプレートシステムであるMustacheは、HTMLにおける特殊文字に対して標準でエスケープ処理をします。ここでは「&」がその対象になるため不都合が発生します。この問題に対して、上記の表記では波括弧を3つにすることで、エスケープ処理を適用させないようにしています。

図7-23 価格の範囲が反映されているかを確認する

　正しい商品情報が返ってくるようになりました！ これで商品検索機能の実装は完了です。あとは、ボットでは対応できない問い合わせへの対処を実装すれば完成です。

7-2 ｜ バックエンド統合 ②問い合わせ

　前節までで、バックエンド統合の半分が完成しました。残り半分は「問い合わせフロー」の実装です。

7-2-1　統合への道のり

　まず「問い合わせフロー」についておさらいがてら、もう一度整理しておきます。前章では、以下のように設計しました。

▶ 問い合わせフローは「接客ボットが適切に案内できない場合は、担当者へ引き継ぎできること」という要件に対応する仕様である

▶ ユーザーの対話行為が、ボットが対応できない《その他の要求》だった場合は、その旨を伝えたうえで、問い合わせフローへ誘導する

▶ ユーザーの対話行為が、ボットが認識できない《不明》な対話行為だった場合も、問い合わせフローへ誘導する

▶ 問い合わせフローでは、まず最初に「問い合わせのガイダンス」をしたうえで、ユーザーからそのまま問い合わせする意思表示があったら「問い合わせの受付」をする

▶ 「問い合わせの受付」は、メールアドレスあるいは電話番号と、ユーザーの名前を聞くことで受付完了とする

　前章では設計までしか済んでいません。会話のコンテンツやフローの実装には未着手でした。そのため、本節ではまずそこから始めます。そして、そのあとバックエンドの統合を行います。

　前節で手がけた商品検索のバックエンド統合では、その実装を2段階に分けて進めました。最初に「バックエンドサービスとの接続を先に済ませる（内容の整合性は後回しにした）」ことを優先し、「そのあと、整合性のある内容にした」という順番で実装しました。これは「可能な限り小さく動かしながら作る」という方針で臨んだためです。この進め方は、うまくいかなかったときに原因特定がしやすいので、今回も同じ考え方を採用したいと思います。

　以上の進め方の話を総合して、本節では大きく3ステップで進めていこうと思います。

① まずは「役には立たないが、会話はひと通りできる」状態にする（UX実装）

② そのあと「内容は正しくなくてかまわないので、問い合わせがDBへ記録される」状態にする（外部仕様実装）

③ 最後に「会話を通して本物の情報を集め、本物の情報がDBへ記録される」状態にする（内部仕様実装）

7-2-2　UXの実装 ①システム主導とChoiceスキル

　さて、まずは①の「役には立たないが、会話はひと通りできる」状態にしましょう。以下のコンテンツを、これまでと同様の操作でCMSへ登録してください。

表7-4 問い合わせ対応のために登録するコンテンツ

コンテントタイプ	メッセージ	選択肢	値
Text	恐れ入りますが、担当の者から追ってご回答させてください。	—	—
Single Choice	よろしければ、私から担当の者へお繋ぎしますが、いかがでしょうか？	はい	yes
		いいえ	no
Text	ありがとうございます。	—	—
Text	「やめる」と入力すると、いつでも手続きを中止できます。	—	—
Single Choice	どのような連絡方法を希望されますか？	電話	phone
		メール	email
Text	それでは電話番号を伺います	—	—
Text	それではメールアドレスを伺います	—	—
Text	お客様は、何とお呼びしましょうか？	—	—
Text	●●さま、ですね。	—	—
Text	お問い合わせを承りました。	—	—
Text	それでは●●さま、後日改めてご連絡させてください。	—	—
Text	手続きを中断します。	—	—
Text	大変申し訳ございません。システムエラーのためお問い合わせをお受けすることができませんでした。	—	—
Text	恐れ入りますが、しばらく経ってから改めてお問い合わせをお願いいたします。	—	—

　登録が終わったらフローエディタを開き、「Flows」の「＋」ボタンから「Fallback」という名前で新しいフローを作成します。以下、フローの作成はこれまでと基本的に同様です。このため、詳細な手順は省略します。Fallbackフローについては、次のようにフローを組み立ててください。

図7-24 Fallbackフローの構成

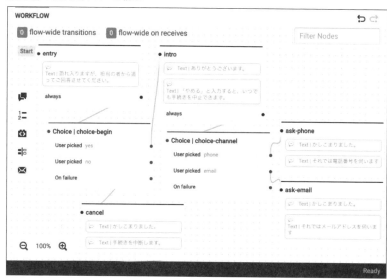

　このフローは、問い合わせのガイダンスから、電話番号かメールアドレスを尋ねるところまでを組み立てたものです。ノードの流れを説明すると、entryノードからchoice-beginノードに進みます。この流れの中で、担当者から連絡させることについての了承について、yesもしくはnoの選択肢を提示して選んでもらいます。yesの場合はintroノードからchoice-channelノードに進み、連絡手段として電話もしくはメールのどちらを希望するかを尋ねます。

　ここで特徴的なことは、「Choiceスキル」を使用している点にあります。Choiceスキルは、ノードのツールバーでは上から2番目にあります。先の図のフローではこれを2つ使い、「choice-begin」と「choice-channel」というノードを作りました。

図7-25 choice-beginとchoice-channel

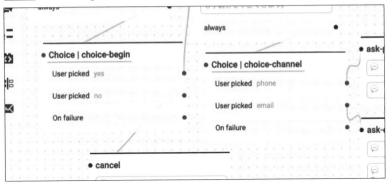

Choiceスキルとは「メニューから選ばないと先に進ませないフロー」を作るスキルです。choice-beginの場合、問い合わせを行うかどうかの意思表示をユーザーに求め、その入力がyesに属するかnoに属するかでフローが分岐します。choice-channelでは、折り返しの連絡方法として電話とメールを選択肢としてユーザーに提示し、その入力がphoneに属するかemailに属するかでフローが分岐します。いずれも、事前に登録したワード以外の入力だった場合は受け付けず、上限回数になるまで「正しい」入力を求めます。choice-beginの設定例を見てみましょう。

図7-26 choice-beginの設定

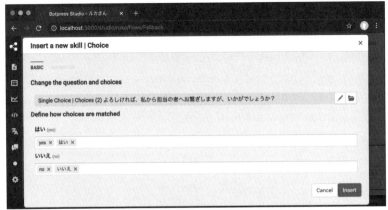

　本書の接客ボットは「ユーザーにいつでも自由な対話行為を許す」という考えで作っているので、これまでユーザーの入力を制約することはしていませんでした。しかし、この問い合わせのように定型の手続きを行うフローでは、ユーザー主導を許してしまうと不必要に対話が複雑になるだけで、よいUXにはならない場合があります。そのため、この問い合わせフローに限っては、システム主導を強制することにして、Choiceスキルを使います。

　そして、今回のプロジェクトで初めて「ユーザー入力を待つ」ノードを使いました。今まで使っていたノードは全て、ユーザー入力を待たない「ノンブロッキング」ノードでした。そのため、ユーザー入力によってフローが実行されるときはいつでも「Mainフローのentryノード」から始まっていました。

　これに対してChoiceは、ユーザー入力を待つ「ブロッキング」ノードです。ブロッキングノードはユーザー入力を待ち、次のユーザー入力は「そのノード」から再び開始されます。

　このような事情から接客ボットでは、このFallbackフロー全体をシステム主導にします。そこで、ユーザー入力を受ける場所は全てブロッキングノードを使うようにします。これは、第2章で解説した「状態遷移ベースのDM」そのものだと理解してください。では、続きを作っていきましょう。

7-2-3　UXの実装 ② On Receive

　先ほどのフローの続きを作り、問い合わせの受付完了まで完成させます。次の図のように、choice-channelノードから先のフローを組み立ててください。

図7-27 電話番号もしくはメールアドレスを尋ねるノードから問い合わせ受付の完了までのフローを作成

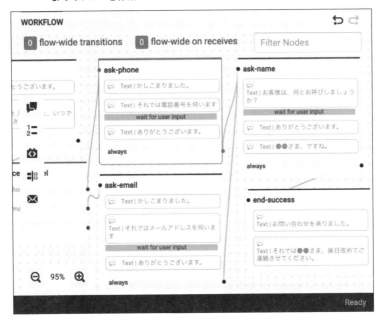

図7-25 以降のフローとして、連絡手段に電話を希望した人には連絡先となる電話番号を、メールを希望した人にはメールアドレスを尋ねます。その後、ユーザーの名前を入力してもらって、問い合わせの受付フローが完成です。

　ここでのポイントは、通常ノードをブロッキングノードにしている点です。例えば、前の図では「ask-phone」の「On Receive」プロパティに「ありがとうございます」というメッセージを設定しています。On Receiveは第4章でも触れましたが、「ユーザー入力を待ち、それを受け取ったとき」に実行することを登録する場所です。つまり、ここに何かをするということは、ユーザー入力を待つことが前提になります。通常ノードがブロッキングノードになったことは、フロー上のノードに「wait for user input」という黄色いバーが表示されていることでも判断できます*9。

＊9　On Receiveにメッセージを登録する際に「Wait for user message」というチェックボックスがあります。これにチェックを入れると、メッセージを何も登録しなくてもブロッキングノードにすることができます。メッセージを登録する場合は関係ありません。

図7-28 ブロッキングノードに表示されるメッセージ

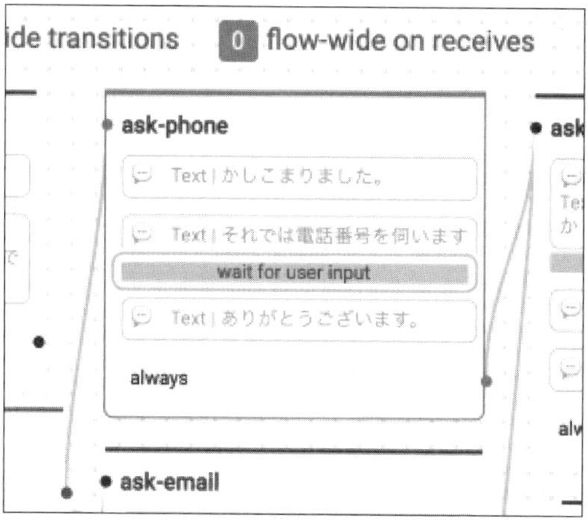

　さて、ここまでのフロー構築が完了したら、「役には立たないが、会話はひと通りできる」状態になったはずです。このフローを試せるように、MainフローのentryノードからFallbackフローに入れるようにしましょう。とりあえず、《その他の要求》（other）に応答するノードを変更します。このノードに設定されていたメインメニューを削り、メッセージを表示したあとは常にFallbackフローに移行するよう、遷移を追加してください。

図7-29 MainフローからFallbackフローへの遷移を作る

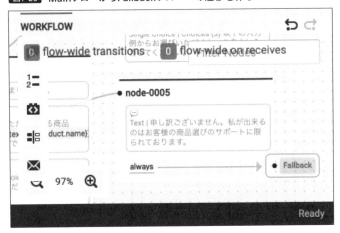

この状態でECサイトを開き、ボットのUIを開きます。そこで、今作った遷移へ進んでみます。

図7-30 ECサイトを開き、Fallbackフローへの遷移を確認

　Fallbackフローへつながりましたね！　このまま続ければ、連絡先をヒアリングされる会話も確認できるはずです。フローが終了したときに会話が止まるのはいずれ修正するとして、ひとまずの目的は達成しました。

7-2-4　外部仕様の実装

　これで会話が流れるようになったので、次は「内容は仮のものとして、問い合わせがDBへ記録される」状態にしましょう。私たちは、この作業に必要なパーツをすでに持っています。バックエンドサービスと、Call APIスキルです。今までと少し異なるのは、Call APIスキルの使い方だけです。

　接客ボットのバックエンドサービスの仕様を思い出してください。データを登録するには以下のようなリクエストを必要とします。

▶ データを登録したい場合は、HTTP POSTリクエストを送る

▶ 登録するデータは、リクエストボディにJSON形式で指定する

▶ Content-Typeは「application/json; charset=utf-8」とする

　ではさっそく、Call APIスキルのノードをFallbackフローに作成し、これを次の図のように設定しましょう。

図7-31 問い合わせを記録するためのCall APIスキルを作成する

ここではメソッドをPOSTとして、URLは以下を指定します。

```
http://localhost:3030/inquiry
```

Bodyの入力欄には、inquiry.csvの列をプロパティ名にしたJSONを指定します。ここでは仮の情報として、以下の内容を登録しておきましょう。

```
{
    "nickname": "●●",
    "telno": "000-0000-0000",
    "email": "dummy@example.com",
    "chatlog": "問い合わせの内容"
}
```

同じ画面で、Headersタブに切り替え、Headersの入力欄には、送信するHTTPヘッダーをJSON形式で記載します。

```
{
    "Content-Type": "application/json; charset=utf-8"
}
```

　こうして作成したCall APIノードを、Fallbackフローのask-nameノードにつなげる形で組み込んでください。これにより、次の図のようになります。APIコールが成功したときのノードは、図7-26で作成したend-successノードが使えます。ここで、失敗時のノード「end-failure」も作成してください。

図7-32 Call APIノードを組み込み、end-failureノードまで作り込んだフロー

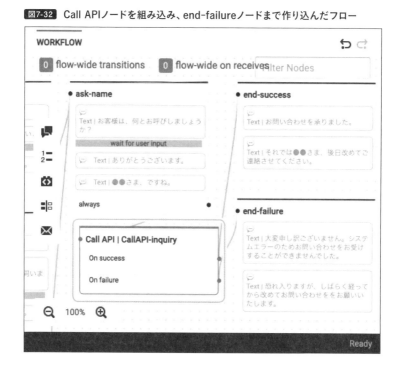

　この状態で再び、チャットUIから一連のフローの会話を試してください。そして、そのあと「simple-csv-service」のフォルダにあるinquiry.csvを、ExcelやNumbersなどで開き、内容を確認してください。

表7-5 一連の会話を試したあとのinquiry.csv

Nickname	telno	email	chatlog
Charlie Root		root@ example.com	BSDが動くスマホはありますか
Alan Turing	000-0000-0000		エニグマが解けるスマホはありますか
●●	000-0000-0000	dummy@ example.com	お話の内容

3行目が追加され、問い合わせが1件増えていれば成功です！

7-2-5 内部仕様の実装

　では、最後に「会話を通して本物の情報を集め、本物の情報がDBへ記録される」状態にしましょう。開発途中で、「偽物の」とか「仮の」としてきた情報を正しく取得できるようにします。「本物の情報」とは、ユーザーが実際に入力する以下の情報です。

① 電話番号またはメールアドレス
② 名前（ニックネーム）
③ 問い合わせ内容

　先ほど作成したボットの会話は、ユーザーに対して「問い合わせ内容」を聞いていません。もちろん聞いてもいいのですが、ユーザーに煩わしいテキスト入力を要求することになります。本書ではその代わりに「ユーザーとボットとの会話履歴」（会話ログ）を利用することにして、ユーザーの手間を省くようにしようと思います。説明を書かせるのは面倒ですし、何をしたかったのかは会話ログの中に残っている場合も多いからです。この会話ログは、Botpressが持っています。
　そのためにやるべきことは、以下の3つとして計画できます。

① 「問い合わせに至る会話のログを、Botpressから取得して対話メモリへ保存」するアクションを用意して、フローに入れる
② 「ユーザーの連絡先や名前を、ユーザー入力から拾って対話メモリへ保存」するアクションを用意して、フローに入れる
③ 対話メモリに保存されたデータを、Call APIが送るリクエストに反映する

　では、これらをBotpressに反映していきましょう。ここまでですでに、アクションの作り方と設定方法、テンプレート表現の使い方など、具体的な操作を説明してきました。あらためてそれを追うのは単なる繰り返しになるため、ここでは最終的なフローと、各コードの内容を示すのみとします。
　まず、会話ログを取得するアクション「makeChatlog」を用意します。このコードを以下のようになります。

コード7-2 makeChatlog.js

```
01  function action(bp: typeof sdk, event: sdk.
    IO.IncomingEvent, args: any, { user, temp, session
    } = event.state) {
02    /** Your code starts below */
03
04    const axios = require('axios')
05
06    /**
07     * 現在のセッションの会話ログをエスケープ済の文字列にしてtemp.
    chatlogに格納する
08     * @title 会話ログ取得
09     * @category Custom
10     * @author nakmas
11     */
12    const makeChatlog = async () => {
```

```
13    // WebChatモジュールのREST APIから会話ログを取得
14    const conversationId = event.threadId
15    const userId = event.target
16    const botId = event.botId
17    const path = `/mod/channel-web/conversations/${u
      serId}/${conversationId}`
18    const axiosConfig = await bp.http.
      getAxiosConfigForBot(event.botId)
19    const res = await axios.get(path, axiosConfig)
20
21    // 取得した構造データから、読めるテキストを作る
22    const logText = res.data.messages
23      .reduce((memo, mes) => {
23        if (mes.message_type === 'text' || mes.
          message_type === 'quick_reply') {
24          memo.push([mes.full_name, mes.sent_on,
            mes.message_text])
25        }
26        if (mes.message_type === 'custom' && mes.
          payload.component === 'QuickReplies') {
27          memo.push([mes.full_name, mes.sent_on,
            mes.payload.wrapped.text])
28        }
29        return memo
30      }, [])
31      .map(ary => `${ary[0]} (${ary[1]}):\
      n${ary[2]}`)
32      .join('\n\n')
33
```

```
34        // 文字列をエスケープして対話メモリへ格納する（前後のクォート
          は外す）
35        temp.chatlog = JSON.stringify(logText)
36          .slice(1)
37          .slice(0, -1)
38      }
39
40      return makeChatlog()
41
42      /** Your code ends here */
43    }
```

このコードにはポイントが2つあります。

　まず、14〜19行目を見てください。Botpressから会話ログを取得するため、HTTPクライアントであるaxiosを利用して、BotpressのREST APIをコールしています。このアクションのように実用的な機能を作ろうとすると、Botpressの機能の呼び出しを必要とすることがあります。その方法には、大きく分けて「Botpress SDK」と「Botpress REST API」の2つがあります。これについては第8章でもう少し触れます。

　次のポイントは36〜38行目です。直前のやり取りで作られた会話ログの文字列に対して、JSON文字列としてのエスケープ処理をしています。あとでこの文字列をCall APIスキルのJSONに埋め込むため、そのときに不都合がないようにするためです。

　もうひとつ、アクションを用意します。「ユーザーの連絡先や名前を、ユーザー入力から拾って対話メモリへ保存」するアクションです。といっても実は、これはBotpress標準のアクションで済ませることができます。対話メモリの変数の設定をする「builtIn/setVariable」が使えるのです。例えば、電話番号の受け取りは、このアクションを次の図のように設定することで実現できます。

図7-33 ユーザーの連絡先や名前を取得するアクション

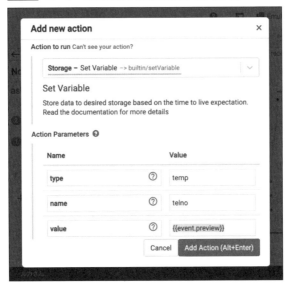

このアクションを使うことで、ユーザー入力の受け取りは全て、このbuiltin/setVariableアクションを利用することにしましょう。フローに追加する必要のあるリストは、以下の通りです。それぞれ、適切なノードに設定し、フローに組み込んでください。

表7-6 ユーザー入力の受け取りに必要なアクション

獲得する データ	設定先の ノード	設定先の プロパティ	使うアクション	与えるパラメータ		
				type	name	value
会話ログ	Intro	On Enter	makeChatlog	なし	なし	なし
電話番号	ask-phone	On Receive	builtIn/ setVariable	temp	telno	{{event. preview}}
メール アドレス	ask-email	On Receive	builtIn/ setVariable	temp	email	{{event. preview}}
名前	ask-name	On Receive	builtIn/ setVariable	user	nickname	{{event. preview}}

　この表の「名前」にあるパラメータを見てみると、取得したユーザーの名前を利用するには「{{user.nickname}}さま」というテンプレート表現が使えそうです。そこで、今のうちにテキストコンテンツの中で「●●さま」と仮に入力しておいたテキストを置き換えてしまいましょう[*10]。

　これで検索機能の実装もゴールが見えてきました。最後に、対話メモリに保存されたデータを、Call APIスキルが送るリクエストに反映しましょう。Call APIのBodyに設定するJSONは、以下のようになります。

```
{
  "nickname": "{{user.nickname}}",
  "telno": "{{temp.telno}}",
  "email": "{{temp.email}}",
  "chatlog": "{{temp.chatlog}}"
}
```

　これで、内部仕様も全ての実装が終わりました。それぞれのアクションが、次の図のように設定されているか確認してください[*11]。

[*10]　これは、表7-4で入力しました。

[*11]　ノード「ask-name」に設定するsetVariableアクションは、テキストコンテンツで使用する前に実行する必要があることに注意してください。

図7-34 introノードからask-phone／ask-mailノードまでのフロー構成

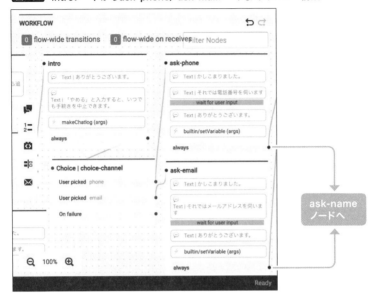

図7-35 ask-phone／ask-mailノードからFallbackフローの最後まで

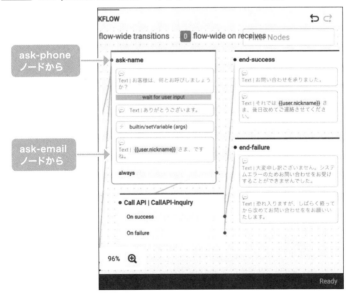

以上の作業で、会話を通して適切に情報を集め、各情報がDBへ適切に記録されるように動作するはずです。最後にもう一度チャットUIで試してみたあと、inquiry.csvの内容を確認してください。ここでは、Aliceさんが結局はオペレーターからの連絡をリクエストしたというやり取りをしました。その結果の記録は以下のようになりました。

表7-7 最終的な動作をinquiry.csvで確認する

nickname	telno	email	chatlog
Charlie Root		root@example.com	BSDが動くスマホはありますか
Alan Turing	000-0000-0000		エニグマが解けるスマホはありますか
●●	000-0000-0000	dummy@example.com	お話の内容
Alice		alice@example.com	Bot (2021-01-11T06:37:01.977Z): こんにちは。お客様係のルカです。
			Bot (2021-01-11T06:37:01.986Z): 私はお客様の商品選びについてサポートいたします。
			Bot (2021-01-11T06:37:01.992Z): 何かお手伝いできることはありますか?
			User (2021-01-11T06:37:04.153Z): 他に頼みがある
			Bot (2021-01-11T06:37:04.800Z): 申し訳ございません。私が出来るのはお客様の商品選びのサポートに限られております。
			Bot (2021-01-11T06:37:04.804Z): 恐れ入りますが、担当の者から追ってご回答させてください。
			Bot (2021-01-11T06:37:04.808Z): よろしければ、私から担当の者へ繋ぎしますが、いかがでしょうか?

ユーザーの連絡先と会話ログが、問い合わせDBへ記録できるようになりまし

た！ 皆さんのお手元ではどうですか？ 想定した通りに動作しているなら、私たちの接客ボットは完成とします。お疲れさまでした！

· · · · · · · · · ·

　第5章から本章までで、「接客ボット」の対話サーバー（第5章）に対して、フロントエンド（第6章）とバックエンド（第7章）を用意して「統合」しました。これにより、実際に「機能」して「役に立つ」ボットを作るときの、考え方と方法について示しました。

　これをビジネスで使えるチャットボットにするには、本書の実装では作りが甘く、まだまだ手をかける必要があります。しかし、第1章で議論したチャットボットの意味、第2章で示したチャットボットの仕組みの考え方について、具体的にはどういうことかを伝えられていたら、本書としては目的を達成できたと思っています。

　本書の接客ボットは、読者の皆さんが自分自身でチャットボットを作るうえでのひな形として使っていただいてかまいません。ぜひ、これを改造するなり、さらに精度を高める改良をするなりして、あなたのチャットボットを具体化してください。そして、既存のシステムをご自分の手でチャットボット化してみてください。

　次章では、Web以外のフロントエンドへ統合する場合を中心に、発展的なトピックをいくつか紹介します。

第 **8** 章

よくある要件と
機能ガイド

前章まで、私たちはBotpressを利用した基本的なチャットボットの構築プロセスを見てきました。その構築では、最終的にフロントエンドやバックエンドとの統合までを扱いましたが、仕様としては比較的単純なサンプルでした。一方、現実のプロジェクトはもっと複雑です。また、ここまで触れていない多くの機能を必要とします。

　本章では、現実のプロジェクトでチャットボット開発を行うときの「よくある要件」を取り上げます。そして、それらの要件に対して、Botpressベースの開発ではどんなアプローチがあるのかについて紹介します。よくある要件の多くは、他のシステムとの統合です。そして、それを実現しようとしたとき、Botpressの標準機能で対応できることもあれば、別途何らかの開発をして機能拡張することにより対応できることもあります。ここでは「どのような場合に何の仕様が使えるか」をガイドしていきます。

　本章は前章までと異なり、何かを作り上げるストーリーはありません。主にソフトウェア開発の経験がある方向けに、現実の問題を設計に落とし込む「取っ掛かり」となるような情報を中心に示していきます。細かいところでは、公式ドキュメントや公式サンプルを確認していただく必要がありますが、事前にその見通しを良くするのが本章の狙いです。

8-1 | 一歩踏み込んだ基礎知識

　次節以降を読んでいただく前に、予備知識として必要な情報を先に説明しよう
と思います。

8-1-1　モジュール

　Botpressにおける「モジュール」とは、Botpressの機能を拡張する「パッケージ
化された部品セット」です。ほとんどのモジュールは、それ1つが、大きな機能1つ
に対応しています。Botpressは、標準機能の多くも形式上はモジュールとして構成
されています。例えば、第5章に出てきたNLUモジュールやQ&Aモジュールは、そ
の名の通りモジュールの仕組みで作られています。

　Botpressにインストールされているモジュールを確認するには、管理パネルの
左メニューから「Modules」を選びます。

図8-1 管理パネルでモジュール一覧を表示

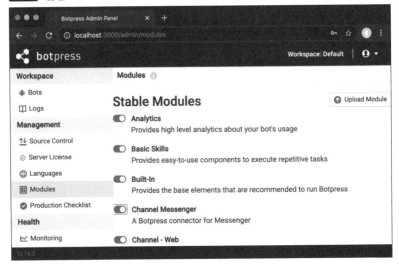

図8-1 管理パネルでモジュール一覧を表示

　表示されるモジュール一覧画面には、インストールされているモジュールの名前と、そのON/OFFスイッチがあります。各モジュールのON/OFF設定は、そのBotpressにある全てのボットに適用されるので、OFFにすると全てのボットでそのモジュールが使えなくなってしまいます。

　Botpressには標準でも数多くのモジュールが搭載されていますが、その全てがデフォルトでONになっているわけではありません。いくつかのモジュールは、デフォルトではOFFであり、ものによっては圧縮された状態になっています。圧縮されている場合は、ONにする前に展開する必要があります。そうしたモジュールは「Compressed Modules」にリストアップされているので、対象のモジュールを探して「Unpack module」ボタンを押します。これにより、スイッチをONに変えられるようになります。

図8-2 圧縮されているモジュールの場合は展開が必要

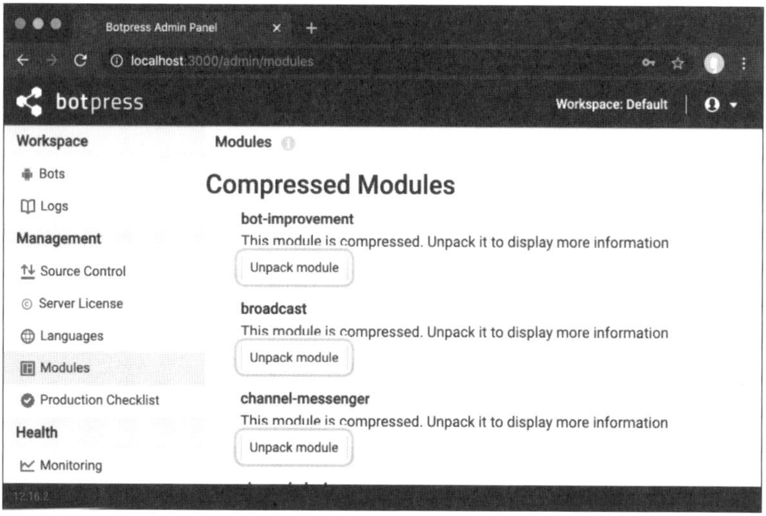

なお、独自にBotpressの機能拡張をする必要があるときは、オリジナルの
モジュールを開発することで実現できます。このようなモジュールをカスタムモ
ジュールと呼びます。カスタムモジュールを作れば、以下のような部品を一式まと
めて追加できます。

▶ アクション

▶ フック

▶ スキル

▶ アセット（画像やCSS）

▶ ボットテンプレート

▶ コンテントタイプの定義

▶ 設定ファイルの定義

▶ データベースのテーブル定義

▶ REST APIの実装コード

くわしくは、公式ドキュメント内の該当ページを参照してください[1]。

Converse API

　Converse APIとは、Botpress上のボットと会話ができるWeb APIです。この
APIは、ユーザーがWebChat UIから行えるような入力を、HTTP POSTリクエスト
によって行うことができます。APIを利用するうえで特別な権限を必要としません。
Converse APIはフロントエンドのチャネルコネクタの一種として使えるので、フロ
ントエンドの開発が簡単になります。

　Converse APIの最大の特徴は、同期通信である点です。Botpressに対して
HTTPリクエストでテキストを送ると、そのHTTPレスポンスで返事を得ることが
できます。メッセージングは通常「非同期」ですが、一般的なWeb APIと同様に同
期的に扱えると、APIを利用したプログラミングはとても容易になります[2]。

　Converse APIを利用するには、Botpressへ以下のようなリクエストを送ります。

```
POST /api/v1/bots/{botId}/converse/{userId}
```

　botIdは、前章までの接客ボットでいえば「ruka」です。userIdはあらかじめ決まっ
ているものを指定するか、呼び出す側でランダムな文字列を生成して決めます。

　そして、Content-Typeを「application/json」として、ボディを以下のように記述
します。

```
{
```

---

[1]　https://botpress.com/docs/advanced/custom-module

[2]　ただし、ボット側から話しかけるプロアクティブな会話をするには、Converse API以外も使った工夫
　　が必要になります。

```
    "type": "text",
    "text": "こんにちは"
  }
```

くわしい使い方はここでは踏み込みません。詳細は公式ドキュメントの該当ページを参照してください[3]。

8-2 | Web以外のフロントエンド

第5章から第7章で作った接客ボットは、フロントエンドとして「WebChat」を利用していました。これは一例に過ぎません。チャットボットのフロントエンドになり得るものは、他にも数多く存在します。本節では、代表的なフロントエンドの実現方法について説明します[4]。

8-2-1 メッセージングアプリ/ビジネスチャット

メッセージングアプリからチャットボットを使う仕組みについては、大まかに第2章で説明しました。簡単にいうと、対話サーバーとメッセージングチャネルの組み合わせごとに、コネクタを用意することで接続が可能です。Botpressでは、以下のチャネルに対するコネクタが標準で含まれています。

---

[3] https://botpress.com/docs/channels/converse

[4] 実際に外部サービスをフロントエンドとして利用するには、あらかじめBotpressサーバーをインターネットからアクセス可能にする必要があります。具体的な方法は環境により様々なため、次章で簡単に紹介するに止めます。

- ▶ Facebook Messenger
- ▶ Telegram
- ▶ Slack
- ▶ Microsoft Teams

　これらのコネクタは、それぞれすでにモジュールとして実装されており、デフォルトでは無効になっています。これらを利用する場合は、以下のような手順を踏みます。

① Botpressで、チャネルに対応するモジュールを有効化する
② チャネル側の管理ツールにアプリの登録をする（FacebookアプリやSlackアプリなど）
③ Botpressで、チャネルに対応するモジュールの設定をする

　ここでいう「モジュールの設定」は、モジュールごとに決められたJSONファイルを編集することによって行います。モジュールを有効化すると、そのモジュールに対応するJSONファイルが生成されます。それらのJSONファイルは、アクションなどを作成するときに使った「コードエディタ」で編集できます。
　例えば、Facebook Messengerモジュールを有効化すると「channel-messenger.json」というファイルが生成されます。このファイルは、コードエディタの「Module Configurations」欄のGlobalフォルダ以下にあります。Globalフォルダ以下の設定ファイルは、Botpressサーバー内の全てのボットに共通の設定です。ボットごとの設定を行うには、ファイル名の上で右クリックして「Duplicate to current bot」を選びます。すると、個別のボット用の設定ファイルが作業中のボットに複製されます。複製後の設定ファイルを編集することで、ボットごとに異なる設定が可能になります。

図8-3 設定ファイルを複製してボットごとにモジュールを設定

　くわしい手順や、設定ファイルの各項目の詳細については、公式ドキュメント内の該当ページで確かめられます[5]。

　なお、日本で普及率の高いLINEについては、本書執筆時点では残念ながら標準のコネクタはありません[6]。

8-2-2　電話

　電話には、古くからチャットボットのように対話的な手続きができるシステムがあり、IVR（Interactive Voice Response）と呼ばれています。ユーザーは、音声ガイダンスを聞いて電話機のキーパッドから数字を入力したり、音声認識によって言葉を入力したりすることで、目的の手続きを行います。電話からチャットボットを使うには、このIVRをフロントエンドとするのが最も容易な手法です。

　SaaSとして提供されている「Twilio」はIVRとして利用できるサービスで、

＊5　Facebook Messengerの場合はhttps://botpress.com/docs/channels/messenger
＊6　標準以外のコネクタの情報については、本書サポートサイト（14ページ）を参照してください。

Botpressには、このTwilioに対するコネクタが標準で含まれています。これを利用する手順の概要を以下に示します。

① Twilioにアカウント登録して電話番号を作成し、トークンなどを取得する

② BotpressのTwilioモジュールを有効化して、トークンなどを設定する

③ TwilioにWebhookとしてBotpressサーバーのURLを設定する

　なお、Twilioモジュールは比較的新しく実装されたもので[7]、本書執筆時点ではまだ公式ドキュメントに記載がありません。くわしくはモジュールのREADMEを参照してください[8]。

8-2-3　スマートスピーカー

　スマートスピーカーはそれ自体、そもそも標準で各メーカーが用意したチャットボット（AIアシスタント）につながっているフロントエンドです。しかし、独自に作ったチャットボットも接続して、基となるチャットボット（AIアシスタント）の機能にできることを第2章で説明しました。その際、「対話スキルサービス」のような、コネクタに相当する仕組みが必要ということもわかりました。
　Botpressは、このようなコネクタを標準では持っていません。そのため、実現するには仕組みを自分で開発する必要があります。これには、主に2つのアプローチが考えられます。

① コネクタは、Botpressからは独立したサーバープログラムとして開発し、コネクタとBotpressとの接続はConverse APIを利用する

② コネクタは、Botpressに組み込むカスタムモジュールとして開発し、コネクタと

＊7　v12.16.0で追加されました

＊8　https://github.com/botpress/botpress/tree/master/modules/channel-twilioにREADME.mdがあります。

Botpressとの接続にはBotpress SDKおよびBotpress REST APIを利用する

どちらを選ぶかはケースバイケースです。一般に前者のほうが実装は簡単ですが、仕様の自由度は低くなります。一方、後者の場合、実装は難しくなりますが、仕様の自由度は高くなる傾向があります。難易度と自由度のバランスをどう見るかで、どちらを選ぶかが決まると考えていいでしょう。

8-2-4　スマートフォンアプリ／デジタルサイネージ

スマートフォンアプリからチャットボットを使うには、2つの方向性があります。

① チャットUIをネイティブに実装し、通信先としてConverse APIを利用する
② WebViewを利用してWebChatを表示する

WebViewを使うと実装は簡単ですが、ネイティブアプリと統合した形でユーザー体験（UX）を提供することが難しくなる場合があります。これに対し、UIをネイティブ実装するとユーザー体験をリッチにすることはできるようになりますが、会話の内容や使える機能は、Converse APIの仕様の制約を受けます。

デジタルサイネージはというと、これは大型スクリーンに対してタッチ操作と音声で利用するデバイスです。もともと対話的に利用する用途が多いことから、チャットボットに向いています。多くのデジタルサイネージのアプリケーションは、Webベースで作られています。しかしながら、そこで必要なユーザー体験は、WebChatで提供できるものとは異なっているのが普通です。

そのため、デジタルサイネージからチャットボットを利用する実装としては、デジタルサイネージ専用のフロントエンドアプリを個別に開発するのが、現状では早道でしょう。その場合は、以下のような処理を実現すること必要になります。

① フロントエンドアプリはユーザーの音声を受け付け、外部の音声認識APIでテキスト化する

② フロントエンドアプリは、テキスト化したユーザー入力をConverse APIに与えて応答
　テキストを得る
③ フロントエンドアプリは、外部の音声合成APIで応答テキストを音声化し、再生する

　この場合、いずれの処理も何らかの通信が必要になります。その制御をフロン
トエンド側で行うような仕様に不都合があれば、その部分を代わりに処理するア
プリケーションサーバーを開発することが必要になるかもしれません。

　なお、スマートフォンアプリでもデジタルサイネージでも、会話内容によって
はConverse APIでは機能が不足する場合があります。その場合は、カスタムモ
ジュールによって自前のAPIを開発することを検討する必要があります。これは、
スマートスピーカーと同様です。

8-2-5 　その他のフロントエンド

　その他のフロントエンドからチャットボットを使う場合も、ほとんどのケースで
スマートスピーカーやスマートフォンアプリ、デジタルサイネージと同様に考えるこ
とができるため、以下のような方針で臨むことになります。

① Web表示ができるなら、WebChatをカスタマイズした実装を考える
② そうでなければ、Converse APIを利用したUIの開発を考える
③ Converse APIでは機能や仕様が合わなければ、専用モジュールを開発する

　例外として、メッセージングハブを利用する方法があります。メッセージングハブ
とは、複数のメッセージングチャネルを統合して、1カ所につなげば、他の複数チャ
ネルにも自動的に接続するシステムです。そのようなシステムの1つに「Zendesk
Sunshine Conversations」*9があり、Botpressでは標準でそのコネクタを持って

＊9　詳細はhttps://smooch.io/ を参照してください。

います[*10]。くわしくは、公式ドキュメント内の該当ページを参照してください[*11]。

> ## 8-3 | WebChatのカスタマイズ

　前章までに作った接客ボットでも、プロアクティブ化、バナーのスタイル変更など、WebChatをカスタマイズしました。しかし、実際にはこれ以外にも多くのカスタマイズを必要とする場合があります。本節では、WebChatでよくある要件についてまとめます。

8-3-1　UIのスタイル変更

　第6章では、起動バナーのスタイルを変更する目的で、botpressWebChat.initメソッドの引数のextraStylesheetプロパティを利用しました。extraStylesheetプロパティで指定するCSSファイルでは、バナーだけでなくチャットUI自体に対してスタイル変更も可能です。

　変更の際は、デフォルトのスタイル[*12]の内容を確認したうえで、それに対して上書きするCSSを作ります。カスタマイズ済みのCSSのサンプルもあります[*13]。これをデフォルトのCSSに上書きして利用します。くわしくは、公式ドキュメント内の該当ページを参照してください[*14]。

---

*10　利用にあたっては Zendesk 社との契約が必要です。

*11　https://botpress.com/docs/channels/smooch

*12　https://github.com/botpress/botpress/blob/master/modules/channel-web/assets/default.css

*13　https://github.com/botpress/botpress/blob/master/modules/channel-web/assets/examples/
　　　custom-theme.css

*14　https://botpress.com/docs/channels/web#customizing-web-chat-style

CHAPTER - ① ② ③ ④ ⑤ ⑥ ⑦ **⑧**

　本書で作成した接客ボットでは、表示する全てのコンテンツはテキストか選択肢（Single Choice）で、対話の中で画像は1つも使いませんでした。商品を販売するサイトでのボットなのですから、できれば商品情報の案内くらいは画像付きで説明したいところですね。こういったコンテンツの形式のことを「コンテンツタイプ」といいました。

　Botpressでは、デフォルトで利用できるコンテンツタイプとして、以下のような型が用意されています。例えば、カードやカルーセルを使うことで、チャットUIの中で画像を見ながら商品を選んでもらうこともできます。

表8-1

コンテンツタイプ	機能	概要
Action Button	アクションボタン	ボタン1つ。押すと、発言になるか、URLを開くか、データを送信できる。カードの中で使われる。
Card	カード	タイトルと画像1枚を含むフレーム。アクションボタンも置ける。情報1件の表示に使う。
Carousel	カルーセル	カードの束。複数件の情報の表示に使う。
Image	画像	画像1枚。タイトルも付けられる。
Single Choice	単一選択	選択肢によるユーザー入力の提案。いずれか1つ選んでもらう。
Text	テキスト	テキスト。同じ趣旨のバリエーションを複数含められる。
Dropdown	ドロップダウン	ドロップダウンメニュー形式の選択肢。ユーザー側での項目追加や複数選択も設定で有効にできる。

　しかし、このようなリッチで便利なコンテンツ表示でも、ドメインに特化したチャットボットで高度に利用しようとすると、デフォルトの仕様では物足りなくなることがあります。例えば、不動産の物件情報を扱うチャットボットを設計しているとしましょう。物件情報には位置情報、例えば緯度、経度が含まれているとします。このとき、これをチャットの中でも地図を表示し、物件をマッピングできるよ

うにしたいという要件があってもおかしくないでしょう。

　この例において、検討しなければならない点は2つあります。物件情報を
BotpressのCMSで管理するとしたら「どのコンテントタイプで管理するのか」そ
して「それをどうやって地図として表示するか」です。

　コンテントタイプのほうは、デフォルトのもの以外に、開発者が新たに定義して
追加することができます。これを「カスタムコンテントタイプ」といいます。これに
より例えば、物件情報の管理用に「Estate」というコンテントタイプを定義し、物
件名、説明文、画像、緯度経度などの項目で情報を持てるようにするといった対応
が考えられます。

　コンテントタイプは、それ自身が「どうやって表示されるか」をチャネルごとに
定義することもできます。チャットボットでは一般に、「どうやって表示されるか」
は、主に「何のUIコンポーネントで表示されるか」という意味です。例えば、コン
テントタイプがカルーセルのデータは、UIコンポーネント「カルーセル」で表示さ
れることがほとんどです。では、物件情報として例示したカスタムコンテントタイ
プのEstateは、どうやって表示しましょうか。

　有力な解決策になるのが、WebChatを使うことです。WebChatでは、自分たち
が新たに定義したUIコンポーネントを追加することができるからです。これを「カ
スタムコンポーネント」といいます。カスタムコンポーネント「Estate」を用意すれ
ば、WebChatではコンテントタイプ「Estate」をリッチで便利な表示にすることが
できます*15。

　カスタムコンポーネントは、Reactコンポーネントとして実装します。カスタムコ
ンテントタイプは、データモデルをJSONスキーマで定義し、チャネルごとのデー
タ変換ロジックをJavaScriptで記述します。最終的には、これらを合わせてモ
ジュールにすることで、ドメイン固有のコンテンツ表示に対応できます。

　カスタムコンポーネントは、やりようによってはかなり自由にリッチな表示が可
能になります。本書ではこれ以上踏み込みませんが、興味があれば公式ドキュメ

---

*15　他のチャネルを使う場合は、緯度、経度をテキスト表示にして「カード」に表示させるといった方法も
　　考えられます。

ント内の該当ページでいろいろ調べてみてください[16]。

ボットアバターの表情

UIのスタイルの1つとして、ボットアバター(キャラクター)があります。本書で作った接客ボットでは、ボットアバターとしてイルカの絵を設定しました。イルカだとちょっと難しいかもしれませんが、チャットボットではアバターの表情を変えて表示したい場面がよくあります。そして、BotpressのWebChatには、表情の表現に使える仕様があります。

表情を表示するには、BotpressからWebChatへ送信するeventオブジェクトのpayloadに「アバターの画像のURL」を「botAvatarUrl」というプロパティで含める必要があります。この画像は、Botpressでスタジオのアバター設定画面にアップロードした画像とは異なり、「そのメッセージを表示するときのアバター画像」として使われます。つまり、表情の異なる画像を利用できるようにしておき、メッセージごとにその内容に合った表情を呼び出すことで、表情豊かなボットの表現に使えます。

具体的には、以下のようなコードをフックとして作成して、「before_outgoing_middleware」に「change-avatar.js」という名前で登録したとします。

コード8-1 before_outgoing_middleware に登録するchange-avatar.jsの例

```
01  function hook(bp: typeof sdk, event: sdk.
    IO.IncomingEvent) {
02    /** Your code starts below */
03
04    const baseUrl = 'http://localhost:3000'
05    const mediaPath = '/api/v1/bots/ruka/media'
```

---

[16] https://botpress.com/docs/channels/web#creating-a-custom-component

```
06
07   if (event.preview.includes('ありがとう')) {
08     event.payload.botAvatarUrl =
       `${baseUrl}${mediaPath}/laugh.png`
09   }
10
11   if (event.preview.includes('申し訳')) {
12     event.payload.botAvatarUrl =
       `${baseUrl}${mediaPath}/cry.png`
13   }
14
15   /** Your code ends here */
16 }
```

こうすると、ボットのアバターが以下のように変わります。

▶ 応答に「ありがとう」というテキストが含まれていると表情は笑顔に (laugh.png)
▶ 応答に「申し訳」というテキストが含まれていると泣き顔に (cry.png)
▶ どちらにも当てはまらない場合は、元々のアバターの表情

　あとはlaugh.pngとcry.pngとしてそれぞれの表情を表す画像を作り、change-avatar.jsの4〜5行目に記述した

```
http://localhost:3000/api/v1/bots/ruka/media
```

に相当する場所に画像ファイルを置けば、メッセージの内容に応じた表情に変わるようにできます。
　実システムへの適用を考えると、応答に含まれるテキストだけで表情を決めるのは、実用的ではないかもしれません。実際には、例えば「表情」という情報が含まれた新しいコンテントタイプを定義して、作成するコンテンツごとに個別の表情

を設定するといったやり方できめ細かく表情を制御できるようにするような工夫が必要でしょう。WebChatのカスタマイズに関するその他の情報は、公式ドキュメント内の該当ページを参照してください[17]。

8-4 | 認証と認可

　チャットボットでは、ユーザーごとに個別の対応をしたい場面が出てきます。例えば、ユーザーからあらかじめタスクを登録してもらって、あとでそれをリマインドさせるようなチャットボットの場合を考えてみましょう。チャットボットは「タスク登録した人」と「リマインドを通知する相手」が同じ人であることを担保する必要があります。もしくは、ユーザーに代わってシステムが何がしかの作業を実行する「手続き代行」のようなことをやるには、チャットボットはバックエンドに対して、「その実行に必要な権限があること」をユーザーに代わって示せなければなりません。

　本節では、こういった認証と認可に関する要件と、それに対応する仕様について整理します。

8-4-1　Botpress ユーザー

　第5章から第7章で作った接客ボットは、ECサイトとして公開され、不特定多数のユーザーが利用する前提のものでした。つまり、ボットを利用できるユーザーを制限していません。ただし、一度ボットを使ったユーザーについては、WebChatならブラウザのlocalStorageに「BotpressのユーザーID」が自動保存され、それ以

---

*17　https://botpress.com/docs/channels/web

降のユーザー特定に利用されます[18]。

　この「Botpressのユーザー ID」は、デフォルトでは 24文字のランダムな英数字として与えられるため推測は困難で、なりすましはそれなりに難しいと考えられます。そのため、これはBotpressに対する簡易的なログインとみなせます。対話メモリの「user」スペースにユーザー固有の情報が保存できるのは、この「ユーザー ID」が推測困難であることを根拠としています。

　しかし、これはあくまで簡易的なユニークネスであり、また同じユーザーであっても利用するWebブラウザを変えたら失われてしまう情報です。そのため、もっと永続的に使える仕組みでログインさせることが必要になることもあるでしょう。例えば、ユーザー登録といった形でログイン IDとパスワードをBotpressにあらかじめ登録し、チャットユーザーがサイトを利用するときにはその 2点を入力させることで認証するのが 1つの理想です。これは、原理的には可能なのですが、有料のBotpress Proライセンスを必要とします。

　あくまでBotpressを無料の範囲で利用するという前提ならば、現実的な代替案としてBotpressサーバーと同じ管理下にある別の認証システムを利用する方法があります。例えば、以下のようなイメージです。この例では、CMSとしてよく使われるWordpressを利用できる環境を想定しています。

① WordPressで作られた会員サイトがあるとします。

② ユーザーは、そのサイトに設置されたWebChatでチャットボットと会話し、ログインを必要とする状況になったとします。

③ そのとき、チャットボットはユーザーをWordPressのログイン画面に遷移させ、ユーザーがログインしたらWebChatのページに戻ってくるようにしておきます。

④ WebChatのページは、ユーザーが戻ってきたら「WordPressユーザー情報」に「Botpressユーザー ID」が保存されているか確認します。

⑤ Botpressユーザー IDが保存されていたら、それをbotpressWebChat.initメソッドに与えてWebChatを起動させます[19]。

---

[18]　メッセージングアプリではメッセージングアプリ側のユーザー IDが利用されます。

[19]　WebChatの起動後にbotpressWebChat.configureメソッドで変更することもできます。

⑥ 保存されていなかったら、現在のBotpressユーザーIDをWordPressユーザー情報に
  登録しておきます[20]。

こうすることで、いつでも「前に使っていたユーザーID」でBotpressと会話でき、ど
のブラウザからでも同一人物として利用することができます。

8-4-2 **Botpressセッション**

　前節のように、例えばWordPressの認証を使うことで、同じユーザーだったら
いつでも同じBotpressユーザーIDが使えるようになったとしましょう。しかしこれ
れは、ユーザーがブラウザを変えても「自分のBotpressユーザーIDが失われなく
なった」というだけであり、IDが不正使用されるリスクは全く下がっていません。
なぜなら、BotpressユーザーIDはWordPressから直接Botpressへ渡されるわけ
ではなく、ブラウザを経由するからです。ブラウザを経由する限り、Botpressへ受
け渡される前に改ざんされる余地がゼロとは保証できません。そして、安全という
保証が得られない以上、Botpressがこのユーザーを信用したり、重要なデータへ
のアクセスを許すのは不安です。

　この「改ざんされていない保証」を得るには、「署名」を使った検証の仕組みを
実装する方法があります。この仕組みがあると、例えばBotpressは以下の流れで
ユーザーを認証できます[21]。

① ユーザーは、WordPressへログインする

② WordPressは、ログイン時点から例えば5分後の日時を「有効期限」とし、そのユーザー
　の「BotpressユーザーID」と「有効期限」を含むメッセージを作り、Botpressへ送信する

③ Botpressは、受け取ったメッセージに対して「そのBotpress固有の署名」を作成して、

＊20 WordPress側で新規ユーザー登録の案内をするといった実装も必要となるでしょう。

＊21 ここで紹介した方法は、実装の考え方を説明したものです。安全性については最終的にご自身で判断
　　して利用してください。

WordPressへ返す

④ WordPressは、メッセージと署名を含むHTMLページをブラウザに渡す

⑤ ブラウザは、メッセージと署名を、WebChat経由でBotpressへ渡す

⑥ Botpressは、受け取ったメッセージから再び署名を作成し、受け取った署名と照合する

⑦ Botpressは、署名が一致したうえで有効期限内であれば、BotpressユーザーIDの持ち
　主からのアクセスであると認め、そのセッション内は認証を有効とする

　そして、Botpressには、上記の仕組みを簡単に実装できるサンプルが標準で添付されています。これは「example」モジュールに含まれています。exampleモジュールに含まれるフックのコードを見ると、どう応用すればいいかをイメージできると思います。機会があったら参照してみてください[22][23]。

8-4-3　ID連携

　ここまでで紹介した方法で、Botpressサーバーと信頼関係にあるバックエンドサービスならば、BotpressユーザーIDをキーにした情報の取得や保存が可能です。しかし、異なるユーザー認証がある外部システムへBotpressがアクセスすることはできません。例えば、チャットボットからTwitterへツイートしたいといった場合です。

　これを実現する機能は、ID連携あるいはアカウント連携と呼ばれます。Botpress上のAさんは、この機能を使うことで、Twitter上のZさんと同一人物であることをBotpressに証明することができます。そして同時に、Twitterへアクセスできるトークンを、Botpress内に保持することができます。これにより、チャットボットはユーザーに代わってツイートすることが可能になります。

　このようなID連携は、カスタムモジュールを実装することで実現できます。実

---

[22] https://github.com/botpress/botpress/blob/master/modules/examples/src/examples/hooks/
after_server_start/expose_private_api.js

[23] https://github.com/botpress/botpress/blob/master/modules/examples/src/examples/hooks/
after_incoming_middleware/02_set_session_reference.js

は、ここで例に挙げたTwitterとのID連携は、公式のサンプルとチュートリアルがある[24]ので、これを利用できます。Twitter以外のサービスでも、OAuthに基づく認証であれば同様のパターンで実装できます。Twitter以外のサービスへの実装方法については、Passport.jsのドキュメントも合わせて参照してください[25]。

8-5 | その他の要件

　チャットボットに求められる要件は他にも多々ありますが、本節ではこれまでの要件とは共通点が少ない例外的な要件を2つ紹介しておきましょう。今までの手法を応用できない一方で、意外に必要とされる場面の多い要件です。

8-5-1　有人チャット

　有人チャットとは、ユーザーとのチャットを人間が行うことを指しています。これは、チャットボットを「無人チャット」と考えたときの対義語として、コールセンターなどのカスタマーサポート分野で使われている言葉です[26]。カスタマーサポートにおいては、チャットボットが全ての問い合わせを解決できるケースはほぼなく、必ず人間が対応しないと解決しない問い合わせがあります。そのため、ユーザー対応を担当するのがチャットボットから人間へ"交替"したり、ユーザーとチャットボットとの会話に人間が"介入"したりすることで、効果的なチャットサポートを目指す必要があります。

---

[24] https://botpress.com/docs/tutorials/chat-3rd-party-OAuth

[25] http://www.passportjs.org/

[26] 一般的にはライブチャットとも言われます。

このような要件のときの実装としては、2つのアプローチがあります。

① 有人チャットシステムを別途用意して、チャットボットシステムと統合する
② チャットボットシステム内に、有人チャット機能を実装する

　コールセンターなどの業務で行う有人チャットのオペレーションは専門性があり、チャットボットとは全く異なる指標で管理されます。そのため、専用のソフトウェアを必要とするケースが多く、その場合は ① のような統合が必要になります。Botpressには、この統合に関する機能は特になく、Converse APIやカスタムモジュールを利用して個別に実装することが求められます。
　一方、1人ないしは少人数でのチャットオペレーションであれば、② のようにチャットボット内に実装した有人チャット機能でも対応できるケースがあります。Botpressには、こうしたケースに利用できる有人チャット機能がモジュールとして標準添付されており、これを「HITLモジュール」といいます[27]。HITLモジュールには本書執筆時点で「hitl」と「hitl-next」の2種類があります。その違いはバージョンで、前者が旧バージョンで、後者が新バージョンです[28]。
　ただし、HITLモジュールのチャットオペレーターには、Botpressの管理ツールにログインできる権限が必要です。Botpressで管理者を増やすにはBotpress Proライセンスが必要になる点に注意してください。くわしくは、公式ドキュメント内の該当ページを参照してください[29]。

8-5-2　**多言語化**

チャットボットにおいて「言語」というと、主に以下の3種類があります。

---

[27] 人間がシステム内の1要素となって役割を持つことを「Human In The Loop」といいます。HITL はその略称です。

[28] 新バージョンは、執筆時点でベータ版です。そのため、旧バージョンが残っていますが、いずれ新バージョンに置き換わると思われます。

[29] https://botpress.com/docs/tutorials/hitl

① ユーザー入力の言語

② コンテンツの言語

③ 管理ツールのUIの言語

　最初に、③の「管理ツールのUIの言語」については、本書執筆時点のBotpressは英語、フランス語、スペイン語に対応しています。この言語は、ボットやコンテンツの管理を担当する人が目にする画面の表示言語なので、チャットボットのユーザーには直接関係ないため、ここでは特に取り上げません。一般に「フランス語に対応したチャットボット」といえば、①と②がフランス語に対応していることを指すと思います。

　まず①のユーザーが入力する際の言語については、Botpressは以下の言語にデフォルトで対応しています[*30]。

表8-2　ユーザーが入力する際の対応言語

言語	略称	言語	略称
アラビア語	ar	ドイツ語	de
英語	en	スペイン語	es
フランス語	fr	ヘブライ語	he
日本語	ja	イタリア語	it
ポルトガル語	pt	オランダ語	nl
ロシア語	ru	ポーランド語	pl

　②のコンテンツの表示については、「コンテンツのテキストを何語で書くか」というだけですので、UTF-8で表現できる文字であれば何語でも対応できます。つまり、①で対応している言語であれば、入力も応答も対応できます。

　ただし、ここでいう対応は「1ボットにつき1言語」という条件が付きます。このため、ボットを多言語対応にしたい場合には、それぞれの言語ごとにボットを作成

---

*30　この対応言語は、Botpressの言語サーバーにデフォルトで存在するモデルです。言語サーバーについては第9章で説明します。

することになります。この場合、複数のボットで同じ趣旨の内容を返したい場合でも、言語が異なる以上、別のコンテンツとして管理する必要があります。また、ユーザーの言語に合わせた言語で応答するには、あてがうボットをあらかじめ振り分ける機能も必要になります。

　一方、「1つのボットで複数言語に対応したい」としましょう。そういうボットを「多言語ボット」と呼びます。Botpressで多言語ボットの機能を利用するには、Proライセンスが必要です[*31]。多言語ボットの機能を使えば、1つのコンテンツに、複数言語でのテキスト表現を持つことができます。そして、ユーザーの使う会話の言語に合わせて、表示されるテキストを切り替えることができます。

　言語別ボットと多言語ボットのどちらが良いかは、ユースケースによります。言語ごとにコンテンツに差異がある場合は、言語別に管理したほうが効率的かもしれません。一方、言語にかかわりなく同一のサービスを提供したい場合は、多言語ボットのほうが管理を楽にできます。言語対応についての詳細は、公式ドキュメント内の該当ページを参照してください[*32]。

・ ・ ・ ・ ・ ・ ・ ・ ・ ・

　本章では、現実のプロジェクトでチャットボット開発を行うときに見掛ける、よくある要件を見てきました。そして、そうした要件に対してBotpressベースの開発ではどのようにアプローチするかについて、概要を説明しました。

　本章で取り上げた要件は、主に機能要件です。一方で、要件には運用やその他様々な領域に関するものがあります。次章では、本番公開や公開後の運用について、簡単に紹介して、締めくくりにしようと思います。

[*31] 多言語ボットの実現方法には、フロントエンド開発によるアプローチもあります。音声認識と音声合成を使って音声対応をするのと同様、Botpressとの入出力に翻訳機能を挟むということです。このアプローチは、品質のコントロールに難しさがありますが、対応言語を広くとることを可能にします。

[*32] https://botpress.com/docs/pro/i18n

第 **9** 章

公開と運用のガイド

前章では、Botpressにおけるチャットボット開発の発展的な話題を扱いました。第5章から第7章で開発した接客ボットでは取り上げられなかった機能の中でも、よく要望される「ああしたい、こうしたい」を実現するための機能について、開発のヒントになるようガイドしたつもりです。こういった機能開発に関する話は、前章でおしまいにして、ここからは、チャットボットが概ね完成した「後」の話を扱います。つまり、「公開と運用」です。ここまで読んできた皆さんには、こんな疑問が生じているのではないでしょうか。具体的には、

① 限定して公開するには？
　　知人や組織の人に使ってもらうにはどうしたらいいか
② 一般に広く公開するには？
　　不特定多数の人に使ってもらうにはどうしたらいいか
③ システムをどう保守する？
　　システムを維持するのに何をする必要があるか
④ チャットボットをどのように改善する？
　　課題をどうやって把握して、どう直すか

といった点です。本章ではこうした疑問に対して答えていきたいと思います。そして最後に、Botpressに関する情報源などについて紹介しておきましょう。常に最新の動向を追いかけていくことは、開発者にとって必要不可欠ですからね。

　本章も、ほとんどのトピックについては「何をすべきか」と「どの機能が使えるか」について説明していきます。具体的な操作や設定手順までは踏み込みません。特にLinuxサーバーやクラウド環境の構築に関しては割愛しています。そのため、構築の詳細についてはBotpress公式ドキュメントを参照していただく必要があるでしょう。また、構築に必要な知識の多くは、Botpressやチャットボットに特有のものではなく、Webアプリケーション全般に共通するものがほとんどです。必要に応じてサーバーやネットワーク構築に関する情報をあたってください。

　なお、インターネットへのサーバー公開には必ずリスクがあります。実践する際は、一般的なセキュリティ対策についても踏まえたうえで、ご自身の責任で行ってください。

9-1　限定的に公開する

　本書では、私たちは全ての開発を手元のPCの中でやってきました。これは、サーバーを用意する必要がないため、手っ取り早く開発を始められる便利な環境だったためです。外からアクセスされる危険がなく安全な環境でもありました。しかし、チャットボットがある程度の完成度まで仕上がってきたら、身近な人に使ってみてもらいたくなるものです。そこで、テスト的にチャットボットを一部の人に限って使ってもらう方法を紹介しましょう。

　このようなテスト公開には、主に以下の3つの方法があります。

① LAN

　同じネットワーク内からPCへアクセスしてもらう

② トンネリングサービス

　トンネリングサービスを利用して、インターネットからPCへアクセスしてもらう

③ テストサーバー

　接続制限をかけたテストサーバーを用意して、インターネットからテストサーバーにアクセスしてもらう

　このうち、③については次節で触れることにして、本節では①と②について説明します。

9-1-1　LAN

　あなたが開発しているチャットボットのフロントエンドは、WebChatでしょうか。そして、そのチャットボットを公開する対象は、あなたと同じLANに接続できるか、VPNにつなぐことで同一ネットワークに参加できますか。これが両方ともYes

であれば、LAN経由で接続する方法が使えます。

　LAN経由で接続してもらうには、そのためのURLを作る必要があります。WebChatの設置先ページは、本書で作った接客ボットのように、あなたのPCにありますか？　それがYesであれば、そのURLのうち「localhost」の部分を、あなたのPCに割り振られたIPアドレスに書き換えてください[*1]。接客ボットの設置先ページでいえば、以下のようになります。

本書でこれまで説明してきたURL

http://localhost:3000/api/v1/bots/ruka/media/shop.html

PCのIPアドレスが
192.168.1.4の場合

LAN接続用のURL

http://192.168.1.4:3000/api/v1/bots/ruka/media/shop.html

　また、この「shop.html」の中にも「localhost」という記述があります。これらも全て、適切なIPアドレスに書き換えてください（上記の環境であれば192.168.1.4に）。これで、同じLAN内のPCやスマートフォンから、あなたのチャットボットを使うことができます。

9-1-2 　トンネリングサービス

　あなたのチャットボットがメッセージングアプリ向けだったら、当然LANからは使えません。また、WebChatであったとしても、使ってほしい人が家族（自宅の場合）や同じ組織の人（会社などの場合）でなければ、同じLANは使えないでしょう。その場合、トンネリングサービスを利用する方法があります。

[*1]　この場合のIPアドレスは、LANにおけるIPアドレスです。WANからアクセス可能なグローバルIPアドレスではありません。IPアドレスの調べ方に関する説明は、本書では省略します。

　トンネリングサービスとは、インターネットからのアクセスを「あなたのPCへ中継する」サービスです。つまり、このサービスを利用すると、あなたのチャットボットに「インターネットからアクセスできるURL」を作れます[*2]。このURLへアクセスすると、トンネリングサービスのサーバーを経由して、あなたのPCへアクセスされます。

　有名なトンネリングサービスの1つに「ngrok」があります[*3]。ngrokを利用するには、ホームページへアクセスしてサインアップします[*4]。そして、画面に従ってツールのインストールと初期設定を終えてください。具体的な操作は、Mac環境を例に説明しましょう。まず、ngrokをシェルから以下のコマンドで起動します。

```
% ngrok http 3000
```

　このコマンドにより、httpプロトコルのトンネルを開始します。そして、トンネルの接続先として、このPCの3000番ポートを指定しています。このコマンドを実行すると、下記のようなURLがシェル上に表示されます[*5]。

```
https://固有のランダムな英数字.ap.ngrok.io
```

　URL中の「ランダムな英数字」の部分が、あなたのPC固有のIDにあたります。これでトンネルが作成されました。このURLが「http://localhost:3000」の代わりになります。あなたのチャットボットがWebChatであれば、LANの場合と同様に、WebChatの設置先ページの中のURLも書き換えてください。そして、チャットボットを見てもらう方には、下記のようなURLへアクセスしてもらえればOKです。

＊2　このようなURLは、あなたのPCを直接インターネットへ公開しても作れます。しかし、これは多くのセキュリティリスクがあるうえ、ルーターやファイアウォールの設定変更などを伴うため、簡単ではありません。トンネリングサービスを使うメリットは、これをずっと安全かつ簡単に行えることです。

＊3　ngrokは、macOS／Windows／Linux等に対応しているトンネリングサービスです。米国のサンフランシスコにある会社が運営しており、多くのテック企業で利用されています。

＊4　https://ngrok.com/

＊5　コマンドの実行結果としてhttpとhttpsの2種類のURLが表示されますが、httpsのほうを使いましょう。

```
https://指定されたランダムな英数字.ap.ngrok.io/api/v1/bots/
ruka/media/shop.html
```

　一方、メッセージングアプリから使うボットであれば、この段階でコネクタモジュールの設定が始められる状態になりました。多くのコネクタモジュールの設定では、その前にBotpressへ「インターネットからアクセスできるURL」を設定する必要があるからです。これは、bpコマンドへ環境変数「EXTERNAL_URL」を与えることによって行います。これは、Botpressを起動する際に与えることができ、具体的には以下のようなコマンドになります[6]。

```
% EXTERNAL_URL=https://ランダムな英数字.ap.ngrok.io ./bp
```

EXTERNAL_URLが正しく設定できたあとは、それぞれのコネクタモジュールのドキュメントに従って設定を行います。設定を終えれば、あなたのチャットボットをメッセージングアプリから使ってもらうことが可能です[7]。

9-2 ｜ 一般向けに公開する

　前節では、あなたのチャットボットを「知人だけ」に「一時的」に公開する方法を紹介しました。これはあくまで、内々にという範囲で意見収集やテストを手元のPCで済ませる方法です。PCで済ますと、PCを起動している間でしかチャットボッ

---

[6] これはmacOSの場合の例です。また、コマンドを実行する前に、Botpressがインストールされたフォルダへ移動してから実行します。

[7] ngrokコマンドを終了して再接続すると、その度にトンネルのURLは変わります。その場合、WebChatやメッセージングアプリに設定するURLや、EXTERNAL_URLも変更が必要になるので注意してください。なお、ngrokの有料プランではURLの固定化が可能です。

トも使えません。そのため、常時使えるようにするには、PCとは別にテスト用の
サーバーを用意する必要があります。本節では、そのようなサーバーを用意する方
法と、さらにそれを本番環境として利用するための設定について、概要を紹介しま
す。

9-2-1　Botpressサーバーの構成

　まず、Botpressをサーバーマシンで動かすということがどういうことかを説明し
ます。そのためには先に、Botpressを「あなたのPCで」動かしているときの構成、
つまり現状の構成を見てみましょう。あなたのPCでBotpressを動かしていると
き、そのデータの保存先と通信先がどうなっているかを見てください。

図9-1　BotpressをPCで動かすときの構成

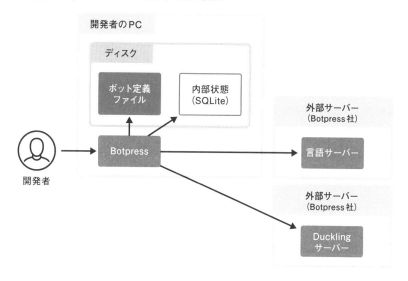

　構成上のポイントは、大きく①Botpressから利用される2つのプログラムが外
部サーバーにある、②Botpressのデータはローカルのディスクに保存される、の2
点です。それぞれについてくわしく見ていきましょう。

❶ Botpressから利用される2つのプログラムが外部サーバーにある

　PCでBotpressを動かしているとき、実はそれだけでインターネットへのアクセスが発生しています。どういうことかというと、Botpressは外部サーバー[*8]にある以下のサブシステムと通信しています。

① 言語サーバー…NLUのサブシステムで、各言語に固有の前処理を行う[*9]
② Ducklingサーバー…NLUのサブシステムで、システムエンティティの抽出を行う[*10]

　これらのサブシステムは、BotpressのNLUを動かすのに必要なものです。私たちは、これらをインターネット経由で利用することで、自分のPCへはインストールすることなくチャットボットを開発できました。しかし、Botpress社は上記のサーバーについて、本番環境では利用すべきでないとしています。また、第4章で紹介した通り、Botpressの大きなメリットは「完全なオンプレミス化が可能」なことにあります。そのため、本番環境を構築する際は、サブシステムも自前でホスティングすることが必要です。

❷ Botpressのデータはローカルのディスクに保存される

　PCでBotpressを利用すると、全てのデータはPC上のディスク内にファイルとして保存されます。本書で私たちが作成したボットのデータも、コンテンツやフローはJSONファイル、アクションやフックはJSファイルとして、作成した時点でローカルディスク上のファイルになっています[*11]。合わせて、対話メモリやログなどの内部状態も、ファイルベースのDBである「SQLite」のファイルへ書き込まれます[*12]。
　このようなファイルベースでのデータ管理は、ボット開発時には扱いやすく、Gitなどのバージョン管理とも相性が良いといえます。一方でサーバー環境では、ファ

---

*8　https://lang-01.botpress.io と https://duckling.botpress.io

*9　詳細は https://botpress.com/docs/main/nlu#language-server を参照してください。

*10　詳細は https://botpress.com/docs/main/nlu#duckling-extraction を参照してください。

*11　例えば、接客ボットの「ボット定義ファイル」一式は、Botpressのインストールフォルダ内の「data/bots/ruka」以下に保存されています。

*12　Botpressのインストールフォルダ内の「data/storage/core.sqlite」にあります。

イルが読み書き可能なディスクがPCと同様に利用できるとは限りません。特に、クラウドのコンテナ実行環境や、Herokuなどの PaaS では、ディスク内容は永続化されず、データを保存しても失われる場合があります。そのため、そこで動かすアプリケーションは、サーバーのディスクに依存しない構成にする必要があります。

　以上のように、本番環境ではPCと異なる要件があります。また、その他の要件も踏まえ、自前のサーバーマシンで Botpress を動かす場合の構成を考えてみました。

図9-2　Botpressをサーバーで動かすときの構成

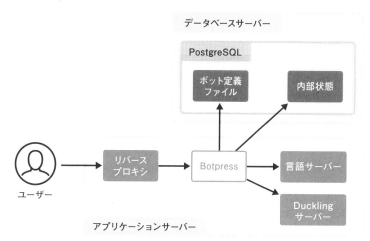

　あくまでこの構成は一例ですが、押さえるべきポイントを外さなければ、別の構成にも応用が利きます。PC上で動作させるときと比べながら、サーバーでのポイントを見ておきましょう。ポイントとなるのは、①外部にあった2つのサブシステムも自前のサーバー上に置く、②Botpressのデータはデータベースサーバーに保存する、の2点です。

❶ 外部にあった2つのサブシステムも自前のサーバー上に置く

　言語サーバーもDucklingサーバーも、自前のサーバーにインストールしたもの
を利用します。図では、Botpressと同一のサーバーマシンにありますが、異なる
サーバーマシンにすることも可能です。いずれにせよ、デフォルトの外部サーバー
を利用しないことがポイントです[*13]。

❷ Botpressのデータは「データベースサーバー」に保存する

　Botpressではデータベースシステムには、SQLiteのほかにPostgreSQLが利用
できます。PostgreSQLは、オープンソースの高性能なデータベース管理システム
です。Botpressのデータベースとして PostgreSQLを利用することにより、デー
タベースを独立したサーバーマシンに置くことができるようになります。

　その上でBotpressとPostgreSQLをつなげることにより、全てのデータをファイ
ルではなくデータベースに保存することが可能になります。そのため、アプリケー
ションサーバーのディスク障害が起きても、チャットボット用のデータを保全する
ことができます。また、こうした構成にすることにより、サーバーレスなクラウド環
境にもBotpressをデプロイすることが可能になります[*14]。

　なお、サーバーの場合の構成要素としてはこのほか、Nginxなどの「リバースプ
ロキシ」が必要です。リバースプロキシの主な役割は、インターネットからHTTPS
でリクエストを受けることです。そして、そのリクエストをHTTPにして、Botpress
の3000番ポートへ転送します。

　以上で、サーバーの場合に必要なものがわかりました。ちなみに、前項の「テス
トサーバー」を構築する場合は、このリバースプロキシでアクセス制限をかけるこ
とで、関係者だけに利用を限定したサーバーにできます。

[*13] Ducklingサーバーは、システムエンティティを使わなければ、インストールせずに済ますこともできま
す。その場合、Botpressの設定ファイルで、Ducklingを無効にするよう設定します。

[*14] ディスクが使えるVPSサーバーなどの環境ならば、SQLiteのままでも利用は可能です。

9-2-2　**Botpress サーバーの構築**

さて、ここまで説明してきたようなBotpressサーバーは、それを構築する方法にいくつかの種類があります。ここでは、方法の種類と、そのメリット・デメリットについて説明します。具体的な構築手順については、環境にもよって変わってくるため、本書では踏み込みません。適宜、公式ドキュメントなどを参照してください。

Botpress サーバーの構築には、大きく2つの方法があります。

① サーバーマシンを用意して、Botpressを自分でインストールする

② Botpress のコンテナを使って、クラウドで起動する

①のサーバーマシンを用意する方法は、例えばLinuxサーバーを用意して、必要なソフトウェアを個別にインストールしていくという方法です。この方法でBotpressをインストールする際は、Linux版のバイナリが利用できます。そのため、Botpress サーバーの構築を簡単に済ませたい場合に便利です[15]。手順についてはBotpressの公式サイトに「Hosting」のページ[16]がありますが、PostgreSQLを使う場合は「Supported databases」[17]も参照してください。一方で、保守性や可用性を気にする場合には、後述するコンテナのほうが向いています。

2番目は、Botpress の配布するコンテナを利用する方法です。コンテナ化されたソフトウェアのメリットは、それを動かすサーバー環境がどうなっているかによらずに導入が可能なことです。そのため、インストール後の更新やスケールアウトが容易になります。コンテナを使ったBotpress サーバーの構築方法は、主に以下のパターンがあります。

① 自分でクラウド環境を設定して、Dockerコンテナを起動する

---

*15　既存のサーバー環境の制約に合わせたインストールが必要な場合もこの選択肢です。

*16　https://botpress.com/docs/advanced/hosting

*17　https://botpress.com/docs/tutorials/database

② HerokuでDockerコンテナを起動する

③ Digital OceanでDropletを起動する

　コンテナを使った場合の構築手順についても、上記の「Hosting」ページにそれぞれに対応した詳細な説明があります。ただし、HerokuやDigital Oceanといった PaaSでの起動は簡単ですが、デフォルトでは本番環境に向いたセットアップになっていません。また、起動するBotpressは最新バージョンではないことがあります。そのため、手軽さを最優先するのでなければ、AWSなどのIaaSクラウドで構築するのが無難です。

9-2-3 **ボットのデプロイ**

　ここまでの説明で、あなたのBotpressサーバーが無事立ち上げられたとします。次は、PC内のBotpressで作っていたボットを、Botpressサーバーへデプロイすることになります。ボットをデプロイするには以下の2つの方法があります。

① ボットアーカイブのインポート/エクスポート

　PCでエクスポートしたアーカイブファイルを、Botpressサーバーへインポートする

② bp pushコマンドによるデータ同期

　bp pushコマンドで、PC内のBotpressにあるボットをBotpressサーバーへ送信する

　最初の「インポートとエクスポート」については、第4章で「バックアップと復元」の方法として紹介しました。その手順がそのまま適用できるので、ここでは説明を省略します。

　さて、2番目で出てきた「bp pushコマンド」とは、PC内のBotpressの「ボット定義ファイル」を、サーバーのBotpressへ「アップロード」できる機能のことです。

この機能には3つのメリットがあります[18]。

① ボットごとではなく、Botpress内の全てのボットを一括でアップロードできる

② PCとサーバーとの間で、どのファイルに差分があったのかわかる

③ サーバー上で行った変更が失われるときは、アップロード前に警告してくれる

　bp pushコマンドを使うには、Botpressサーバー側で「データベースへのファイル保存」が有効化されている必要があります。これを有効化するには、Botpressを起動する際に環境変数「BPFS_STORAGE」を「database」に設定してください。この設定が済んだBotpressサーバーでは、管理パネルのメニューから「Source Control」を開くと、次の図のようになります。

図9-3　**管理パネルの「Source Control」を開いたところ**

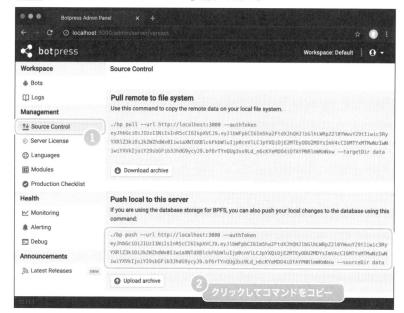

---

[18]　つまり、これはGitのようなバージョン管理システムであり「git push」に似ています。

「Pull remote to file system」や「Push local to this server」などの項目が操作可能になっています。実際にbp pushコマンドを実行するには、「Push local to this server」欄にある「./bp push」から始まるコマンドをクリックして、クリップボードにコマンドをコピーします。次に、PCのシェルでBotpressフォルダへ移動し、このコマンドを実行します。これで、dataフォルダ以下の全てのボット定義ファイルが、サーバーに対して同期されます。Botpressのバージョン管理はこれ以外にも様々な機能があります。くわしくは公式ドキュメントを参照してください[19]。

9-2-4　**本番環境に必要な設定**

開発したチャットボットが、サーバー上のBotpressで動いたとします。これで、サーバーの構築としては一応完了です。ただし、この段階ではインターネットから利用できるようになっただけに過ぎません。本番環境として不特定多数に、永続的なサービスとして公開する場合は「本番環境としての設定」と「セキュリティ対策」が必須です。

まずは本番公開のために必要な設定から見ていきましょう。本番環境として最低限設定すべきことは、主に以下の2点です。

① Botpressを「プロダクションモード」で動作させる
② 外部公開URLを設定する

この①と②は、環境変数「BP_PRODUCTION」と「EXTERNAL_URL」で設定できます。くわしくは公式ドキュメントを参照してください[20]。これらが正しく設定できているかを確認するには、管理パネルのメニューにある「Production Checklist」を開きます[21]。

---

*19　https://botpress.com/docs/advanced/versions
*20　https://botpress.com/docs/advanced/configuration#environment-variables
*21　ここにはProライセンスを必要とする機能も含まれるため、必要かどうかはご自身で判断してください。

9-2-5　ボットのセキュリティ対策

次に、セキュリティ対策について考えます。一般論として、情報セキュリティの軸には、機密性、完全性、可用性があります。

▶ 機密性 … データのアクセスに不正がないこと
▶ 完全性 … データ自体に不正がないこと
▶ 可用性 … システムが常に使えるようになっていること

このうち、2番目の完全性に関してここで言えることは、PostgreSQLを利用すべきということくらいです。また、可用性を高めるにはクラスタリングが有力な対策ですが、Botpress自体がクラスタリングに対応しているものの、この機能はBotpress Proライセンスでのみ利用できる機能です[22]。そのため、ここではBotpressの「機密性」について述べます。

Botpressにおける機密性に関するリスクは、主に「Botpress管理ツールへの不正アクセス」や「チャットボット自体への不正アクセス」が考えられます。基本的には、チャットボットに特有の対策があったり、特別な対策が求められたりといったことはなく、一般的なWebアプリケーション同様のセキュリティ対策が求められます。つまり、脆弱性チェック、IPアドレス等によるアクセス制御、アカウントの適切な管理などが必要です。

これらの対策をしたうえで、さらにチャットボットらしくということであれば、「そもそも秘密情報をできるだけ持たない」というポリシーが望ましいと考えます。もし、サーバーに秘密情報が全くなければ、流出を懸念することはありません。しかし、現実にはユーザーから秘密情報が、意図があろうとなかろうと入力されることがあります。それを前提に考えると、以下のような対策を行うことで、このリスクを減らすことができます。

---

*22　詳細はhttps://botpress.com/docs/advanced/clusterを参照してください。

① 秘密情報を送らせない

UIの段階で秘密情報を検出し、サーバーへの送信を拒否する

② 秘密情報を保存しない

秘密情報であると指定されたデータは、データベースに永続化しない

③ 秘密情報を忘れる

対話メモリに保存された秘密情報は、一定時間経過後に自動削除する

①の「秘密情報を送らせない」方法は、ユーザーがUIに入力したテキストから電話番号などのパターンやキーワードを検出し、サーバーへの送信自体を未然に防ぐものです。これを実装するには、フロントエンド自体のカスタマイズを必要とするため、実現可能なフロントエンドは限られます。BotpressのWebChatでは、執筆時点ではこれを実装できる仕様は恐らくありません。その代わり、Converse APIなどを利用する独自のフロントエンドであれば実装可能です。

②の「秘密情報を保存しない」方法には、2種類のパターンがあります。

① 送信時の秘密指定

フロントエンドが秘密情報をサーバーへ送信する際に、「これは秘密情報です」という識別情報も一緒に送るパターンです。BotpressのWebChatでは、「payload.sensitive」プロパティに「秘密情報を含むプロパティ名の配列」を格納することで、これを実装できます[23]。

② エンティティ定義時の秘密指定

もう1つのパターンは、NLUに抽出させるエンティティを定義する際に「これは秘密情報です」という指定をしておくパターンです。これは、開発者が定義する「カスタムエンティティ」の「パターンタイプ」でのみ設定可能です[24]。

これらの設定をすると、ユーザー入力がDBへ永続化される際に、秘密情報部

---

[23] 詳細はhttps://botpress.com/docs/channels/web#prevent-storing-sensitive-informationを参照してください。

[24] 詳細はhttps://botpress.com/docs/main/nlu#sensitive-informationを参照してください。

分が自動的に削除されます。例えば、passwordプロパティが秘密なら、password
プロパティだけが削除されて永続化されます。あるいは、CreditCardエンティティ
が秘密情報なら、該当箇所が「*****」としてマスキングされて永続化されます。く
わしくは、それぞれ公式ドキュメントの該当箇所を参照してください。

　機密性対策の3番目に話を進めましょう。③の「秘密情報を忘れる」方法は、
「データ保持ポリシー」という設定を行うことで実装可能です。データ保持ポリ
シーは、対話メモリのuserスペースに保存するデータに対して、そのプロパティご
とに「寿命」を設定できる仕様です。例えば、「メールアドレスは60日間」「ユーザー
の機嫌は24時間」といった具合です。

　この設定は、コードエディタの「Global/botpress.config.json」にある
「dataRetention」というプロパティで定義します。具体的には「policies」オブジェ
クトに「対象となるuserスペースのプロパティ」と同じ名前のプロパティを作成し、
その値として「寿命の期間」を格納します。以下、公式ドキュメントの例を引用し
ます[25][26]。

```
dataRetention: {
    janitorInterval: '2m', // 2分おきに寿命をチェック
    policies: {
        email: '60d', // user.emailは、更新がない限り60日後に削除
        mood: '1d' // user.moodは、更新がない限り1日後に削除
        someChoice: '5m' // user.someChoiceは、更新がない限り5
分後に削除
    }
}
```

---

*25　https://botpress.com/docs/main/memory#user-memory-data-retention

*26　コメントは著者が追記したもの。

9-3 | システム保守

　ここからは、チャットボットの本番運用を始めて以降のことを話題にします。チャットボットの運用を始めたら、やるべきことは大きく2種類あります。システムを安定稼働させることと、チャットボットが効果的に使われるように改善することです。ここではまず前者の「システム保守」について、基本的な「ログ」と「監視」について解説します。

9-3-1　システムログ

　保守において最も重要なのがシステムログです。Botpressでは、デフォルトで様々な情報をログ出力できるようになっています。大きく分けて、以下の3種類のログを取得できます。

① アクセスログ ····· 各チャネルやAPIからどんなリクエストが来たのか
② 動作ログ ········· アクセスへの応答や定時バッチでBotpressが何をしたのか
③ 監査ログ ········· 誰が、どのリソースに対して、何をしたか

　ログは、デフォルトではbpコマンドの標準出力に流されます[27]。そのため、サーバーのログをあとで確認するには、標準出力をファイルやログサーバーへ送信しておく必要があります[28]。あるいは、Botpressの設定を変更することで、ログを直接ファイルへ出力するという方法もあります[29]。

---

[27]　データベースにも保存されますが、一定期間で削除されます。

[28]　pm2などのプロセスマネージャーを利用すると便利です

[29]　詳細は https://botpress.com/docs/advanced/configuration#how-to-save-logs-on-the-file-system を参照してください。

　また、これらのログはそれぞれ「名前空間」と「ログレベル」が設定されたうえ
で出力されます。例えば、ユーザーがWebChatから何か入力したことを示すログ
は、名前空間は「bp:middleware:incoming」で、ログレベルは「debug」です。そ
のため、どういったログを見られるようにしておきたいかに合わせて、受け取るロ
グの名前空間とログレベルの範囲を設定しておきます。

　受け取るログの名前空間を設定するには、bpコマンドに環境変数「DEBUG」
を与えます。値は、名前空間のリストです。DEBUGは、管理パネルのメニュー
「Debug」からも設定できます。

図9-4　管理パネルの「Debug」でログ出力する名前空間を設定する

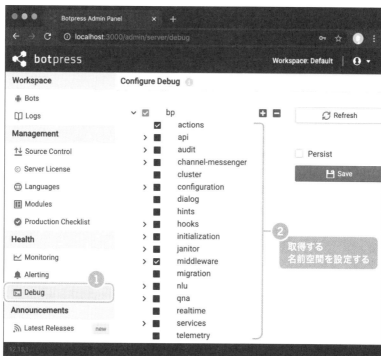

　受け取るログレベルの範囲は、レベル0～2の3段階から選択できます。
Botpressがプロダクションモードで動作していると、デフォルトは0（最小）です。

これを明示的に変更するには、bp コマンドに環境変数「VERBOSITY_LEVEL」を与えます。詳細については、公式ドキュメントを参照してください[30]。

9-3-2 **監視とアラート**

　ログ出力の次に重要なのが、システムの健康状態に対する「監視」と、何か問題があった場合に管理者へ通知する「アラート」です。Botpress サーバーについて監視すべきなのは次のような点です。といっても、一般的なサーバープロセスと同じと考えてかまいません。

① プロセスの死活
② リソース消費量
③ 通信量
④ 応答の遅延
⑤ エラーや警告

　これらのメトリクスやログを監視するには、2つの方法があります。

❶ Botpress の標準機能を使って監視する（Pro ライセンスが必要）
❷ プロセスマネージャーやコンテナ監視ツールを使って監視する

　Botpress は、監視とアラートの機能を標準で持っており、管理パネルから簡単に状況を把握できます。ただし、この機能は Pro ライセンスを必要とします[31]。また、それ以外に、pm2 などのプロセスマネージャーを使うといった方法もあります[32]。プロセスマネージャーを使うことで、Botpress の外側からメトリクスを得る

＊30　https://botpress.com/docs/advanced/configuration#logs-configuration
＊31　詳細は https://botpress.com/docs/pro/monitoring を参照してください。
＊32　pm2 についての詳細は https://pm2.keymetrics.io/ を参照してください。

ことができます。ただし、利用できるメトリクスは、Botpressが本来持っている機能よりも限られます。

9-4 チャットボットを改善する

チャットボットの本番運用において、システム保守のほかにやるべきことは「チャットボット自体の改善」です。本書のこれまでの議論で見てきたように、多くのチャットボットは「それがエラーを出さずに機能している」だけでは目的を果たせず、「使われて効果を出す」ことが必要です。そして、チャットボットを開発する段階では「この仕様を満たせば効果が出る」という保証などまずありません。その意味では、使われ始めてからの改善がむしろ「本番の開発」なのだと思っています。

チャットボットの改善とは、サービスの改善です。サービスの改善という活動は、仕事のあらゆる場面で行われ、そこでは「PDCA」といった考え方やフレームワークがあります。このような「サービス開発や改善の考え方やフレームワーク」は、対象がチャットボットだとしても同様です。いずれのフレームワークを使うにしても、その判断は「データ」に基づいて行うことが望まれます。

本節では、その取り組みの中で必要になるデータと、改善を実行するための方法について紹介します。

9-4-1 Analyticsモジュール

Botpressには標準で「Analytics」モジュールが添付されています。Analyticsモジュールの画面を開くと、そのボットのログから集計した主要な指標を見ることができ、ボットの使われ方についての概要が分かります。

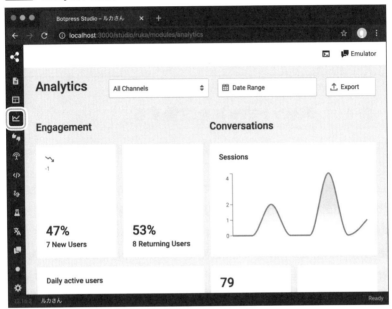

図9-5 Analyticsの画面

　しかし、デフォルトのAnalyticsモジュールでは、ボットの改善につながるインサイトはあまり得られません。ボットの改善に必要なデータは、その目的とKPI次第で異なります。そのため、不足しているデータはボットごとに収集していく必要があります。

9-4-2　データ収集

　何のデータを収集すべきかを考えるには、「何を持ってボットが成功したといえるか」から考えます。一般論として「ボットの成功」＝「うまく機能している状態」には、大きく4つの側面があります。

① ユーザーの対話行為を適切に推定できること

② ユーザー側の目的を達成すること

③ ユーザーが満足すること

④ ボット側の目的が達成すること

　以下、これら4つの観点から「何のデータを」「どのように収集するか」を見ていきましょう。

❶ ユーザーの対話行為を適切に推定できること

　ユーザーの意図を理解することは、チャットボットが効果を出すための大前提です。しかし、適切に推定できたかどうかの計測は簡単ではありません。例えば、ボットが推定した内容をユーザーに対して逐一「この理解で合っていますか?」と確認すれば、推定結果を評価できるかもしれません。でも、全てのやり取りでそうするわけにもいきません。そこで、チャットボットでは推定に成功したデータではでなく、「推定失敗」のデータを収集します。推定失敗とは、NLUの推定結果がインテント「none」だった場合や、いずれのインテントの確信度も「基準」を満たさなかったケースのことをいいます[33]。

　Botpressには、この「推定失敗」データを収集する機能として「Misunderstood」モジュールがあります[34]。Misunderstoodモジュールを使うことで、ボット管理者は「推定失敗」したユーザー入力だけを一覧できます。

❷ ユーザー側の目的を達成すること

　ユーザーの目的が達成することは、最も重要な成功です。もしチャットボットがタスク指向なら、その達成の計測は「達成を記録するアクション」をフローから実行することで実装できます。このアクションは、独自に実装もできますし、

---

[33]　この基準だと、「推定したものが間違っていた」というケースは拾えません。これらは、後述する「満足の計測」のところで「不満」として拾います。

[34]　Misunderstoodモジュールは、本書執筆時点では「実験的モジュール」です。そのため、まだ本番での利用は推奨されていません。

Analyticsモジュールに記録する標準アクションも使えます[*35]。一方で、「達成しなかった」ことは不明瞭なため、把握が困難です。フローに明確なバッドエンドがあればアクションで記録できますが、多くは「離脱」という形になるためです。

Botpressでは、この「離脱」のデータ収集に使える機能として「セッションタイムアウト」があります[*36]。セッションタイムアウトとは、ユーザーが一定時間何も入力しなかった場合に、Botpressがそのセッションを自動的に「期限切れ」とする処理です。そして、期限切れとする際に「任意のアクションやフック」を実行できる仕様があります。これを利用すれば、離脱が発生したときに、そのセッションに関する情報を収集するプログラムを作成可能です。

❸ ユーザーが満足すること

ユーザーの目的が達成したとしても、例えば達成までに要した時間が短いか長いかで、ユーザーは満足したり不満を持ったりします。あるいは、ユーザーは目的を達成できなかった場合でも、チャットボットの利用体験に満足することもあります。こうしたユーザー体験のデータを収集する方法は、基本的に「アンケート」になります。

アンケートは、それ自体がチャットボットのユースケースでもあるので、機能としてはフローで実装できます。アンケートの結果によってその後の会話が変わってくるような場合や、満足もしくは不満足のいずれにも当てはまらないときに具体的な内容を聞く場合には、必要なフローを自分で作成する必要があります。

一方で、「質問に対する回答の満足もしくは不満足」だけを聞く簡易的なアンケートでよければ、Botpressの「ユーザーフィードバック」機能が使えます。この機能は、ユーザー入力に対して「Q&Aモジュール」が応答した場合のみ、その吹き出しへ自動的に小さなアンケートを付けてくれる機能です[*37]。このアンケートは選択肢が「回答がGoodかBadか」の2択のみなので、回答しても会話の流れには影響しません。

---

*35　この機能を「カスタムメトリクス」と呼び、「analytics/set」や「analytics/increment」などのアクションが対応します。

*36　詳細はhttps://botpress.com/docs/tutorials/timeoutsを参照してください。

*37　第5章でQ&Aを使ったときは、フローへすぐリダイレクトさせてしまったので表示されませんでした。

ユーザーフィードバック機能で「Bad」と評価されたケースについては、Botpress
では「Bot Improvement」モジュールで収集できます[*38]。Bot Improvement モ
ジュールを使うことで、ボット管理者は「Badな応答とその入力」を一覧で確認で
きます。

❹ ボット側の目的が達成すること

チャットボットの種類として、それを利用する動機が「ユーザー側にない（弱
い）」種類があります。例えば、リードジェネレーションをするマーケティング用の
ボットなどです。このようなボットでは、ユーザー側の目的の代わりに「ボット側
の目的」が達成することが成功の基準です。

「ボット側の目的」の達成や失敗についても、基本的には「ユーザー側の目的」
の場合と同じ方法でデータ収集が可能です。しかし、こちらは「広告データ」の性
質が強くなる場合があります。例えば、チャットボットのバナーの出し方や、ウェル
カムメッセージの種類を「A/Bテスト」により比較したいとします。実際、このよう
なデータの収集や分析が必要になるケースは多いのですが、全てをBotpressや自
前の実装で行うことは難しい場合があります。

このような場合の方法として、外部のデータ分析SaaSと統合するのが現実的
です。これは、ボットが送受信する全てのイベントをフックで受け取り、必要な情
報をSaaSのAPIへ送信することで行います[*39]。このようなケースで利用できる
SaaSとしては、Google Analytics のような Web解析ツールも使えますし、チャッ
トボット用の分析サービスもあります[*40]。

[*38] Bot Improvement モジュールについても、執筆時点では「実験的モジュール」です。そのため、まだ本
番での利用は推奨されていません。

[*39] データの機密性が保たれるよう注意してください。

[*40] 例えば、Chatbase（https://chatbase.com/）や Dashbot（https://www.dashbot.io/）などがありま
す。

　ここまで説明した内容をもとに、ボットを改善するインサイトが得られたとしましょう。そこから実際にボットに手を加える方法には、以下の2パターンがあります。

① サーバー上のボットを直接更新する
② PC上で新バージョンを作ってからサーバーにアップする

　サーバー上のボットを直接更新するのは、少々強引な方法です。そうする必要がある場合にのみ行います。例えば、ボットの開発者ではない人が、コンテンツの管理だけを担当しているような場合です。一方で、開発者がボットを更新するなら、開発用のPC上で新バージョンを完成させてからアップロードするほうが安全です。この場合、以下の手順を踏んで更新します。

① サーバー上の本番ボットをPCへ同期
② PC上のボットを変更
③ PC上のボットをテスト
④ PC上のボットをテストサーバーへ同期
⑤ テストサーバー上のボットをテスト（必要に応じて②に戻る）
⑥ PC上のボットを本番サーバーへ同期

　このうち、PC上の作業である①〜③について注意すべきポイントを簡単に説明します。

❶ サーバー上の本番ボットをPCへ同期

　先ほど述べたように、サーバー上のボットは、サーバー側のBotpress管理ツールからコンテンツなどが変更されている場合があります。そのため、開発作業を始める前は、まず本番ボットの内容をPCへ同期して、そこを起点とします。これに

は、bp pull コマンドが使えます[41]。

❷ PC上のボットを変更

ボットの変更はサーバーと同期が済んだ状態で、PC上のボットに対して行います。変更の操作は、ボットを開発したときと同様です。

❸ PC上のボットをテスト

ボットの変更が終わったら、まずPC上のボットを動作させてテストします。変更した箇所がうまく動いているかは、エミュレーターとデバッガーで確認します。思った通りに動くかどうかは誰でも気にすると思いますが、チェックが必要なのはどちらかというと「変更していない箇所が壊れていないか、悪影響が出ていないか」です。これを確かめるテストを一般に「リグレッションテスト」といいます。

Botpressでは、リグレッションテストに使えるツールとして「Testing」モジュールと「NLU Testing」モジュールがあります。前者は「フロー」に対するリグレッションテスト、後者は「NLU」に対するリグレッションテストに利用できます[42]。

C H A P T E R -

① ② ③ ④ ⑤ ⑥ ⑦ ⑧ ❾

9-4-4　新バージョンのデプロイ

ここまでで、改善を行った新バージョンのボットがPC上に完成したとします。これを公開するには、サーバー上のボットを更新する必要があります。先ほどの手順でいえば、④〜⑥の手順です。

この手順で心配なのは、PC上の変更とサーバー上の変更との「競合」です。先ほどの手順①があることで、新バージョンは本番ボットの最新の状態が元になっています。しかし、新バージョンが完成するまでの間に、本番ボットの内容は変わっているかもしれません。そのため、サーバーへデプロイするには、PC上の変

---

[41] ここでバージョン管理システムへのコミットもしておくとよいでしょう。

[42] NLU Testingモジュールは、執筆時点では実験的という位置付けです。そのため、まだ本番での利用は推奨されていません。

更とサーバー上の変更を事前に「マージ」しておく必要があります。このマージの手順については、公式ドキュメントを参照してください[43]。

　なお、今回紹介したデプロイ手順は、「テストサーバー」と「本番サーバー」がある前提で書きました。しかし、Botpress用のサーバーが1台であっても、「テストボット」と「本番ボット」を両方ホスティングして運用することは可能です。その場合、bp pull/pushコマンドで同期する範囲に注意してください。Proライセンスであれば、このような運用を安全にかつ便利に行うための「ボットパイプライン」機能が用意されています[44]。

9-4-5 　**NLUの調整**

　これで、チャットボット改善の全プロセスを見終わりました。最後に、よくある「困りごと」に対してフォローします。

　実際にボットで困ることの第一位は、何と言っても「ユーザー入力が意図するインテントに当たらない」です。本書でNLUを紹介した際は、精度を問題にしませんでした。しかし、実際のプロジェクトでは重要なポイントになります。「当たらない」を具体的に言うと、以下の3つに分類できます。

① noneに分類される

② 意図と異なるインテントに分類される

③ 複数のインテントに確信度が分散する

　このとき、その解決方法には「データの調整」と「システムの調整」という2つのアプローチがあります。そして、まず取り組むべきは「データの調整」です。ここでいうデータは、発話データのことです。

　NLUに与える発話データは、機械学習のためのデータです。機械学習のための

---

*43　https://botpress.com/docs/advanced/development-pipeline

*44　詳細はhttps://botpress.com/docs/pro/pipelinesを参照してください。

データは、その特性を理解して作る必要があります。そして、BotpressのNLUにおける特性については、Botpress社が提供する「NLU Guidelines」に示されています[45]。以下、ガイドラインを要点に絞って紹介します。

① インテントの注意点
・ インテントの名前は、曖昧さが少なく一貫性ある名前にすること
・ 1件のインテントに登録する発話数は、10〜20件にすること
・ そのインテントにスロットがあれば、スロット1つごとに発話を5〜10件追加すること
・ 1件のQ&Aに登録する発話数は、10〜20件にすること
・ 1つのインテントに設定するスロットは、3つまでにすること

② 同じインテント内の発話の注意点
・ 全ての発話は、それぞれ文の構造が異なるものにすること
・ 全ての発話は、単一の同じ概念に関するものにすること
・ 全ての発話は、それぞれ異なる同義語を混在させて使うこと
・ 発話は、単語だけの発話、自然な言葉遣いの発話、余計な言葉を含む冗長な発話をそれぞれ含めること
・ 発話は、誤字脱字や文法の誤りがないようにすること
・ 発話に略語があれば、略していない表現も同じ発話に含めること

③ エンティティとスロットの注意点
・ スロットがある場合は、全部が埋まった発話、一部だけ埋まった発話、全く埋まっていない発話の例をそれぞれ含めること
・ スロットがカスタムエンティティなら、発話でもエンティティの定義にある言葉を使うこと
・ 複数のスロットがあれば、文の中でのスロットの位置が発話ごとにバラバラになるようにすること

---

[45] 「NLU Guidelines」は、Botpress公式サイトから申し込むことにより無償で入手できます。

- 同じスロットに当てはまる言葉は、異なる発話では異なる言葉を使うこと
- スロットタイプ「system.any」は、大量の発話を必要とするので、最後の手段にすること

❹ 句読点や記号のルール
- インテント分類のとき、句読点や記号は無視される。ただしハイフンは考慮される。英字の大文字は全て小文字に変換される
- エンティティやスロットを抽出するときは、記号も考慮される
- ハイフンでつながった言葉は1つのトークン（単語）と見なされる

　これらのガイドラインに沿えば、かなりの精度が得られると期待していいでしょう。とはいえ、それでもまだ精度が十分でないことも考えられます。その場合、単純にインテントが多すぎるか、どうしても似たインテントを並立させることが避けられない状況が考えられます。その場合、「コンテキスト」（Context）の設定が利用できます。

　NLUにおけるコンテキストとは、インテントのグループです。コンテキストを利用すると、「何の話をしているか」に応じて、分類されるインテントの範囲を限定することができます。

　NLUのコンテキストを使うと、チャットボットとしては複雑度が上がります。そのため、本書では利用しませんでした。コンテキストを使うには、インテントを登録する際に「そのインテントが属するコンテキスト」をタグ付けします。そして、フローでは「今、何の話をしているか」を「builtin/appendContext」などの標準アクションを利用して切り替える処理を実装します。本書では、実装までは踏み込みません。くわしくは、公式ドキュメントを参照してください[*46] [*47]。

　以上のような注意点を踏まえてデータを調整したものの、データの調整だけではどうにもならなかったら、「システムの調整」を考えます。システムの調整方法と

---

*46　関連する記述は、https://botpress.com/docs/tutorials/contextual-faqで読むことができます。

*47　コンテキストでも対応できない規模の場合、ボットを分割する方法があります。詳細はhttps://botpress.com/docs/tutorials/interbotを参照してください。

して、3つの手法を紹介します。ここで詳細は説明しませんが、公式ドキュメントが充実していますので、そちらを参照してぜひ実践してみてください。具体的な参照先は、各項目の脚注にURLを示しておきました。

① フック「before_suggestions_election」を利用して、DMの行動選択に介入する[48]

② 環境変数「BP_DECISION_MIN_CONFIDENCE」を設定して、DMが行動選択に使う確信度の基準値を変更する[49]

③ Botpress内蔵NLU以外のNLUを利用する[50]

9-5 | Botpressの情報

以上で、Botpressによるチャットボットの公開と運用に関するガイドは終わりです。本書の目的は「チャットボット型アプリを企画、開発できるようになること」でした。本書の解説が、あなたのプロジェクトに必要なチャットボットを構想し、具体化するための力になれることを願います。最後に本節では、Botpressについての追加の情報と情報源について述べます。最新動向を追いかけながら、よりよいボットの開発、改良にお役立てください。

---

[48] 詳細はhttps://botpress.com/docs/main/code#before-suggestions-electionを参照してください。

[49] 詳細はhttps://botpress.com/docs/advanced/configuration#environment-variablesを参照してください。

[50] 詳細はhttps://botpress.com/docs/tutorials/3rd-party-NLUを参照してください。

　本書の執筆時点で、Botpress の最新バージョンは「12.16.3」です[*51]。Botpress の開発は非常にアクティブで、およそ2週間に1度のペースでマイナーバージョンが公開されます。まれではありますが、バグフィックスのリリースは1週間で公開されることもあります。

　現在のメジャーバージョンは「12」です。次期メジャーバージョンがどうなるかの情報は、現時点では恐らくありません。実は、2020年秋の段階で、次期メジャーバージョンとして「Botpress Albert」が発表されていました。しかし、これはバージョン12からの仕様変更が大きすぎたためマイグレーションが難しく、Botpress 社はこのリリースを中止しました。その代わり、現在のメジャーバージョン12のマイナーアップデートを続け、「Botpress Albert」として搭載するはずだった機能を、徐々に取り込んでいくという方針を発表しています[*52]。

　そのため、メジャーバージョンは「12」のままですが、現在もマイナーアップデートで機能もUIもどんどん開発が進んでいます。つまり、Botpress においてマイナーバージョンの違いは結構大きく、常に最新をキャッチアップすることには大きなメリットがあります。

　Botpress のリリース情報は、管理パネルの「Latest Releases」から確認できます。旧バージョンからのマイグレーション方法はバージョンアップの都度、くわしい情報が提供されているので、比較的トラブルなくアップグレードできると考えていいでしょう。マイグレーションについては、

```
https://botpress.com/docs/releases/migrate
```

で詳細を確認してください。

---

*51　2021年1月末時点
*52　Botpress Albert で開発されていたフローエディタに代わる機能は、NLU とフローを統合したもので「NDU」と呼ばれています。

9-5-2　Pro ライセンス

　第4章でも紹介したように、Botpressでは有償のProライセンスがないと利用できない機能があります。Proライセンスを入手するには、Botpress社との契約が必要です。Proライセンスでのみ使える機能があると、チャットボットの規模や、それを利用する組織の規模が大きい場合の要件に対応できるシステムが作れるようになります。本書でも必要に応じて、Proライセンスが求められる機能について紹介してきました。自分のプロジェクトに必要かどうか、適宜判断する材料にしてください。

9-5-3　情報源

　Botpressに関する情報は、本書の執筆時点では以下のWebサイトから得られます。

① Botpress社の公式サイト ····· https://botpress.com/
② 公式リポジトリ ·················· https://github.com/botpress/botpress
③ ユーザーフォーラム ············ https://forum.botpress.com/

　上記のサイトは、全て英語です。日本語によるBotpress情報はまだまだ少ないのが現状です。本書のサポートサイトでは、日本語によって発信されている情報を随時紹介していこうと思います。ぜひ、折に触れて見に来てください。

```
https://chatbot.today/
```

CHAPTER - ① ② ③ ④ ⑤ ⑥ ⑦ ⑧ **9**

謝 辞

　本書の執筆にあたり、多くの方に助けていただきました。

　まずは著者が在籍する、りらいあデジタル株式会社のメンバーです。チャット
ボット事業に取り組む皆さんとの日々がなければ本書は生まれませんでした。お
客様の持つ課題、サービス提供の課題、技術的な課題を皆さんから教えていただ
き、一緒に悩んだことが本書の基礎になっています。代表の向川さんや技術部メ
ンバーには、原稿へ細かいフィードバックもいただきました。いつもありがとうござ
います。

　私がチャットボット開発に深く関わるきっかけをいただき、本書のレビュー
もしてくれた大野木さん、レビューやディスカッションでいつも刺激をいただく
GeekOffice Ebisuの福岡さんやメンバーの皆さんにも感謝します。

　編集者の仙石さんには、初めての書籍執筆で何もわからない私を、完成まで導
いていただきました。1年がかりとなった執筆期間のあいだの伴走の仕方や、書籍
というプロダクト開発の技術面も含めて、プロの仕事に救われました。お礼申し上
げます。

　最後に、妻のこゆきに。あなたのサポートがなければ、私ひとりでは何も成し遂
げることはできません。子供たちの侑と睦にも、元気をもらって続けられました。
いつも本当にありがとう。

参考文献

本書の執筆には、特に以下の文献を参考にさせていただきました。ありがとうございます。

- 『対話システム（自然言語処理シリーズ 7）』中野幹生、駒谷和範、船越孝太郎、中野有紀子 著、奥村学 監修（コロナ社）

- 『Pythonでつくる対話システム』東中竜一郎、稲葉通将、水上雅博 著（オーム社）

- 『Building an Enterprise Chatbot』Singh, Abhishek, Ramasubramanian, Karthik, Shivam, Shrey（Apress）

著者プロフィール

　1980年、埼玉県生まれ。芝浦工業大学システム工学部卒。

　在学中にデータマイニング事業のスタートアップで創業に参画。卒業後にソフトウェア開発会社を設立。ソフトウェアエンジニアとして様々なWebアプリ、スマートフォンアプリの開発に携わる。また、スタートアップ数社にCTOとして創業に関わる。

　2008年からキャンペーンコンテンツの制作にチャットボットを活用。以来、チャットボットとは10年以上の関わりを持つ。2018年からは、りらいあデジタル株式会社に参加。チャットボットプラットフォームの技術責任者を勤める。

　趣味は、妻と子供たちとのハイキングとマインクラフト。

チャットボットの教科書

2021年 2月22日　第1版第1刷発行

著　者　　中村 雅之
発行者　　村上 広樹
編　集　　仙石 誠
発　行　　日経BP
発　売　　日経BPマーケティング
　　　　　〒105-8308 東京都港区虎ノ門4-3-12

装　丁　　　山之口 正和＋沢田 幸平（OKIKATA）
デザイン　　LaNTA
印刷・製本　図書印刷